证券投资实务

主　编　董耀武
副主编　谭　彪　王　莉
　　　　唐登林　罗　梅

北京理工大学出版社
BEIJING INSTITUTE OF TECHNOLOGY PRESS

版权专有　侵权必究

图书在版编目（CIP）数据

证券投资实务／董耀武主编 . —北京：北京理工大学出版社，2017.4（2022.1 重印）

ISBN 978 – 7 – 5682 – 3911 – 0

Ⅰ. ①证… Ⅱ. ①董… Ⅲ. ①证券投资 – 高等学校 – 教材 Ⅳ. ①F830.91

中国版本图书馆 CIP 数据核字（2017）第 072492 号

出版发行 ／ 北京理工大学出版社有限责任公司	
社　　址 ／ 北京市海淀区中关村南大街 5 号	
邮　　编 ／ 100081	
电　　话 ／ （010）68914775（总编室）	
（010）82562903（教材售后服务热线）	
（010）68944723（其他图书服务热线）	
网　　址 ／ http：//www.bitpress.com.cn	
经　　销 ／ 全国各地新华书店	
印　　刷 ／ 北京虎彩文化传播有限公司	
开　　本 ／ 787 毫米 × 1092 毫米　1/16	
印　　张 ／ 13	责任编辑 ／ 李慧智
字　　数 ／ 310 千字	文案编辑 ／ 孟祥雪
版　　次 ／ 2017 年 4 月第 1 版　2022 年 1 月第 3 次印刷	责任校对 ／ 孟祥敬
定　　价 ／ 33.00 元	责任印制 ／ 李志强

图书出现印装质量问题，请拨打售后服务热线，本社负责调换

前　言

从 1990 年沪深交易所成立起，我国证券交易市场在二十几年的发展过程中逐步走向成熟与稳定，对中国市场经济的发展起着越来越重要的作用，为众多企业的发展提供了良好的平台，也为广大投资者提供了愈发完备的投资交易平台。

证券投资是高等院校金融、投资专业的一门专业课，是一门强调理论性和实践性紧密结合的综合性应用学科，涉及经济学、管理学、统计学、会计学及心理学等多门学科的基本原理与相关知识的运用。

本书的编写以我国有价证券的估值和投资为主线，在编写过程中注重理论与实务相结合的原则，突出实践操作，具有较强的操作性和指导性，并力求通过"本章导读、学习目标、案例导入、案例分析、课后习题"等增加本书的可读性，帮助读者树立正确的投资理念。本书的编写目的在于通过本书的学习，学生可以掌握有价证券的估值原理，熟悉有价证券的基本分析与技术分析方法，熟悉证券投资软件的基本操作，为从事实际投资工作或掌握一种理财技能打下良好的基础。

全书共分九章，第一章介绍了证券的基本概念、特征及证券投资、证券市场的基本知识；第二章介绍了股票价值、价格、除权除息与基本术语等基本知识；第三章介绍了债券的基础知识、债券收益率的含义与计算等内容；第四章介绍了证券投资基金的基本概念、特征及证券投资基金的募集设立、投资管理和利润分配等内容；第五章介绍了金融衍生工具的基本概念、特征及金融期货、期权等衍生工具的市场机制以及交易策略；第六章介绍了证券投资宏观分析、行业分析及公司分析等内容；第七章介绍了证券投资技术分析理论和注意事项；第八章介绍了选股策略、操作策略及风险防范等内容；第九章介绍了证券投资分析软件的应用及注意事项。

本书第一、二章由王莉编写，第三章由唐登林编写，第四、五章由谭彪编写，第六、七章由罗梅编写，第八、九章由董耀武编写。全书的结构设计与审核定稿由董耀武负责。

全书的编写参考了大量的教科书、专业论著和学术论文，吸收了大量有价值的观点，在此特别向原作者表示感谢！

本书的编写得到了北京理工大学出版社的支持和帮助，感谢他们为读者提供了一个好的平台。

尽管付出了艰辛的努力，但是我们深知证券市场的发展日新月异，投资者越来越成熟，对证券投资实务的探索也永无止境；同时由于作者水平所限，书中难免存在缺点和不足之外，恳请广大读者批评指正。

编　者

目 录

第一章 导论 ……………………………………………………………（ 1 ）
  第一节 认识证券与证券投资 ……………………………………（ 2 ）
  第二节 认识证券市场 ……………………………………………（ 6 ）
  第三节 了解证券市场的产生与发展 ……………………………（ 9 ）
  技能训练 …………………………………………………………（ 12 ）

第二章 股票 …………………………………………………………（ 14 ）
  第一节 认识股票 …………………………………………………（ 15 ）
  第二节 理解股票的价值与价格 …………………………………（ 19 ）
  第三节 股票的股息与红利 ………………………………………（ 23 ）
  第四节 股票操盘的基本知识及术语 ……………………………（ 25 ）
  技能训练 …………………………………………………………（ 28 ）

第三章 债券 …………………………………………………………（ 31 ）
  第一节 债券概述 …………………………………………………（ 32 ）
  第二节 债券的分类 ………………………………………………（ 35 ）
  第三节 债券的收益 ………………………………………………（ 40 ）
  技能训练 …………………………………………………………（ 43 ）

第四章 证券投资基金 ………………………………………………（ 46 ）
  第一节 熟悉证券投资基金 ………………………………………（ 47 ）
  第二节 认识证券投资基金的当事人 ……………………………（ 52 ）
  第三节 证券投资基金的运作 ……………………………………（ 56 ）
  技能训练 …………………………………………………………（ 61 ）

第五章 金融衍生工具 ………………………………………………（ 65 ）
  第一节 熟悉金融衍生工具 ………………………………………（ 66 ）
  第二节 金融期货 …………………………………………………（ 70 ）
  第三节 金融期权 …………………………………………………（ 75 ）

第四节　其他金融衍生工具 …………………………………………（80）
　　技能训练 ……………………………………………………………（84）

第六章　证券投资基本分析 ……………………………………………（87）
　　第一节　宏观经济分析 ………………………………………………（88）
　　第二节　行业分析 ……………………………………………………（96）
　　第三节　上市公司分析 ………………………………………………（102）
　　技能训练 ……………………………………………………………（122）

第七章　证券投资技术分析 ……………………………………………（125）
　　第一节　证券投资技术分析概述 ……………………………………（126）
　　第二节　K 线理论 ……………………………………………………（128）
　　第三节　切线理论 ……………………………………………………（134）
　　第四节　形态理论 ……………………………………………………（142）
　　第五节　量价关系理论 ………………………………………………（148）
　　第六节　技术指标分析 ………………………………………………（151）
　　技能训练 ……………………………………………………………（153）

第八章　证券市场操作策略 ……………………………………………（155）
　　第一节　选股策略 ……………………………………………………（156）
　　第二节　投资风险的识别 ……………………………………………（159）
　　第三节　牛市与熊市操作策略 ………………………………………（165）
　　第四节　短线与中长线操作策略 ……………………………………（171）
　　第五节　证券市场信息不对称 ………………………………………（177）
　　技能训练 ……………………………………………………………（180）

第九章　证券投资分析软件 ……………………………………………（182）
　　第一节　证券行情分析软件的安装及安全防范 ……………………（184）
　　第二节　网上证券行情分析软件的使用 ……………………………（185）

参考文献 …………………………………………………………………（197）

第一章

导　论

本章导语

金融是商品经济发展到一定阶段的产物，也是信用制度发展到一定阶段的结果，而证券是金融进一步发展的产物。证券市场在很大程度上促进了市场经济的快速发展，已成为市场经济的重要组成部分。本项目将介绍有价证券、证券投资及证券市场的基础知识。

学习目标

(1) 掌握有价证券的含义、特征与分类。
(2) 理解证券投资的含义与过程。
(3) 理解证券市场的含义、分类与功能。
(4) 熟悉证券市场的参与者。
(5) 了解证券市场的发展过程和趋势。

案例导入

光大证券内幕交易民事赔偿案

2015年9月30日，中国首份由投资者获得100%胜诉判决的证券内幕交易责任纠纷判决书诞生，已经并将继续对中国内幕交易民事赔偿制度的构建产生重要的影响。

2013年8月16日，中国资本市场发生了著名的光大证券"8·16"乌龙指事件，2013年11月，证监会对光大证券做出《行政处罚决定书》，认定光大证券2013年8月16日下午1点到2点22之间卖空股指期货等行为构成内幕交易，在此定性的基础上，从2013年11月到2014年，大概有150名个人或机构投资者向法院起诉光大证券，要求光大证券赔偿其内幕交易给投资者造成的损失，此后2014年进行了多次庭审。经过漫长等待，2015年9月30日，法院对投资者提起的内幕交易民事索赔做出判决，符合条件的部分投资者获得部分或全部的胜诉。此后光大证券向上海高院提起上诉，2016年年初，上海高院对部分案件做出二审判决，驳回上诉，维持原判。至此，光大证券内幕交易民事赔偿载入中国证券民事赔偿历史。

从投资者索赔方面，在 2015 年 9 月 30 日判决之后，到 2015 年 11 月 16 日诉讼时效届满，后续又有 350 位投资者提起索赔，加上此前的 150 位投资者的诉讼，总人数超过 500 名投资者。光大证券 2015 年年报显示，有 502 宗投资者因"8·16"事件而提起的民事诉讼，涉案总金额为 6 786 多万元。

（资料来源：和讯网 http://stock.hexun.com/2016-03-14/182743500.html）

思考：光大证券的内部交易暴露了我国证券市场的哪些问题？我国证券市场是如何发展起来的？你了解证券投资吗？

第一节　认识证券与证券投资

一、证券概述

证券是指各类记载并代表了一定权利的法律凭证，用以证明持有人有权依据其所持凭证记载的内容而取得相应的权益。证券是商品经济制度发展的产物，是从信用制度和金融市场发展过程中派生并成长的。证券可以采用纸质形式或证券监管机构规定的其他形式。

（一）有价证券的含义

证券可以分为有价证券和无价证券。有价证券是指标有票面金额，用于表示或证明一定财产权利的证书、凭证，其中股票、债券等是有价证券的典型代表。有价证券本身没有价值，但由于它代表着一定量的财产权利，持有人可凭该证券直接取得一定量的商品、货币，或是取得利息、股息收入，因而它可以买卖和流通，具有市场价格。

无价证券具有证券的某一特定功能，但不能作为财产使用的书面凭证。由于这类证券不能流通，所以不存在流通价值和价格，比如借据、收据等。

（二）有价证券的特征

1. 收益性

证券的收益性是指持有证券本身可以获得一定数额的收益，这是投资者转让资本所有权或使用权的回报。证券代表的是对一定数额的某种特定资产的所有权或债权，投资者持有证券也就同时拥有取得这部分资产增值收益的权利，因而证券本身具有收益性。有价证券的收益通常表现为获取利息、红利或买卖差价收入等。

2. 流动性

证券的流动性是指证券的持有人可以根据自己的需要灵活地转让证券，随时换取现金。证券具有极高的流动性必须满足三个条件：很容易变现、变现的交易成本极小、本金保持相对稳定。不同证券的流动性是不同的。证券的流动性可通过到期兑付、承兑、贴现、转让等方式实现。

3. 风险性

证券的风险性是指实际收益与预期收益的背离，或者说是证券收益的不确定性。从整体上说，证券的风险与其收益成正比。通常情况下，风险越大的证券，投资者要求的预期收益越高；风险越小的证券，投资者要求的预期收益越低。

4. 期限性

期限性是指投资者获得投资回报的时间跨度，不同有价证券具有不同的期限。债券一般有明确的还本付息期限，以满足不同筹资者和投资者对融资期限以及与此相关的收益率需求。债券的期限具有法律约束力，是对融资双方权益的保护。股票反映所有权关系，没有期限，可以视为无期证券。不同期限证券的收益率和风险是不一样的，可以满足不同投资者对投资期限及与此相关的收益率需求。

（三）**有价证券的分类**

有价证券有广义与狭义之分。狭义的有价证券是指标有票面金额，证明持有人有权按期取得一定收入，并可以自由转让和买卖的所有权或债券凭证，即资本证券。广义的有价证券则包括商品证券、货币证券和资本证券。

商品证券是证明持有人有商品所有权或使用权的凭证，取得这种凭证就等于取得这种商品的所有权。持有人针对这种证券代表的商品所拥有的所有权受法律保护。这类商品证券有提货单、运货单、仓库栈单等。

货币证券是表明对货币享有请求权的证券。货币证券主要包括两大类：一类是商业证券，主要是商业汇票和商业本票；另一类是银行证券，主要有银行汇票、银行本票和支票。

资本证券是表示投资的凭证和享有受益请求权的证券，如债券、股票等。资本证券是有价证券的主要形式，本书中的有价证券即资本证券。

有价证券的种类多种多样，可以按照不同的标准进行分类：

1. **按发行主体分类**

按证券发行主体的不同，有价证券可以分为政府证券、金融证券和公司证券。

政府证券通常是指由中央政府或地方政府发行的债券。中央政府债券也称国债，通常由该国的财政部发行。地方债券由地方政府发行，以地方税或其他收入偿还。

金融证券是指商业银行及非银行金融机构为筹措信贷资金而向投资者发行的承诺支付一定利息并到期偿还本金的一种有价证券，主要包括金融债券、大额可转换定期存单等。

公司证券是公司为筹措资金而发行的有价证券。公司证券包括的范围比较广泛，内容比较复杂，主要有股票、公司债券等。

2. **按是否在证券交易所挂牌交易分类**

按是否在证券交易所挂牌交易，有价证券可以分为上市证券与非上市证券。

上市证券又称挂牌证券，是指公司提出申请，经证券主管机关核准发行，并经证券交易所依法审核同意，获得在证券交易所内公开买卖资格的证券，如上海证券交易所的 A 股股票。

非上市证券是指未申请上市或不符合证券交易所挂牌交易条件的证券。非上市公司不允许在证券交易所内交易，但可以在交易所以外的场外交易市场发行和交易，如凭证式国债、电子式储蓄国债、普通开放式证券投资基金。

3. **按募集方式分类**

按募集方式分类，有价证券可以分为公募证券和私募证券。

公募证券是指发行人通过中介机构向不特定的社会公众投资者公开发行的证券，一般审核比较严格并采取公示制度。公募证券可以上市流通，具有较高的流动性。

私募证券是指向少数特定的投资者发行的证券，其审查条件相对宽松，投资者也较少，不需要采取公示制度。私募证券一般不允许上市流通。

4. 按证券所代表的权利性质分类

按证券所代表的权利性质分类，有价证券可以分为股票、债券和其他证券三大类。

股票和债券是证券市场两个最基本和最主要的品种。

其他证券包括基金证券、证券衍生品等，如金融期货、金融期权、权证等。

（四）有价证券的功能

有价证券是资本的运动载体，具有以下两个基本功能：

第一，筹资功能，即为经济的发展筹措资本。证券筹措资本的范围很广，社会经济活动的各个层次和方面都可以利用证券来筹措资本。如企业通过发行证券来筹集资本，国家通过发行国债来筹措财政资金等。

第二，配置资本的功能，即通过证券的发行与交易，按利润最大化的要求对资本进行分配。资本是一种稀缺资源，如何有效地分配资本是经济运行的根本目的。证券的发行与交易起着自发地分配资本的作用。证券的发行可以吸收社会上闲置的货币资本，使其重新进入经济系统的再生产过程而发挥效用。证券的交易是在价格的诱导下进行的，而价格的高低取决于证券的价值。证券的价值又取决于其所代表的资本的实际使用效益，所以，资本的使用效益越高，就越能从市场上筹集资本，使资本的流动服从于效益最大化的原则，最终实现资本的优化配置。

二、证券投资

（一）证券投资的含义

证券投资是指投资者（法人或自然人）运用持有资金买卖有价证券及其衍生品，以期望在未来获得收益的投资行为。证券投资是货币收入及其他财富拥有者放弃当期消费而购买有价证券，以期在未来实现价值增值的活动，是市场经济下实现资源配置最有效的方式。证券投资可以使社会上的闲散资金转化为投资资金，也可以使一部分待用资金和信贷资金进入投资领域，对促进资金合理流向投资领域，推动经济增长具有重要作用。

（二）证券投资与证券投机

在证券市场上既有投资，也有投机。证券投机是在证券市场上，短期内买进或卖出一种或多种证券，以获取收益的一种经济行为。它是证券市场上常见的证券买卖行为，当投机者预测证券价格要上涨时就以较低的价格买进证券，待证券价格确实上涨后就卖出，以赚取差价。这种投机不是欺骗伪造、违法乱纪、操纵价格的交易，而是在遵守交易规则的基础上，利用自己对价格的预测进行交易，并试图赚取较大的收益。因此，投机是以获取较大收益为目的，并承担较大风险的买卖行为。

在证券市场上，投资者既可以从事证券投资，也可以从事证券投机，但二者还是有很大的区别。

1. 对风险的态度不同

投资者一般是风险厌恶者，希望回避风险，将风险降到最低限度，偏爱预期收益稳定、本金相对安全的证券；投机者是风险的喜好者，希望从证券价格的涨跌中谋得厚利，偏爱高风险高收益的证券。

2. 投资期限长短不同

投资者着眼于长远利益，买入证券后长期持有，以获取股息和资本的增值；投机者热衷于短线操作，从买卖中获取差价收益。

3. 交易方式不同

投资者一般从事现货交易并实际交割；投机者往往从事信用交易，买空卖空，或不进行现货交割。

4. 分析方法不同

投资者注重证券的内在价值，一般使用基本分析法；投机者正好相反，他们不注重证券本身的价值，只关注价格的变动，多用技术分析。

（三）证券投资过程

证券投资过程描述的是投资者投资政策的选择、投资目标的确定、投资对象的筛选、投资机会的把握和投资操作的监控。这一系列的投资过程，一般包括五个步骤。

1. 确定证券投资政策

证券投资政策是投资者为实现投资目标而遵循的基本方针和基本准则，包括确定投资目标、投资规模和投资对象这三方面的内容及应采取的投资策略和措施等。投资目标是投资者在承担一定风险的前提下，期望获得的投资收益率。由于证券投资属于风险投资，而且收益和风险之间呈现出一种正相关关系，所以投资目标的确定还应当包括收益和风险两项内容。投资规模是指用于证券投资的资金数量。投资对象是指投资者准备投资的证券品种，是根据投资目标确定的。

2. 进行证券投资分析

在确定投资政策后投资者就要进行有针对的投资分析，进而确定所要投资的证券品种。这种分析首先是明确这些证券的价格形成机制以及影响证券价格波动的各种因素及其作用机制等；其次是要发现那些价格偏离其价值的证券。证券投资分析的方法主要有基本分析和技术分析两种。基本分析的重点是分析证券，特别是股票的内在价值；技术分析是根据证券市场过去和现在的统计资料，研究证券市场未来的价格波动趋势。

3. 构建投资组合

构建投资组合主要是确定具体的股权投资品种和在组合证券中的投资比例。在构建投资组合时，投资者需要注意个别证券选择、投资时机选择和多元化三个问题。个别证券选择主要是预测个别证券的价格走势和波动情况；投资时机选择设计预测和比较各种不同类型证券的价格走势和波动情况；多元化是指在一定的实现条件下，构建一个在一定收益条件下风险最小的收益组合。

4. 调整投资组合

调整投资组合实际上是前面三个步骤的重复。随着时间的推移，证券市场也在发生变化，过去构建中的证券组合可能不再是最优组合，这就需要投资者对现行的组合进行必要的调整，以确定一个新的最优组合。

5. 评估组合绩效

评估组合绩效主要是定期评估投资的表现。这里不能简单地将投资收益率作为评估依据，还要同时考虑投资者所承担的风险，获得较高收益可能是建立在较高风险的基础之上的。因此，对证券投资组合的绩效进行评估时，应综合衡量投资收益和所承担风险的大小。

第二节 认识证券市场

一、证券市场的含义与特征

证券市场是股票、债券、投资基金等有价证券发行和交易的场所。证券市场是市场经济发展到一定阶段的产物，是为解决资本供求矛盾和流动性而产生的市场。证券市场以证券发行和交易的方式实现了筹资与投资的对接，有效地化解了资本的供求矛盾和资本结构调整的难题。在发达的市场经济中，证券市场是完整的市场体系的重要组成部分，不仅反映和调节货币资金的运动，而且对整个经济的运行具有重要影响。

证券市场具有以下三个显著特征：

第一，证券市场是价值直接交换的场所。有价证券是价值的直接代表，其本质上只是价值的一种直接表现形式。虽然证券交易的对象是各种各样的有价证券，但由于它们是价值的直接表现形式，所以证券市场本质上是价值的直接交换场所。

第二，证券市场是财产权利直接交换的场所。证券市场上的交易对象是作为经济权益凭证的股票、债券、投资基金等有价证券，它们本身是一定量财产权利的代表，所以，代表着对一定数额财产的所有权或债权以及相关的收益权。证券市场实际上是财产权利的直接交换场所。

第三，证券市场是风险直接交换的场所。有价证券既是一定收益权利的代表，同时也是一定风险的代表。有价证券的交换在转让出一定收益权的同时，也把该有价证券所特有的风险转让出去。所以，从风险的角度分析，证券市场也是风险的直接交换场所。

二、证券市场的分类

1. 按证券进入市场的顺序分为发行市场和交易市场

证券发行市场又称"一级市场"或"初级市场"，是发行人以筹集资金为目的，按照一定的法律规定和发行程序，向投资者出售证券所形成的市场。证券交易市场又称二级市场、流通市场或次级市场，是已发行的证券通过买卖交易实现流通转让的市场。

2. 按市场组织形式分为场内交易市场和场外交易市场

场内交易市场是由证券交易所组织的集中竞价交易市场，有固定的交易场所和交易时间，以符合有关法规的上市证券为交易对象，交易者为具备一定资格的会员证券公司及特定的经纪人的证券商，一般投资者只能通过证券经纪商进行证券交易。场外交易市场，又称柜台交易市场，指在交易所外进行证券交易的市场。场外交易市场通常不要求有固定的交易场所，是一种分散的市场。

3. 按照交易对象分为股票市场、债券市场、基金市场和衍生证券市场

股票市场是股票发行和买卖交易的场所，股票市场交易的对象是股票。债券市场是债券发行和买卖交易的场所，债券市场交易的对象是债券。债券因有固定的票面利率和期限，其市场价格相对股票价格而言比较稳定。基金市场是基金证券发行和流通的市场。封闭式基金在证券交易所挂牌交易；开放式基金是通过投资者向基金管理公司申购和赎回实现流通的。衍生证券市场是以基础证券的存在和发展为前提的。其交易品种主要有金融期货与期权、可

转换证券、存托凭证、认股权证等。

三、证券市场的基本功能

（一）筹资功能

证券市场的功能是指证券市场为资金需求者筹集资金的功能。这一功能的另一作用是为资金供给者提供投资对象。在证券市场上交易的任何证券，既是筹资的工具，也是投资的工具。在经济运行过程中，既有资金盈余者，又有资金短缺者。资金盈余者为了使自己的资金价值增值，就必须寻找投资对象。在证券市场上，资金盈余者可以通过买入证券而实现投资；而资金短缺者为了发展自己的业务，就要向社会寻找资金。为了筹集资金，资金短缺者可以通过发行各种证券来达到筹资的目的。

（二）资本定价

证券市场的第二个基本功能就是为资本决定价格。证券是资本的存在形式，所以，证券的价格实际上是证券所代表的资本的价格。

证券的价格是证券市场上证券供求双方共同作用的结果。证券市场的运行形成了证券需求者竞争和证券供给者竞争的关系，这种竞争的结果是：能产生高投资回报的资本，市场的需求就大，其相应的证券价格就高；反之，证券的价格就低。因此，证券市场是资本的合理定价机制。

（三）资本配置

证券市场的资本配置功能是指通过证券价格引导资本的流动而实现资本的合理配置的功能。证券投资者对证券的收益十分敏感，而证券收益率在很大程度上取决于企业的经济效益。从长期来看，经济效益高的企业的证券拥有较多的投资者，这种证券在市场上买卖也很活跃。相反，经济效益差的企业的证券投资者越来越少，市场上的交易也不旺盛。所以，社会上部分资金会自动地流向经济效益好的企业，远离经济效益差的企业。这样，证券市场就引导资本流向能产生高报酬的企业或行业，从而使资本产生尽可能高的效率，进而实现资源的合理配置。

四、证券市场的参与者

（一）证券发行人

证券发行人是指为筹措资金而发行债券、股票等证券的政府及其机构、金融机构、公司和企业。证券发行人是证券发行的主体。证券发行是把证券向投资者销售的行为。证券发行可以由发行人直接办理，这种证券发行称为自办发行或直接发行。自办发行是比较特殊的发行行为，也比较少见。20 世纪末以来，随着网络技术在发行中的应用，自办发行开始增多。证券发行一般由证券发行人委托证券公司进行，又称承销，或间接发行。按照发行风险的承担、所筹资金的划拨及手续费高低等因素划分，承销方式分为包销和代销两种，包销又可分为全额包销和余额包销。

（二）证券投资者

证券投资者是证券市场的资金供给者，也是金融工具的购买者。证券投资者类型甚多，投资的目的也各不相同。证券投资者可分为机构投资者和个人投资者两大类。

1. 机构投资者

机构投资者是指相对于中小投资者而言拥有资金、信息、人力等优势，能影响某个证券价格波动的投资者,包括政府机构、企业、商业银行、非银行金融机构(如养老基金、保险基金、证券投资基金)等。各类机构投资者的资金来源、投资目的、投资方向虽各不相同,但一般都具有投资的资金量大、收集和分析信息的能力强、注重投资的安全性、可通过有效的资产组合以分散投资风险、对市场影响大等特点。

2. 个人投资者

个人投资者是指从事证券投资的居民,是证券市场最广泛的投资者。个人投资者的主要投资目的是追求盈利,谋求资本的保值和增值,所以十分重视本金的安全和资产的流动性。

(三) 证券市场中介机构

证券市场中介机构是指为证券的发行与交易提供服务的各类机构,包括证券公司和其他证券服务机构。中介机构是连接证券投资者与筹资人的桥梁,证券市场功能的发挥,很大程度上取决于证券中介机构的活动。它们的经营服务活动,沟通了证券需求者与证券供应者之间的联系,不仅保证了各种证券的发行和交易,而且起到维持证券市场秩序的作用。

1. 证券公司

证券公司,又称证券商,指依法设立可经营证券业务的、具有法人资格的金融机构。证券公司的主要业务有承销、经纪、自营、投资咨询、购并、受托资产管理、基金管理等。证券公司一般分为综合类证券公司和经纪类证券公司。

2. 证券服务机构

证券服务机构是指依法设立的从事证券服务业务的法人机构,主要包括财务顾问机构、证券投资咨询公司、会计师事务所、资产评估机构、律师事务所、证券信用评级机构等。

(四) 自律性组织

自律性组织包括证券交易所、证券业协会和证券登记结算机构。

1. 证券交易所

根据《中华人民共和国证券法》(以下简称《证券法》)的规定,证券交易所是为证券集中交易提供场所和设施,组织和监督证券交易,实行自律管理的法人。证券交易所的监督管理职能包括对证券交易活动进行管理,对会员进行管理,以及对上市公司进行管理,确保市场的公开、公平和公正。

2. 证券业协会

证券业协会是由经营证券业务的金融机构自愿组成的行业性自律组织,是社会团体法人。证券业协会的权力机构为由全体会员组成的会员大会。《证券法》规定,证券公司应当加入证券业协会。证券业协会应当履行协助证券监督管理机构组织会员执行有关法律,维护会员的合法权益,为会员提供信息服务,制定规则,组织培训和开展业务交流,调解纠纷,就证券业的发展开展研究,监督检查会员行为,以及证券监督管理机构赋予的其他职责。

3. 证券登记结算机构

证券登记结算机构是为证券交易提供集中登记、存管与结算业务,不以营利为目的的法人。按照《证券登记结算管理办法》,证券登记结算机构实行行业自律管理。我国的证券登记结算结构为中国证券登记结算有限责任公司。

(五) 证券监管机构

在中国,证券监管机构是指中国证券监督管理委员会及其派出机构。它是国务院直属的证券管理监督机构，依法对证券市场进行集中、统一监管。它的主要职责是：负责行业性法规的起草；负责监督有关法律法规的执行；负责保护投资者的合法权益，对全国的证券发行、证券交易、中介机构的行为等依法实施全面监管，维持公平而有秩序的证券市场。

第三节 了解证券市场的产生与发展

一、证券市场产生的原因

证券的产生已有很久的历史，但证券的出现并不标志着证券市场同时产生，只有当证券的发行与转让公开通过市场的时候，证券市场才随之出现。因此，证券市场的形成必须具备一定的社会条件和经济基础。

（一）证券市场是商品经济和社会化大生产发展的必然产物

随着生产力的进一步发展和商品经济的日益社会化，资本主义从自由竞争阶段过渡到垄断阶段，资本家依靠原有的银行借贷资本已不能满足巨额资金增长的需要。为满足社会化大生产对资本扩张的需求，客观上需要有一种新的筹集资金的手段，以适应经济进一步发展的需要。在这种情况下，证券与证券市场就应运而生了。

（二）股份公司的建立为证券市场形成提供了现实条件

随着生产力的进一步发展，生产规模的日益扩大，传统的独资经营方式和封建家族企业已经不能满足资本扩张的需要，于是产生了合伙经营的组织，随后又由单纯的合伙经营组织演变成股份制企业——股份公司。股份公司通过发行股票、债券向社会公众募集资金，实现资本的集中，满足扩大再生产对资金急剧增长的需要。因此，股份公司的建立和公司股票、债券的发行，为证券市场的产生和发展提供了坚实的基础。

（三）信用制度的发展促进了证券市场的形成和发展

近代信用制度的发展，使信用机构由单一的中介信用发展为直接信用，即直接对企业进行投资。于是，金融资本逐步渗透到证券市场，成为证券市场的重要支柱。信用工具一般都具有流通变现的要求，股票、债券等有价证券具有较强的变现性，证券市场恰好为有价证券的流通和转让创造了条件。由此可见，信用制度越发展，就越有可能动员更多的社会公众的货币收入转化为货币资本，投到证券市场中去。证券业的崛起也为近代信用制度的发展开辟了广阔的前景。

二、证券市场的发展阶段

纵观证券市场的发展历史，其进程大致可分为五个阶段。

（一）萌芽阶段

在资本主义发展初期的原始积累阶段，西欧就已有了证券的发行与交易。15世纪的意大利商业城市中的证券交易主要是商业票据的买卖。16世纪中叶，随着资本主义经济的发展，所有权和经营权相分离的生产经营方式——股份公司出现。1602年，在荷兰的阿姆斯特丹成立了世界上第一个股票交易所。1773年，英国第一家证券交易所在乔纳森咖啡馆成立，即当今伦敦交易所的前身。1790年，成立了美国第一个证券交易所——费城证券交易所。1792年，24名经纪人约定专门在华尔街梧桐树下进行交易，这就是著名的"梧桐树协议。1817年，这些经纪人通过了一项正式章程，并定名为"纽约证券交易会"，1863年改名为"纽约证券交易所"。

（二）初步发展阶段

20世纪初，资本主义从自由竞争阶段过渡到垄断阶段。有价证券的结构也起了变化，在有价证券中占主要地位的已不是政府债券，而是公司股票和公司债券。据统计，1900—1913年全世界发行的有价证券中，政府公债占发行总额的40%，公司股票和公司债券则占了60%。

（三）停滞阶段

1929—1933年，资本主义国家爆发了严重的经济危机，导致世界各国证券市场的动荡，不仅证券市场的价格波动剧烈，而且证券经营机构的数量和业务锐减。危机的先兆就表现为股市的暴跌，而随之而来的经济大萧条更使证券市场遭受严重的打击。

（四）恢复阶段

第二次世界大战后至20世纪60年代，欧美与日本经济的恢复和发展以及各国的经济增长大大地促进了证券市场的恢复和发展，公司证券发行量增加，证券交易所开始复苏，证券市场规模不断扩大，买卖越来越活跃。

（五）加速发展阶段

从20世纪70年代开始，证券市场出现了高度繁荣的局面，不仅证券市场的规模更加扩大，而且证券交易日趋活跃。其重要标志是反映证券市场容量的重要指标——证券化率（证券市值/GDP）的提高。

三、证券市场发展趋势

（一）证券市场一体化

在经济全球化的背景下，国际资本流动频繁且影响深远，并最终导致全球证券市场的相互联系日趋紧密，证券市场出现了一体化趋势。

（二）投资者法人化

国际证券市场发展的一个突出特点是各种类型的机构投资者快速成长。进入21世纪，许多发达国家的机构投资者管理的资产总规模超过了国内生产总值，投资机构在证券市场汇总发挥的主导作用越来越显著。机构化导使证券市场对信息的敏感性提高，有利于金融分析技术的发展与运用，但是，也会带来一些负面效果，例如杠杆化程度过高、复杂金融衍生品泛滥、滥用市场主导地位等。

（三）金融创新深化

在有组织的金融市场中，结构化票据、交易所交易基金、各类权证、证券化资产、混合型金融工具和新型衍生合约不断上市交易；天气衍生金融产品、能源风险管理工具、巨灾衍生产品、政治风险管理工具、信贷衍生产品层出不穷，极大地扩展了"金融帝国"的范围。

（四）金融机构混业化

1999年11月4日，美国国会通过了《金融服务现代化法案》，废除了1933年经济危机时代制定的《格拉斯-斯蒂格尔法案》，取消了银行、证券、保险公司相互渗透业务的障碍，标志着金融业分业制度的终结。

（五）交易所重组与公司化

证券交易所是集中交易市场。信息技术的进步以及经济金融全球化使交易所本身也产生了集中趋势。交易所公司化是证券业应对激烈市场竞争的又一表现。

（六）证券市场网络化

20世纪90年代以来，随着电子计算机技术的发展和信息经济的来临，出现了电子金融创新。电子金融创新是电子商务在金融业的应用，不是将电子计算机技术应用于金融资产的交易和交割过程，而是应用于金融信息的收集、分析、传播、交流和金融资产的管理过程。

（七）金融风险复杂化

竞争的加剧、国际短期资本的流动、汇率的调整以及经济发展战略的失误都可能引发一国或多国的金融危机，而一国的金融风险会直接迅速地影响到周边国家（或地区）金融市场的正常运行，原因是金融创新和证券交易的发展不仅加快了金融活动一体化的进程，而且导致了全球金融风险日益紧密联系而相互传递。

1992年英镑危机，英国英镑和意大利里拉退出欧洲汇率机制。1993年日本泡沫经济破灭，日本长期衰退。1994年墨西哥金融危机，拉丁美洲地区金融市场发生连锁反应。1995年巴林银行事件，它被荷兰国际收购。1997年7月东南亚金融危机。1998年俄罗斯债务危机，国际金融市场陷入恐慌，为应对国际投机者，中国香港金管局入市干预，成功维持港币和恒生指数的稳定。2007年以来，主要发源于美国的次级按揭贷款和相关证券化产品危机广泛影响了全球金融机构和市场。2008年金融危机过后，希腊等欧盟国家发生债务危机。

（八）金融监管合作化

频繁发生的国际金融危机和金融风险的国际传递趋势，使各国政府不仅更加注重金融改革、健全金融体系、加强和改善金融监管、完善投资者保护制度，同时也更加关注加强国际金融合作，运用国际资源加强宏观经济管理、保持国际收支基本平衡、提升防范国际危机的能力，共同防范和化解国际金融风险。

四、中国证券市场的发展

（一）旧中国的证券市场

我国最早出现的证券交易机构是外商开办的上海股份公所和上海众业公所。19世纪70年代开始，洋务派兴办工业，股份制企业兴起，中国自己的股票、公司债和证券市场应运而生。1872年设立的轮船招商局是我国第一家股份制企业。1914年北洋政府颁布了《证券交易所法》，推动了证券交易所的建立。1917年北洋政府批准上海证券交易所开设证券经营业务。1918年夏天成立的北平证券交易所是中国人自己创办的第一家证券交易所。1920年7月，上海证券物品交易所批准成立，是当时规模最大的证券交易所。

（二）新中国成立初期的证券市场

新中国成立后，还保留着天津和北京两家证券交易所，短期进行过股票买卖活动，1952年两家交易所先后撤销。此后，中国实行高度集中的计划经济体制，证券交易所全部被取消。

（三）改革开放后的中国证券市场

1978年，中国实行改革开放政策，金融市场逐步放开。1981年，中国开始发行国库券。1984年9月，北京成立了第一家股份有限公司——天桥百货股份有限公司，并发行了股票。同年11月，由上海电声总厂发起成立的上海飞乐音响股份有限公司向社会公开发行股票。到1990年，全国证券场外交易市场已基本形成，随着场外交易市场的形成，场内交易市场也迅速发展起来。1990年11月26日，上海证券交易所宣告成立，并于1990年12月19日正式营业，成为我国第一家证券交易所。1991年4月11日，深圳证券交易所也宣告成立，并于同年7月3日正式营业。两家证券交易所的成立，标志着我国证券市场由分散的场外交易进入了集中的场内交易。

1998年12月，《证券法》颁布，为证券市场的规范提供了法律依据。2004年8月和2005年11月，全国人大常委会两次修订《证券法》，夯实了中国证券市场发展的法律基础。2009年10月，创业板在深圳交易所正式成立。

技能训练

一、单选题

1. 证券是各类记载并代表一定权益的（　　）。
   A. 书面凭证　　B. 法律凭证　　C. 收入凭证　　D. 资本凭证
2. 二级市场的组织形态有两种：一种是场内交易市场；另一种是（　　）。
   A. 场外交易市场　　　　　　B. 有形市场
   C. 第三市场　　　　　　　　D. 第四市场
3. 1602年，世界上成立了第一家股票交易所，它是在（　　）。
   A. 纽约　　　B. 伦敦　　　C. 巴黎　　　D. 阿姆斯特丹
4. 中国人自己创办的第一家证券交易所是1918年夏天成立的（　　）。
   A. 上海证券交易所　　　　　B. 上海众业公所
   C. 上海华商证券交易所　　　D. 北平证券交易所
5. 我国证券行业自律组织不包括（　　）。
   A. 证券交易所　　　　　　　B. 证券业协会
   C. 中国证券监督管理委员会　D. 证券登记结算公司
6. 证券持有者在不造成资金损失的前提下，可以用证券换取现金。这表明了证券具有（　　）。
   A. 期限性　　B. 安全性　　C. 流动性　　D. 收益性
7. 证券市场的基本功能不包括（　　）。
   A. 风险分散功能　　　　　　B. 资本定价功能
   C. 资本配置功能　　　　　　D. 筹资投资功能

二、多选题

1. 有价证券本身并没有价值，但它代表一定的财产权利，持有人可凭该证券取得一定量的（　　）。
   A. 商品　　　B. 货币　　　C. 利息收入　　　D. 股息收入
2. 有价证券按照发行主体不同，可以分为（　　）。
   A. 政府证券　B. 金融证券　C. 公司证券　　　D. 货币证券
3. 证券市场的特征包括（　　）。
   A. 证券市场是价值直接交换的场所　　B. 证券市场是财产权利直接交换的场所
   C. 证券市场是风险直接交换的场所　　D. 证券市场不是风险直接交换的场所
4. 证券市场的参与者包括（　　）。

  A. 证券投资者 B. 证券发行人 C. 证券中介机构 D. 证券监管机构

三、判断题

1. 有价证券是指无票面金额，证明持有人有权按期取得一定收入并可自由转让和买卖的所有权或债权证券。（ ）
2. 非上市证券不允许在证券交易所内交易，但可以在其他证券交易市场交易。（ ）
3. 企业可以用自己的积累资金或暂时不用的闲置资金进行证券投资。（ ）
4. 证券发行市场都是有形市场。（ ）
5. 有价证券的交易在转让一定收益权的同时也转让了特有的风险。（ ）

技能训练答案

一、单选题

1. B 2. A 3. D 4. D 5. C 6. C 7. A

二、多选题

1. ABCD 2. ABC 3. ABC 4. ABCD

三、判断题

1. × 2. √ 3. √ 4. × 5. √

第二章

股　　票

本章导语

股票投资作为金融投资的一种工具，是资本市场上比较热门的投资工具。在股票投资里要学会分析股票的投资价值，做出正确的投资计划。本项目将介绍股票及价值与价格、除权除息与股票交易的基本术语等知识。

学习目标

（1）掌握股票的概念、性质、特征与分类。
（2）熟悉股票不同价值的含义，并掌握股票内在价值的计算。
（3）了解股票价格的含义与影响因素。
（4）掌握除权与除息的计算。
（5）熟悉股票交易的流程。
（6）了解股票交易的基本术语。

案例导入

巴菲特投资中国石油

果断抛售中国石油，堪称巴菲特在中国展露身手的经典一役。正是这只至今仍令不少股民心痛的股票，成就了巴菲特的"完美"投资。

2002—2003年，巴菲特执掌的伯克希尔公司投资4.88亿美元购入中国石油1.3%股份。而自2007年7月开始，巴菲特连续七次减持中国石油H股，并在11月5日中国石油登陆A股市场的前一个月将所持的23.4亿股中国石油H股全部清空，收获40亿美元，获利近七倍。彼时，香港恒生指数正逼近32 000点大关，沪指也高唱凯歌顶破6 000点历史高位，巴菲特的这一举动曾遭到很多人的质疑。

对此巴菲特的解释是，抛售完全是基于价格上的考虑。在2008年的致伯克希尔股东信中，巴菲特对此特别总结道，"我们在去年做了一笔很大的抛售。2002—2003年，中国石油的市值约为370亿美元，而我和查理（伯克希尔创始人之一）认为它价值约1 000亿美元……去年下半年，中国石油的市值上涨到2 750亿美元，我认为这个估值水平和其他大型石油公司相比已经物有所值了，所以将手中的股票以40亿美元全部卖出。"

事实证明，果断清仓使巴菲特成为迄今为止投资中国石油最大的获益者。尽管巴菲特曾承认中国石油股票"有点卖早了"，但正是这笔不完美的"完美"投资，生动诠释了巴菲特价值投资理念的简单逻辑。而自言喜欢买便宜和看得懂的公司股票的巴菲特此前也表示，一旦中国石油股价到了自己认为足够便宜的价位，他会再次买入。

（资料来源：证券之星http：//finance.stockstar.com/MS2010092830000167.shtml）

第一节　认识股票

一、股票的定义与特征

（一）股票的定义

股票是一种有价证券，是股份有限公司发行的用以证明投资者的股东身份和权益，并据此取得股息和红利的凭证。股票一经发行，购买股票的投资者即成为公司的股东。股东是公司的所有者，以其出资额为限对公司负有限责任，承担风险，分享权益。《中华人民共和国公司法》（以下简称《公司法》）规定，股票采用纸面形式或国务院证券管理部门规定的其他形式。股票应载明的主要事项有：公司名称、公司登记成立的日期、股票种类、票面金额及代表的股份数、股票的编号。

（二）股票的性质

1. 股票是有价证券

有价证券是财产价值和财产权利的统一表现形式。持有有价证券，一方面表示拥有一定量的财产，另一方面表明有价证券持有人可以行使该证券所代表的权利。股票自身虽然没有价值，但它是一种代表财产权的有价证券，包含着股东可以依其持有的股票要求股份公司按规定分配股息和红利的请求权。另外，股票与其代表的股东权利有不可分离的关系，二者合二为一，股东权利的转让应与股票的转让同时进行，不能只转移股东权利而不转移股票，也不能只转移股票而保有原来的股东权利。

2. 股票是要式证券

股票的具体表现形式是股票证书，它是经国家主管机关核准发行的，具有法定性。股票作为要式证券，表现在股票的制定程序、记载内容及方式都必须符合法律的规定和公司章程规定；股票的制作与发行，必须经过主管机关的审批，受到国家的严格控制。《公司法》对股票应记载的内容做了具体规定，如果缺少相应的要件，股票就无法律效力。

3. 股票是证权证券

证券可以分为设权证券和证权证券。设权证券是指证券所代表的权利本来不存在，而是随着证券的制作而产生，即权利的发生是以证券的制作和存在为条件的。证权证券是指证券是权利的一种物化的外在形式，是权利的载体，权利是已经存在的。股票的发行是以股份的存在为条件的，股票是指把已经存在的股东权利表现为证券的形式。

4. 股票是资本证券

股份公司发行股票是一种吸引认购者投资以筹措公司自有资本的手段，对于认购股票的人来说，购买股票就是一种投资行为。所以，股票是投入股份公司的资本份额的证券化，属于资本证券，独立于真实资本之外，是虚拟资本。

5. 股票是综合权利证券

股票不属于物权证券，也不属于债权证券。股票持有者作为股份公司的股东享有独立的股东权利。股东权利是一种综合权利，包括出席股东大会、投票表决、分配股息和红利等。但股票不属于物权证券，也不属于债券证券。股东虽然是公司财产的所有人，但对公司的财产不能直接支配处置；另外，股东在性质上是公司内部的构成分子，不是公司的债权人。

（三）股票的特征

1. 收益性

收益性是股票最基本的特征，是指持有股票可以为持有人带来收益的特征。一方面，股票持有者可以从发行公司获得股息红利；另一方面，持有者可以利用股票进行交易，当股票的市价高于买入价格时卖出股票可以获得价差收入，即资本利得。

2. 风险性

股票风险的内涵是股票投资收益的不确定性，或实际收益与预期收益之间的偏离。股票尽管可能给股票持有人带来收益，但这种收益是不确定的，股票的收益不仅随公司经营状况和盈利水平波动，还会受市场诸多因素的影响。

3. 流动性

流动性是指股票可以通过依法转让而变现的特征，即在本金保持相对稳定、变现成本极小的条件下，股票很容易变现。股票持有人不能从公司退股，但股票可以在证券交易所流通或进行柜台交易从而变现，因此股票是流动性很强的证券。

4. 参与性

参与性是指股票持有人有权参与公司重大决策的特性。根据《公司法》的规定，股票的持有者就是股份有限公司的股东，有权出席股东大会、参加公司董事机构的选举及公司的经营决策。股东参与公司重大决策权力的大小通常取决于其持有股份数量的多少。

5. 稳定性

股票是一种无期限的法律凭证，反映的是股东与股份公司之间比较稳定的经济关系。在向股份公司参股投资而取得股票后，任何股东都不能退股，股票的有效存在是与股份有限公司的存续相联系的，即股票是与发行公司共存亡的。对于股票持有者来说，只要持有股票，其股东身份和股东权益就不能改变。

二、股票的分类

（一）根据持有者的权利和义务分类

1. 普通股

普通股是最基本、最常见的一种股票，其持有者享有股东的基本权利和义务。普通股股利完全随公司盈利的高低而变化。在公司盈利较多的时候，普通股股东可以获得较高的股利收益，但在公司盈利和剩余财产的分配顺序上列在债权人和优先股股东之后，因此承担的风险较高。

2. 优先股

优先股是一种特殊的股票，持有者的股东权利受到一定限制，优先股股东不参加公司的红利分配，无表决权和参与公司经营管理权。优先股有固定的股息，不受公司业绩好坏影响，并可以先于普通股股东领取股息。当公司破产进行财产清算时，优先股股东对公司剩余财产有先于普通股股东的要求权。2014 年 3 月 21 日，中国证监会正式发布了《优先股试点管理办法》（以下简称《办法》），标志着优先股试点正式启动。根据此次发布实施的《办法》，上市公司可以发行优先股，非上市公众公司可以非公开发行优先股。

（二）根据是否记载股东姓名分类

1. 记名股票

记名股票是指在股票票面和股份公司的股东名册上记载股东姓名或名称的股票。记名股票不仅要求股东在购买时登记姓名或名称，而且要求股东转让股票时需要向公司办理股票过户手续，除了记名股东外，任何人不得凭此对公司行使股东权利。记名股票不得私自转让，应到公司提交股票，改换持有人姓名或名称，并将转让人的姓名或名称记载于公司股东名册上。《公司法》规定，股份有限公司向法人、发起人发行的股票应当为记名股票。

2. 无记名股票

无记名股票是指在股票票面和股份公司名册上均不记载股东姓名的股票。发行无记名股票的，公司应当记载其股票数量、编号及发行日期。无记名股票的转让、继承无须办理过户手续，只要将股票转交给受让人，就可以发生转让效力。

（三）根据是否在票面标明金额分类

1. 有面额股票

有面额股票指在股票票面上记载一定金额的股票，该金额又称票面金额、票面价值、票面面值。大多数国家的股票都是有面额股票，且一般以国家货币为单位。《公司法》规定，股份有限公司的资本划分为股份，每一股的票面面值相等，一般为 1 元。

2. 无面额股票

无面额股票是指在股票票面上不记载股票面额，只注明它在公司总股本中所占比例的股票，又被称为比例股票或股份股票。股东对公司享有的权利和承担的义务，直接以股票标明的股利而定。无面额股票具有发行和转让价格灵活、便于分割等特点。

（四）根据投资主体的性质分类

1. 国家股

国家股是国家授权的投资机构或部门以国有资产向股份公司投资形成的股票。国家股的股权所有者是国家，国家股的股权，由国有资产管理机构或其授权单位、主管部门行使国有资产的所有权职能。

2. 法人股

法人股是指企业法人或具有法人资格的事业单位和社会团体，以其依法可支配的资产，向股份有限公司投资所形成的股份。法人持股所形成的也是一种所有权关系，是法人经营自身财产的一种投资行为，必须依法登记。如果该法人是国有企业、事业及其他单位，那么该法人股为国有法人股；如果是非国有法人资产投资于上市公司形成的股份则为社会法人股。

3. 社会公众股

社会公众股是指我国境内个人和机构，以其合法财产向公司可上市流通股权部分投资所形成的股份。我国规定,公司申请股份上市的条件之一是:向社会公开发行的股份达到公司股份总数的25%以上;公司股本总额超过4亿元的,向社会公开发行股份的比例为10%以上。

  4. 外资股

  外资股是指股份公司向外国和我国香港、澳门、台湾地区投资者发行的股票。它是我国股份公司吸收外资的一种方式,主要包括境内上市外资股和境外上市外资股。

  (五)根据股票的投资者和上市地点分类

  1. A股

  A股即人民币普通股,是由中国境内公司发行,以人民币表明票面金额,在上海、深圳证券交易所上市,供境内投资者和合格境外机构投资者以人民币认购和交易的普通股股票。

  2. B股

  B股是人民币特种股票,也被称为境内上市外资股。它是由我国境内公司发行,以人民币标明面值,境外投资者和国内投资者以外币认购和买卖,在中国境内(上海、深圳)证券交易所上市交易的外资股。

  3. H股、N股、S股、L股等

  H股、N股、S股、L股等统称为境外上市外资股,是指在中国境内注册的公司在境外证券交易所上市、向境外投资者发行的股票。H股是我国境内公司在香港上市发行的股票;N股是我国境内公司在纽约证券交易所上市发行的股票;S股是我国境内公司在新加坡证券交易所上市发行的股票;L股是我国境内公司在伦敦证券交易所上市发行的股票。

  (六)根据股票的收益能力分类

  1. 蓝筹股

  在股票市场上,投资者把那些在其所属行业内占有重要支配性地位、业绩优良、成交活跃、红利优厚的大公司股票称为蓝筹股。蓝筹股是经营管理良好,盈利能力稳定、连年回报股东的公司股票。"蓝筹"一词源于西方赌场。在西方赌场中,有三种颜色的筹码,其中蓝色筹码最为值钱,红色筹码次之,白色筹码最差,投资者把这些行话套用到股票。

  2. 成长股

  成长股是指这样一些公司所发行的股票,它们的销售额和利润额持续增长,而且其速度快于整个国家和本行业的增长。这些公司通常有宏图伟略,注重科研,留有大量利润作为再投资以促进其扩张。由于公司再生产能力强劲,随着公司的成长和发展,所发行的股票的价格也会上升,股东能从中受益。

  3. 收入股

  收入股也称高息股,能够支付较高收益的股票,生意稳定,扩展机会不大,所以其净利润转化为较高的收益发放股利。需要指出,发行收入股的公司很可能是因获利能力强,即所谓的绩优股,但是,也可能是由经营状况不甚健康而引起的,例如,公司不思扩展,大量分配盈利或从事某种非法活动以获得大量收入等。

  4. 周期股

  周期股是收益随着经济周期的盛衰而涨落的股票。该类股票诸如汽车制造公司或房地产公司的股票,当整体经济上升时,这些股票的价格也迅速上升;当整体经济走下坡路时,这些股票的价格也下跌。

5. 防守股

防守股指在经济条件恶化时，股息和红利要高于其他股票平均收益的股票，此类股票的发行公司大多是经营公用事业及生活必需品的行业，例如水、电、交通、食品、医药等，其发行的股票也称"公用股"或"基础股"。防守股与周期股相反，即经营比较稳定，不受经济周期变动影响，因而能持续地提供稳定股利的股票。

6. 投机股

投机股是指那些易被投机者操纵而使价格暴涨暴跌的股票。投机股通常是内行的投机者进行买卖的主要对象，由于这种股票易暴涨暴跌，因此投机者通过经营和操纵这种股票可以在短时间内赚取相当可观的利润。

7. 垃圾股

垃圾股指的是业绩较差的公司的股票，与绩优股相对应。这类上市公司或者由于行业前景不好，或者由于经营不善等，有的甚至进入亏损行列。其股票在市场上的表现萎靡不振，股价走低，交投不活跃，年终分红也差。

第二节 理解股票的价值与价格

一、股票的价值

股票的价值与一般商品价值或货币价值是有区别的。后者都有特定的含义，可以准确地下一个定义，前者则在不同场合含义也不同，很难下一个准确的定义。反映普通股股票价值的指标主要有以下几种：

（一）票面价值

股票的票面价值又称面值，即股票票面上标明的金额。该种股票被称为有面额股票。股票的面值在初次发行时有一定的参考意义。如果以面值作为发行价格，则称为平价发行。如果发行价格高于面值，则称为溢价发行。如果发行价格低于面值，则称为折价发行。我国股票不允许折价发行。

股票面值的另一作用是代表了每份股权占总股份的比例，为确定股东权益提供依据。然而，随着公司净资产的不断变化，股票的面值与其每股净资产逐渐背离，与其市场价格和投资价值也没有必然联系。

（二）账面价值

股票的账面价值也称股票的净值或每股净资产，是每股股票所代表的实际资产的价值。股票的账面价值越高，公司的运营资本基础就越雄厚。所以，账面价值是分析股票投资价值的重要指标。普通股的账面价值可以按照下面公式确定：

$$普通股账面价值 = \frac{（资产总额 - 负债总额 - 优先股价值）}{普通股股份数}$$

有些投资者可能会把每股账面价值当作股票价格的底线，但实际上，在很多情况下，公司股票的市场价格会高于其每股账面价值。但是并非所有股票的市场价格都会高于其每股账面价值，市场中还是会出现一些例外情况的。

（三）清算价值

股票的清算价值是指在公司清算时，每一股份所代表的实际价值。公司清算时要变卖全部资产,其变卖收入在清理全部债务后的余额,再支付优先股的股金,其剩余部分除以全部普通股股数便是股票的清算价值。理论上,公司的清算价值应该等同于其账面价值,但实际上并不是这样。因为公司在清算时,其资产一般只能低价出售,再加上必要的清算成本,所以大多数公司的实际清算价值往往都低于其账面价值。

(四) 内在价值

股票的内在价值即理论价值,就是股票在未来时期支付的股利按照一定的折现率折算成的现值。

1. 一般公式

如果用 V 代表股票的内在价值,D_t 代表 t 时期末以现金形式支付的每股股利,K 代表一定风险高程度下的贴现率(也称必要收益率),则股利贴现模型的公式如下:

$$V = \sum_{t=1}^{\infty} D_t \div (1+K)^t$$

此公式是计算股票内在价值的基本模型。它在实际应用时,面临的主要问题是如何预计未来每年的股利,以及如何确定贴现率。

2. 投资决策

净现值等于股票的内在价值与购买股票的成本之差,如果用 P 代表股票的购买价格,则净现值的计算公式为:

$$NPV = V - P = \sum_{t=1}^{\infty} D_t \div (1+K)^t - P$$

如果 $NPV > 0$,则表示所有预期的现金流入的现值之和大于投资成本,即股票价值被低估,可以考虑购买该股票;反之股票价格被高估,不要购买该股票。

根据股利增长率不同,股利贴现模型可以分为零增长模型、固定增长模型和阶段增长模型。

1. 零增长模型

假定未来每期的股利是固定不变的,则其支付过程就是一个永续年金。股票的内在价值为:

$$V = D_0 \div K$$

式中,V 表示股票的内在价值;D_0 表示每期相等的股利;K 表示股票的贴现率(也称必要报酬率)。

【例 2-1】 某投资者预期某公司每年支付的股利将永久性地固定在 1 元,最低报酬率为 12.5%,则该公司的股票内在价值是多少?

股票内在价值 $V = 1 \div 12.5\% = 8$ (元)

如果该公司股票当前的市场价格高于其理论价值 8 元,则说明该公司股价被高估了,投资者应该卖出该公司股票;如果该公司股票当前市场价格低于 8 元,就说明该公司的股价被低估了,投资者可以继续持有或追加对该股票的购买。

2. 固定增长模型

企业的股利不应当是固定不变的,而应当是不断增长的。当股利一直以一个不变的增长率增长,并且股票的必要报酬率大于股利增长率时,股票的内在价值为:

$$V = D_0(1+g) \div (K-g) = D_1 \div (K-g)$$

式中,D_1 表示第一年股利;g 表示股利增长率,是一个常数。

【例2-2】 A公司最近一期每股股利2元,预计年股利增长率为12%,投资者投资A公司股票要求的最低报酬率为16%,问A公司股票内在价值是多少?

$D_0 = 2$ 元,$D_1 = 2 \times (1 + 12\%) = 2.24$(元)

股票的内在价值为:$V = 2.24 \div (16\% - 12\%) = 56$(元)

如果该公司股票当前的市场价格高于其理论价值56元,则说明该公司股价被高估了,投资者应该卖出该公司股票;反之,则应买进该公司股票。

固定增长模型的公式中,当股利增长率为零时,固定增长模型就变成零增长模型,因此,零增长模型是固定增长模型的一种特殊形式。

3. 阶段增长模型

在现实的生活中,有的公司股利是不固定的。例如,在一段时间里高速增长,在另一段时间里正常固定增长或固定不变。在这种情况下,只有通过分段计算,才能确定股票的内在价值。假设在时间 L 以前,股利以一个不变的增长速度 g_1 增长;在时间 L 以后,股息以另一个不变的增长速度 g_2 增长,则股票的内在价值为:

$$V = \sum_{t=1}^{L} D_0 (1 + g_1)^t \div (1 + K)^t + 1 \div (1 + K)^L \times D_{L+1} \div (K - g_2)$$

【例2-3】 某投资者持有B公司股票,他的投资报酬率为15%。预计B公司未来3年股利将高速增长,增长率为20%。在此后为正常增长,增长率为10%。公司最近支付的股利是1元。请问B公司股票的内在价值是多少?

年份	股利 D_t/元	现值系数(15%)	现值 P/元
1	$2 \times 1.2 = 2.4$	0.870	2.088
2	$2.4 \times 1.2 = 2.88$	0.756	2.177
3	$2.88 \times 1.2 = 3.456$	0.658	2.271
合计(3年股利的现值)			6.539

计算第三年年底的普通股内在价值:

$V_3 = D_4 \div (K - g) = 3.456 \times 1.1 \div (15\% - 10\%) = 76.032$(元)

第三年年底股票内在价值的现值:$PV_3 = 76.032 \times 0.658 = 50.03$(元)

最后计算股票目前的内在价值:$V = 6.539 + 50.03 = 56.569$(元)

如果该公司股票当前的市场价格高于其理论价值56.569元,则说明该公司股价被高估了,投资者应卖出该公司股票;反之,则应买进该公司股票。

二、股票的价格

(一)股票价格的含义

股票价格通常是指股票的市场价格,又称股票行市,是股票在证券市场上买卖的价格。股票的内在价值决定了股票的市场价格。通常股票的市场价格总是围绕内在价值上下波动,但由于受供求关系以及其他许多因素影响,股票的市场价格与其内在价值不会绝对相等。在股票的某一交易日内,股票的市场价格有不同的表现形式:

1. 股票开盘价

股票开盘价是指某种股票在某个营业日开始后第一笔成交的价格。如果开始后半小时内某种股票仍无成交，则取前一日的收盘价作为当日的开盘价。

2. 申报价格

申报价格是投资者下单买卖股票的意愿价格。申报价格分为限价和时价两种。限价又可以分为最高买进价和最低卖出价。购进股票的投资者限定买进股票的最高买进限价，即在此限价之下的任意价位都愿意买进。而出售股票的投资者限定出售股票的最低卖出价格，即在此限价之上的任一价位都愿意成交。时价是指不限定最高或最低买卖价格，按照流通市场上某一股票的即时价格进行交易。我国当日的申报，只有当日有效，在当日收盘后，没有实施交易的申报自行取消。

3. 最高价、最低价和最新价

在一个交易日内，股票的市场价格是不断变化的。最高价格是指在某个交易日内，某种股票的最高成交价格。最低价是指在某个交易日内，某种股票的最低成交价格。利用最高价和最低价可以分析在某个交易日中股票市场价格上下波动的幅度。最新价是指在某个交易日中，某种股票最新的成交价格。

4. 收盘价

收盘价是指某种股票在某个交易日内最后一笔交易成交的价格。若当日无成交，则取前一日的收盘价作为当日的收盘价。

（二）股票价格的影响因素

1. 公司经营状况

股份公司的经营状况和未来发展是股票价格的基石。从理论上分析，公司经营状况和股票价格正相关，公司经营状况好，股价上升；反之，股价下跌。公司经营状况的指标可以从公司净资产、盈利能力、股利政策等因素进行判断。

2. 行业因素

股票市场中，经常观察到某一行业或者板块的股票在特定时期中表现出齐涨共跌的特征，这说明，在这些股票中存在着某种行业或者产业型的共同影响因素，对这些因素的分析称为行业分析。

3. 宏观经济因素

宏观经济发展水平和状况是影响股票价格的重要因素。宏观经济影响股票价格的特点是波及范围广、干扰程度深、作用机制复杂和波动幅度较大。对宏观因素进行分析时，可以通过对经济增长水平、经济周期循环、货币政策、财政政策、利率变动、通货膨胀、汇率变动、国际收支等指标的分析加以考察。

4. 其他因素

股票价格除了受以上三种基本因素影响之外，还受政治因素、心理因素、市场因素、人为操纵等因素的影响。

三、股票估价的简化方法

在股票市场上，投资者必须先对各种股票的市场价格进行分析和评价，然后才能决定是否进行股票投资。采用股利贴现模型的方法对股票的价值加以计算，很具有说服力，在实际测算过程中应用也比较广泛。但是，在计算股票价值的过程中需要大量的参数，这些参数选择上的偏差可能导致大幅度的偏差。因此在实战中，投资者一般很少采用，而是采用了相对简单的股票估价方法。对股票市场价格进行评价的主要方法有以下几种：

（一）市净率法

为了衡量某只股票现行价格的合理性，一般用每股净值的倍数（即市净率）作为衡量的指标。

$$市净率 = 股票市价 \div 每股净资产$$

其中：
$$每股净资产 = (资产总额 - 负债总额) \div 普通股数$$

市净率反映的是股票市价是每股净资产的倍数。采用这个公式计算出来的倍数越高，表示某股票市价偏离该股票所拥有的每股净资产越多，其投资价值越低，市价相对偏高；反之亦反。投资者一般应把市净率高的股票卖出，而买进市净率低的股票。同时，对各个不同时期的平均市净率进行比较，可判断现今股票市价是处于较高还是较低水平，从而决定是卖出还是买入股票。因此，平均市净率是分析股票市价水平的重要指标，自然也能反映某种股票的投资价值的高低。

（二）每股盈余法

每股盈余法是反映每一普通股所能获得的纯收益的方法。每股盈余这一财务指标值，在上市公司报出的利润表中都会直接给出。其计算公式如下：

$$每股盈余 = (税后利润 - 优先股股利) \div 普通股股数$$

利用每股盈余衡量股票投资价值的具体方法是：将某只股票的每股盈余与股票市场平均市盈率相乘，计算出来的数值与该股票现行市价对比，若比现行市价低，则卖出；反之，则买进。

（三）市盈率法

市盈率表示投资者为获取每 1 元的盈余，必须付出的代价。其计算公式为：

$$市盈率 = 股票市价 \div 每股盈余$$

一般而言，市盈率越低越好。市盈率高，表示股票现行市价已处于高位，此时对该股票投资，其股价上升空间不大，所以，市盈率越高，其投资价值越低。市盈率一直是投资者进行中长期投资的选股指标。通常人们把 20 倍市盈率作为标准，判断某只股票的市盈率是否合理。但是，我国股市的股票市盈率普遍偏高，有的股票市盈率已远超出 20 倍甚至达 30 倍以上，但由于其预期获利能力高，所以投资者仍愿对其投资。

第三节 股票的股息与红利

一、股票分红的含义

股票分红是对股东的投资回报，一般包括股息和红利两种基本形式。股息是指股票的利息，是指股份公司从税后利润中按照股息率派发给股东的收益。股息率是相对的固定的，特别是对优先股而言。红利是股东在按照规定股息率分配后取得的剩余利润，红利的数额受公司业绩、股利政策、税收政策等因素的影响，通常是不固定的，会随着公司每年可分配盈利的多少而上下浮动。股息和红利有时并不加以仔细区别，而是被统称为股利或者红利。

二、股息与红利的分配

（一）现金股利

现金股利是上市公司以货币形式支付给股东的股息红利，这是最普通最常见的股利形式，如每股派息 0.5 元，就是现金股利。如果公司在某个营业年度结束时有盈余，则应首先弥补往年的亏损，再提取盈余公积，最后将剩余额用于股东分红。如果公司的发展进入成熟期，其投资机会较少，成长性降低，则公司会将盈余以现金的形式派发给股东；当公司募集新股与负债的资金成本都比较低时，一般也会发放现金股利。

我国上市公司证券发行管理办法规定，若要公开增发证券，则当前三年累计以现金方式分配的净利润不少于公司当前三年年均可分配利润的 30%。

（二）送股与转增股本

1. 送红股

送红股是指将上市公司未分配利润以股票红利的形式分配给股东的一种分配方式。送红股将利润转化为新的股本，公司的资产、负债、股东权益的总额及结构并没有发生改变，但总股本增大了，同时每股净资产降低了。公司处于成长期、投资机会较多、业绩增长较快，需要进行资本扩张或公司借贷资金成本较高时均会采取送红股的形式。

2. 转增股本

转增股本是指公司将资本公积转化为股本向股东发放股票。转增股本并没有改变股东的权益，但却增加了股本规模，因而客观结果与送红股相似。

转增股本与送红股对一般投资者来说，统称"送股"，实际上，两者具有本质区别。送股俗称"红股"，是上市公司采用股票股利形式进行的利润分配，它的来源是上市公司的留存收益；而公积金转增资本是在股东权益内部，把公积金转到"实收资本"或者"股本"账户，并按照投资者所持有公司的股份份额比例的大小分到各个投资者的账户中，以此增加每个投资者的投入资本。因此，转增股本不是利润分配，只是公司增加股本的行为，它的来源是上市公司的资本公积。

（三）配股

配股是指公司按照一定比例向现有股东发行新股，属于再筹资的手段。上市公司原股东享有配股优先权，可自由选择是否参与配股，若选择参与，则必须在配股缴款期内参加配股，股东要按配股价格和配股数量缴纳配股款。配股价格是按照发行公告发布时的股票市价做一定的折价处理来确定的，折价是为了鼓励股东出价认购。配股集资具有实施时间短、操作简单、成本较低等优点，同时也是上市公司调整财务结构的一种手段。配股完全不同于公司对股东的分红，但在我国，配股常常被列为公司分红方案的一部分。

三、除息与除权

因公司分红（送股、配股或派现），每股股票所代表的实际价值发生了变化，即每股净资产有所减少，这就需要在发生该事实后从股票价格中剔除这部分因素。因股本增加而形成的剔除行为称为除权；因红利分配引起的剔除行为称为除息。

（一）除息除权基准价

上市公司在送股、派息或配股时，需要确定股权登记日，在股权登记日及以前持有或买进股票的股东享受送股、派息或配股权利,即称含权、含息。股权登记日的次个交易日成为除权除息日,此时再买进股票已不再享有上述权利。因此,一般而言,除权除息日的股价要低于股权登记日的股价。

1. 除息基准价的计算方法

$$除息基准价 = 股权登记日收盘价 - 每股所派现金$$

2. 除权基准价的计算分为送股股权和配股股权两种

$$送股除权基准价 = 股权登记日收盘价 \div (1 + 每股送股股数)$$

$$配股除权基准价 = (股权登记日收盘价 + 配股价 \times 配股比例) \div (1 + 配股比例)$$

3. 同时有送股、派息和配股的除息除权基准价

$$除权除息基准价 = (股权登记日收盘价 - 每股所派现金 + 配股价 \times 配股比例) \div$$
$$(1 + 每股送股股数 + 配股比例)$$

【例2-4】 某股票股权登记日的收盘价为20.35元,每10股派发现金红利4.00元,送1股配2股,配股价为每股5.50元,则次日股价为:

$$(20.35 - 0.4 + 5.50 \times 0.2) \div (1 + 0.1 + 0.2) = 16.19 （元）$$

(二) 填权与贴权

股票除权除息当天或其后的一段时间,如果多数人对该股看好,则该只股票交易市价高于除权除息基准价,即股价比除权除息前有所上涨,这种行情称为填权。如果股价上涨到除权除息前的价格水平,就称为充分填权,或填满权。相反,如果交易市价低于除权除息基准价,即股价比除权除息前有所下降,则为贴权。除权除息的股票是否能够填权,与市场环境、公司的行业前景、公司的获利能力和企业形象有直接的关系。

第四节 股票操盘的基本知识及术语

一、股票交易的基本程序

股票交易是以股票为对象进行的流通转让活动,可以在证券交易所中进行,也可以在场外交易市场进行,前者称为上市交易,后者称为柜台交易。目前,我国公开发行的股票一般都在证券交易所中进行。

投资者买卖股票的基本程序为开户、交易委托、竞价成交、清算与交割。

(一) 开户

投资者买卖股票首先要开设证券账户和资金账户,只有开立了证券账户和资金账户之后才能进行股票买卖。证券账户用来记载投资者所持有的证券种类、数量和相应的变动情况。投资者可以通过所在地的证券营业部门或证券登记机构办理证券账户。个人投资者开户需提供有效居民身份证及复印件。法人开户需提供营业执照及复印件、法人代表证明书及居民身份证。资金账户是投资者在证券商处开设的资金专用账户,用来记载和反映投资者买卖证券的货币收付和结存数额。投资者选择一个银行卡作为资金的账户卡,需到相应的银行办理三方存管。

随着证券交易的发展,股票开户分为现场开户与非现场开户,其中现场开户指投资者在证券公司营业部柜台办理开户的过程;非现场开户包括见证开户、网上开户及中国结算公司

认可的其他非现场开户方式。网上在线开户是非现场开户中最常见的开户方式，这是一种投资者自主、自助开户的开户形式。投资者通过证券公司指定的电子认证服务机构申请数字证书，并以数字证书为基础在网上办理开户手续。

开立证券账户和资金账户后，投资者买卖证券所涉及的证券、资金变化就会从相应的账户中得到反映。例如，某投资者买入甲股票1 000股，包括股票价格和交易税费的总额费用为10 000元，则投资者的证券账户上会增加甲股票1 000股，资金账户上就会减少10 000元。

（二）交易委托

在我国的证券交易市场中，投资者买卖证券是不能直接进入交易所办理的，必须通过证券交易所的会员来进行，证券交易所会员是指经中国证监会批准设立、具有法人资格、依法可从事证券交易及相关业务并取得证券交易所会籍的证券公司。投资者开立了股票账户和资金账户后，就可以在证券营业部办理委托买卖。所谓委托买卖，是指证券经纪商接受投资者委托，代理投资者买卖证券，从中收取佣金的行为。

委托时必须有交易密码或证券账户，且委托时必须指明：投资者姓名、资金账号、买入或卖出、上海或深圳证券名称、证券代码、委托价格、委托数量。委托的形式有当面委托、电话委托、传真委托、信函委托和网上委托等。在委托未成交之前，委托人有权变更和撤销委托，冻结的资金或证券要及时解冻。我国证券交易中的委托是当日有效的限价委托。

（三）竞价成交

证券买卖双方通过中介券商的场内交易会员分别出价委托，因为许多投资者可能同时买卖同一只股票，所以采用竞价成交方式进行。竞价成交是按照"价格优先、时间优先"的原则自动配对撮合成交的。价格优先原则是指较高的买进申报优先于较低的买进申报，较低的卖出申报优先于较高的卖出申报。时间优先原则是指同价位申报，依照申报时序决定优先顺序。电脑申报竞价时，按计算机主机接受的时间顺序排列；书面申报竞价时，按证券经纪商接到书面凭证的顺序排列。

我国证券交易所有两种竞价方式：一种是在每日开盘前采用集合竞价方式；另一种是在开盘后的交易时间内采用连续竞价交易。

（四）清算与交割

清算与交割是指证券买卖双方在证券交易所进行证券买卖成交以后，通过证券交易所将证券商之间的证券买卖数量和金额分别予以轧抵，其差额由证券商确认后，在事先约定的时间内进行证券和价款的收付了结行为。它反映了投资者证券买卖的最终结果，是维护证券买卖双方正当权益、确保证券交易顺利进行的必要手段。

我们一般所说的清算交割分两个部分：一部分指证券商与交易所之间的清算交割；另一部分指证券商与投资者之间的清算交割，双方在规定的时间内进行价款与证券的交收确认的过程，即买入方付出价款、得到证券，卖出方付出证券、获得价款。

目前上海、深圳证券交易所A股股票、基金、债券及其回购，实行T+1交割制度，即在委托买卖的次日（第二个交易日）进行交割，投资者委托买卖证券成交与否应以第二天的交割单为准，当日的成交回报仅作为参考。B股股票实行T+3交割制度，即在委托买卖后（含委托日）的第四个交易日进行交割。证券如未成交，则不能办理交割手续。投资者应妥善保管好交割单，如有疑义，投资者应及时向证券商进行查询。

二、股票交易的基本术语

1. 股价指数

股票价格指数就是用以反映整个股票市场上各种股票市场价格的总体水平及其变动情况的指标。它是选取有代表性的一组股票，运用统计学的方法，通过一定的计算得到的。各种指数具体的股票选取和计算方法是不同的。我国主要的股票价格指数有上证综合指数、上证50指数、上证180指数、深圳成分股指数、沪深300指数等。国际主要的股票价格指数有道琼斯指数、标准普尔指数、纳斯达克指数、伦敦金融时报指数、日经225指数和香港恒生指数等。

2. 牛市与熊市

牛市与熊市是指人们预料股票市场行情可能出现的两种不同的发展趋势。牛市是预料股市前景看好，股票的价格持续上升的行情；熊市是预料股市前景看淡，股票普遍持续下跌的行情。

3. 多头与空头

多头是投资者预期未来价格上涨，以目前价格买入一定数量的股票，等价格上涨后，高价卖出，从而赚取差价利润的交易行为，其特点是先买后卖。空头是预期未来行情下跌，将手中股票按目前价格卖出，待行情下跌后买进，获得差价利润的行为。其特点是先卖后买。

4. 利空与利多

利空是指能够促使股价下跌的因素和信息，对空头有利，如银根抽紧、利率上升、经济衰退、公司经营状况恶化等。利多对多头有利，能刺激股价上涨的各种因素和消息，如银行利率降低、公司经营状况好转等。

5. 盘整

盘整通常指价格变动幅度较小，比较稳定，最高价与最低价之差不超过2%的行情。

6. 反弹

反弹指股票价格在下跌趋势中因下跌过快而回升的价格调整现象。回升幅度一般小于下跌幅度。

7. 割肉

割肉即斩仓，指在买入股票后，股价下跌，投资者为避免损失扩大而低价卖出股票的行为。

8. 套牢

套牢是指预期股价上涨而买入股票，结果股价却下跌，又不甘心将股票卖出，被动等待获利机会的出现。

9. 跳水

跳水指股价迅速下滑，幅度很大，超过前一交易日的最低价很多。

10. 涨（跌）停板

前交易日收盘价加上允许的最大涨幅构成当日价格上涨的上限，股价上涨达到涨幅的上限称为涨停板；前一交易日收盘价减去允许的最大跌幅构成价格下跌的下限，股价下跌幅度达到下限称为跌停板。因此，涨跌停板又叫每日价格最大波动幅度限制。目前我国规定A股涨跌幅度为10%，ST股为5%。

11. 换手率

换手率也称"周转率",指在一定时间内市场中股票转手买卖的频率,是反映股票流通性强弱的指标之一。

$$换手率 = \frac{某一时间段内成交量}{股票流通数量} \times 100\%$$

12. K线图

K线图又称蜡烛图、日本线、阴阳线、棒线、红黑线等,常用说法是"K线"。它以每个分析周期的开盘价、最高价、最低价和收盘价绘制而成。

13. 平开、低开、高开

某股票的当日开盘价与前一交易日收盘价持平的情况称为平开;某股票的当日开盘价低于前一交易日收盘价的情况称为低开;某股票的当日开盘价高于前一交易日的收盘价的情况称为高开。

14. 跳空

股市受强烈的利多或利空消息影响,开盘价高于或低于前一交易日的收盘价,股价走势出现缺口,即跳空;在股价之后的走势中,将跳空的缺口补回,称为补空或补缺口。

技能训练

一、单选题

1. 股票是把已存在的股东权利表现为证券的形式,它的作用不是创造股东的权利,而是证明股东的权利。所以说,股票是(   )。
   A. 设权证券   B. 证权证券   C. 要式证券   D. 资本证券
2. 股票按股东享有权利的不同,可以分为(   )。
   A. 普通股票和优先股票   B. 记名股票和无记名股票
   C. 有面额股票和无面额股票   D. 份额股票和比例股票
3. 股票及其他有价证券的理论价格是根据(   )确定的。
   A. 现值理论   B. 预期理论   C. 合理收益理论   D. 流动性理论
4. 决定股票市场价格的是股票的(   )。
   A. 票面价值   B. 账面价值   C. 清算价值   D. 内在价值
5. 统计和确认参加本期股利分配的股东的日期为(   )。
   A. 股权登记日   B. 股利宣布日   C. 除权除息日   D. 派发日

二、多选题

1. 《公司法》规定股票发行价格可以是(   )。
   A. 票面金额   B. 超过票面金额   C. 低于票面金额   D. 任意金额
2. 下列各项中,属于影响股价变化因素的有(   )。
   A. 公司经营状况   B. 心理因素
   C. 行业与部门因素   D. 宏观经济与政策因素
3. 我国按投资主体的不同性质,将股票划分为(   )。
   A. 国家股   B. 法人股   C. 社会公众股   D. 外资股
4. 股票具有的特征包括(   )。

A. 收益性、风险性　　　　　　　B. 流动性
C. 参与性　　　　　　　　　　　D. 永久性

5. 股票股价的简单方法包括（　　）。
A. 市净率法　　B. 每股盈余法　　C. 市盈率法　　D. 净现值法

三、判断题

1. 法人股是指企业法人或具有法人资格的事业单位和社会团体以其依法可支配的资产投入公司形成的股份。（　　）

2. 股东是公司财产的所有人，享有种种权利，可以对公司的财产直接支配处理。
（　　）

3. 股票既不属于物权证券，也不属于债权证券，而是一种综合权利证券。（　　）

4. 外资股是指股份公司向外国投资者发行的股票，不包括向我国香港、澳门、台湾地区发行的股票。（　　）

5. 投资者只有开立了证券账户和资金账户之后才能进行股票买卖。（　　）

6. 多头投资者预期未来价格下跌，空头投资者预期未来价格上涨。（　　）

四、计算分析题

1. 某公司去年每股派现金红利 0.30 元，预计今后无限期内该公司都按这个金额派现。假定必要收益率为 3%，求该公司的内在价值。假定目前高公司的股票市场价格是 8 元，试对其投资价值进行评价。

2. 某公司去年分红额为每股 0.30 元，预计今后无限期内该公司的分红每年都会按 5% 的速度增长。假定必要收益率为 8%，试计算该公司股票的内在价值。假定目前该公司的股票市场价格是 8 元，试对其投资价值进行评价。

3. 某投资者持有甲公司股票，他的投资报酬率为 12%。预计甲公司未来 3 年股利将按照 15% 的增长率增长，在此后每年增长率为 10%。甲公司上一年支付的股利是每股 1 元。请问甲公司股票的内在价值是多少？

4. 某只股票，其分红方案是每股送 0.5 股，并派现金 0.50 元。该股在股权登记日的收盘价是 10.50 元。试计算该股的除权除息基准价。

5. 某只股票，其分红方案是每股送 0.3 股，并配 0.2 股，配股价为 5 元。该股在股权登记日的收盘价是 10.50 元。试计算该股的除权基准价。

技能训练答案

一、单选题

1. B　2. A　3. A　4. D　5. A

二、多选题

1. AB　2. ABCD　3. ABCD　4. ABCD　5. ABC

三、判断题

1. 对　2. 错　3. 对　4. 错　5. 对　6. 错

四、计算分析题

1. 解：该公司的内在价值 = 0.30/3% = 10（元）
对比该公司目前股票的市场价，该股的内在价值 10 元高于市场价 8 元，具有投资价值。

2. 解：该公司的内在价值 = $0.30 \times (1+5\%)/(8\%-5\%) = (0.30 \times 1.05)/0.03 = 10.50$（元）

对比市场价格8元，具有投资价值。

3.

年份	股利 D_t/元	现值系数（12%）	现值 P/元
1	$1 \times 1.15 = 1.15$	0.893	1.027
2	$1.15 \times 1.15 = 1.3225$	0.797	1.054
3	$1.3225 \times 1.15 = 1.5209$	0.712	1.083
合计（3年股利的现值）			3.164

其次，计算第三年年底的普通股内在价值：

$V_3 = D_4 \div (K-g) = 3.164 \times 1.1 \div (15\% - 12\%) = 116.01$（元）

第三年年底股票内在价值的现值：$PV_3 = 116.01 \times 0.658 = 76.334$（元）

最后计算股票目前的内在价值：$V = 3.164 + 76.334 = 79.498$（元）

4. 解：除权除息价 = $(10.50 - 0.50)/(1+0.5) = 10/1.5 = 6.67$（元）

5. 解：除权价 = $(10.50 + 0.2 \times 5)/(1+0.2+0.3) = 11.50/1.5 = 7.67$（元）

第三章

债 券

本章导语

债券本质上是一种负债凭证，反映了投资者和筹资者之间的债权、债务关系。债券筹资者承诺，在未来某一特定日期，向债券投资者偿付规定的本金，同时在债券的有效期限内，定期向投资者支付利息。债券是被广泛利用的筹资手段，已成为金融市场中最重要的信用工具之一。

学习目标

(1) 掌握债券的概念、特征和分类。
(2) 了解债券同股票、基金的区别。
(3) 理解各种债券收益率的含义，主要掌握债券到期收益率的算法。

案例导入

三峡水电站是世界上规模最大的水电站，也是中国有史以来建设的最大型的工程项目。而在推动这一伟大工程中，债券的作用功不可没。

众所周知，三峡工程是我国唯一一个在全国人民代表大会上进行审议表决通过的建设项目。早在新中国成立初期，国家就已经开始论证三峡工程的可行性。三代中央领导集体都为兴建三峡工程倾注了大量心血。但是三峡工程在酝酿多年之后，中央还是难以下决心。除去很多技术问题以外，资金供应难以得到保证无疑是一个非常重要的因素。1994 年国务院批准长江三峡工程总体筹资方案时，确定了三峡工程的静态投资总额为 900.9 亿元。如果综合考虑工期内的物价上涨和利息等因素，保守估计动态投资总额为 2 039 亿元。工程的资金需求从 1993 年到 2005 年逐年上升，从 2005 年到 2009 年工程收尾阶段资金需求呈下降趋势，但是也仍旧保持在每年 100 亿元到 200 亿元的水平。针对项目的资金需求，国家做了如下安排：首先，成立三峡工程建设基金。这笔资金由财政部以电力附加税的形式在全国范围内征收，直接拨付给三峡总公司作为国家资本金，总计约 1 000 亿元。其次，牵来葛洲坝电厂这头高产奶牛。葛洲坝电厂可以在三峡工程

18年建设工期内提供资金100亿元左右。另外,国家开发银行还可以提供每年30亿元,共计300亿元的政策性贷款支持。而2004年三峡电厂并网发电后,也可以在剩下的5年工期里产生670亿元的收入。以上这些资金来源总计约为2 070亿元,和动态投资总额基本相当。但是,如果对比每一个工程进展阶段的资金供求情况就会发现,在从1994年到2006年这一段哺乳期内,三峡工程将直接面对奶不够吃的问题。由于事先准确地预测到了这个阶段性资金缺口,三峡总公司的领导层从上任第一天起就为三峡工程的总体筹资方案确定了三条原则,即:国内融资与国际融资相结合,以国内融资为主;股权融资与债权融资相结合,以债权融资为主;长期资金与短期资金相结合,以长期资金为主。这三条原则在三峡融资战略上又体现为两步走:在工程初期(1993—1997年)以政府的政策性资金投入为主,同时逐步扩大市场融资的份额;在工程中期(1998—2009年)以政府担保发行公司债券为主,实现公司融资方式的市场化;经反复论证,三峡决策层认为这是可行的。首先,当时已并入三峡总公司的葛洲坝电厂每年可带来10亿元的稳定现金流入,这为滚动发债、滚动还息提供了现实的可能。其次,如果再算上2003年三峡电厂开始并网发电后每年近百亿元的稳定收入,三峡工程因后续滚动发债而带来的还本付息应该不成问题。最后,2009年工程完工之后,三峡总公司还将对长江上游的水电项目进行滚动开发,发债同样还可以成为弥补新资金缺口的重要手段。截至2015年年底,自1996年三峡债券发行以来,三峡集团在境内外累计发行各类债券3 508亿元,与同期限银行贷款利率相比,累计节约财务融资成本超过250亿元;已累计兑付1 965亿元,还本付息无一违约,为工程的按期完工提供了有力的资金支持。如今的三峡集团资产规模达了5 633.7亿元,可控装机规模5 954.5万千瓦。2015年全年实现发电量2 009.8亿千瓦时,营业收入635.2亿元,利润总额344.7亿元。利润总额在央企中位列第十、在发电企业中排名第一。

第一节 债券概述

一、债券的定义

债券是社会各类经济主体为筹措资金依照法定程序发行的约定在一定期限内还本付息的有价证券。

债券的筹资者既是资金需求者,也是债务人,承担着债券到期还本付息的义务;债券投资者,既是资金供给者,也是债权人,有权要求债务人按约定条件还本付息。因此,债券是证明投资者和筹资者之间债权债务关系的法律凭证。

二、债券的构成要素

债券作为证明债权债务关系的凭证,一般用具有一定格式的票面形式来表现。通常,债券票面上的基本要素有以下四个:

(一)债券的票面金额

债券的票面金额即为票面价值,具体包括两个方面:一是票面价值的币种,即以何种货币作为债券价值的计量标准,这取决于发行主体资金需求不同和投资者群体差异。一般来说,在国内发行的债券通常以本币为计量单位,而在国际金融市场筹资通常采用发行地所在国家或地区的货币或以国际货币作为计量单位。二是面值的大小。面值的大小对债券发行成本、投资者购买具有不同的作用。面额较小，有利于小额投资者购买，持有者分布较广，但发行费用较高；采用大面额发行，会降低发行费用，但发行时间较长且小额投资者无法参与。因此，要根据债券的发行对象、市场资金供给状况及债券发行费用等综合因素确定债券的票面金额。

（二）债券的利率

债券的利率是指债券利息与债券票面价值的比率，通常年利率用百分数表示。例如，某种债券利率为4%，即表示每认购100元的债券，每年就可以获得4元的利息收入。债券利息对债务人来说是筹资成本，利率高则负担重，利率低则负担轻；反过来，债券利息对债权人来说是其投资收益，利率高则收益大，利率低则收益小。影响债券利率的主要因素有以下四种：

1. 市场利率

市场利率水平提高时，债券利率也要相应提高，否则投资者会选择放弃投资债券去购买其他利率水平更高的金融产品。

2. 发行者的资信状况

如果债券发行人的资信状况好，债券信用等级高，投资者的风险相对较小，则债券利率可以定得低一些；反之，如果债券发行人的资信状况较差，债券信用等级低，投资者的风险较大，则债券利率就需要定得高一些。利率差异反映了风险的大小，高利率是对高风险的补偿。

3. 债券的偿还期限

偿还期限较长的债券，流动性差，风险相对较大，利率应该定得高一些；偿还期限较短的债券，流动性强，风险相对较小，利率就可以定得低一些。

4. 资本市场资金的供求状况

资本市场的资金充裕时，发行债券利率可低些；资本市场资金短缺时，发行债券的利率则要高一些。

（三）债券的偿还期限

债券的偿还期限指债券从发行之日起至偿清本息之日止的时间。债券偿还期限按时间长短一般分为三类：短期的，期限在1年以内，通常3个月、6个月或12个月等；中期的，期限在1～10年，也有人认为偿还期在2～5年（或2～7年）；长期的，期限在10年以上，也有人认为偿还期在5年（或7年）以上。

债券偿还期限的确定是一个技术性很强的问题，一般要考虑以下几方面因素：

1. 发行人资金使用状况

债券发行人应从资金使用情况和偿还本息两方面考虑，既要维护自己的信誉，又要在经营中保证资金从容调配，发挥最佳效益。

2. 债券变现能力

债券变现能力与债券市场的发育程度有关，如果流通市场发达，则债券容易变现，长期债券无资金转换之忧，长期债券的销路就可能好一些；如果流通市场不发达，则长期债券在急需资金时不易变现，长期债券的销路就可能不如短期债券。

3. 市场利率走势变化

如果利率走势呈下降趋势，则可发行较短期限的债券；反之，如果利率呈上升趋势，则可发行长期债券,以尽可能降低融资成本。

(四) 债券名称及发行单位

债券名称及发行单位明确了该债券的债务主体,也为债权人到期追回本金和利息提供了依据。

债券的票面除了包含上述四个基本要素外,有时还包括债券的发行日期、还本付息方式、债券类别、债券号码、批准文号等,但这些内容不一定全部都在实际的债券上印制出来。

三、债券的特征

债券作为有价证券,既具有证券的共性,又具有自身的特点,其特征表现如下:

(一) 收益性

债券的收益性表现为两种:一种是有明确的利息率和按期还本付息的保证;另一种是在债券到期之前可在债券市场上根据行情转让债券,收回投资并取得投资收益,投资收益高低受债券的期限长短、风险大小及流动性强弱影响。

(二) 风险性

债券投资也存在风险,不论是固定利率债券还是浮动利率债券,市场利率的变动都会使其承担相对或绝对损失的风险。但与投资基金和股票相比,债券的投资风险是最小的。

债券投资不能收回通常有两种情况。一是债务人不履行债务,即债务人不能充分和按时履行约定利息支付和本金偿还;二是市场风险,即债券在市场上转让时因价格下跌而蒙受损失。

(三) 流动性

债券的流动性是指债券的变现能力,债券作为有价证券,大部分可在证券市场上作为投资商品自由买卖,当债券持有人需要资金时,可以向第三者出售债券,提前收回本金,因此,债券是一种流动性较强的证券。

影响债券流动性的主要因素有三个:一是债券发行者的资信状况;二是债务期限的长短;三是二级市场提供的交易条件的差异。当然,债券也可按契约承诺在一定条件下提前兑付。

(四) 偿还性

债券的偿还性是指债券有明确的偿还期限,债务人必须按期向债权人支付利息、偿还本金。债券一般在发行时就确定偿还期限,到期由发行人偿还本金和利息,若提前偿还或展期偿还,则在发行时就有明确规定。这一特征与股票的永久性有很大区别。历史上,英国、法国、德国曾发行过永久性公债,这种公债无固定偿还期限,投资者不能要求政府清偿本金,只能按期取息,但这只是个别现象,是特殊环境下的特殊产物,不能因此否定债券具有偿还性的一般特征。

四、债券与股票的区别

债券与股票都是有价证券,是证券市场上的两大主要金融工具。二者同在一级市场上发行,又同在二级市场上转让流通。对融资者而言,二者都是可以通过公开发行募集资本的融资手段,实质上都是资本证券。从动态上看,债券的利率和价格与股票的收益率和价格相互影响，往往在证券市场上发生同向运动，即一个上升另一个也上升，反之亦然，但升降幅度不一定一致。债券和股票虽然都是有价证券，都可以作为筹资的手段和投资工具，但二者却存在明显的区别。

（一）性质不同

债券是一种债权凭证，体现的是发行者与投资者之间的债权债务关系；而股票是一种所有权关系的凭证，体现的是股票持有者即股东与股份公司之间的所有权关系。

（二）责任不同

债券持有人不能参与发行公司的经营管理活动，同时，对其经营状况不承担责任；而股票持有人——股东能通过一定形式参与企业的经营管理，并对企业的经营负有限责任。

（三）期限不同

债券必须有到期日；而股票只有发行日没有到期日，股东不能向股份公司退股。

（四）发行主体不同

股票只能由股份公司发行，而债券的发行主体并不限于股份公司。

（五）财务处理不同

公司发行债券所筹集的资金列为公司的负债，所需支付的债息作为公司的成本费用支出；而发行股票所筹集的资金则列为公司的资产，股票的股息红利则属于利润分配。

（六）收益不同

债券收益具有稳定性，其收益率事先确定，一般与企业经营状况无关；而股票收益具有不稳定性，其收益率与企业经营状况密切相关。从投资风险和收益来看，债券的风险大大低于股票，但收益也有可能大大低于股票。

（七）清偿顺序不同

当企业因经营不善破产倒闭或解散时，债券优先于股票清偿。

第二节　债券的分类

债券的种类划分比较繁杂，随着债券种类的增多，各国对债券的分类方法不尽相同，同一种债券，根据不同的观察角度，可以归属于不同的分类方法。

一、按债券发行主体分

按发行主体的不同，债券可以分为政府债券、金融债券和公司债券。政府债券又可分为国家债券、地方政府债券和政府保证债券。

（一）政府债券

1. 国家债券

国家债券通常简称国债，由中央政府发行，以到期还本付息责任为前提筹措资金的债务凭证。国债发行主要是为了弥补国家财政赤字，或者为一些耗资巨大的建设项目，以及某些特殊政治、经济政策筹措资金。由于国债以国家的税收作为还本付息的保证，因此国债的风险小、流动性强，利率也比其他债券低，常被称为"金边债券"。

从债券形式看，我国发行的国债又可分为无记名债券、凭证式国债和记账式国债三种。无记名国债是一种实物债券，以实物券的形式记录债权，面值不等，不记名、不挂失，可上市流通；凭证式国债是一种国家储蓄债，通过银行发行，可挂失，不能上市流通；记账式国债以记账形式记录债权。通过无纸化形式发行和交易，可以记名、挂失。2000年5月，最后一期无记名国债到期兑付，标志着该类国债在中国国债市场上全面退出。

2. 地方政府债券

地方政府债券指地方公共机关，为进行经济开发、公共设施建设等发行的债券。同中央政府发行的国债一样，地方政府债券一般以当地政府的税收能力作为还本付息的保证。但是，有些地方政府债券的发行是为了给某个特定项目（或企业）融资，因而不以地方政府税收作为担保，而以借债人经营该项目所获的收益作为担保。

3. 政府保证债券

政府保证债券指各国政府有关机构发行的债券，一般由中央政府担保，具有准国债的性质，有较高的信誉。如美国的联邦政府代理机构债券、日本的政府保证债券等。

（二）金融债券

金融债券是指银行及非银行金融机构依照法定程序发行并约定在一定期限内还本付息的有价证券。发行金融债券和吸收存款是银行等金融机构扩大信贷资金来源的手段。存款的主动性在存款户，金融机构只能通过提供服务条件来吸收存款；而发行债券是金融机构的主动负债，金融机构有更大的主动权和灵活性。

在我国，目前金融债券主要有国家开发银行、进出口银行等政策性银行发行的政策性金融债券。政策性金融债券均在银行间债券市场发行和交易。

（三）公司债券

公司债券是指公司依照法定程序发行的，约定在一定期限内还本付息的有价证券。公司债券的发行主体是股份公司，但有些国家也允许非股份制公司的企业发行债券，所以一般归类时，公司债券和企业发行的债券合在一起，直接称为公司（企业）债券。公司债券是一种风险较大的债券，所以在企业发行债券时，一般要对发债企业进行严格的资格审查或要求发行企业有财产抵押，以保护投资者利益。

二、按偿还期限的长短分

根据偿还期限的长短，债券可以分为短期债券、中期债券和长期债券，不同的国家有不同的标准。

（一）短期债券

一般来说，短期债券的偿还期为1年以内。如美国短期国库券的偿还期限通常为3个月或6个月，最长不超过1年。英国的国库券通常为3个月。日本的短期国债为2个月。

（二）中期债券

中期债券的偿还期为1～10年。如美国联邦政府债券中1～10年期的债券为中期债券。日本的中期附息票债券的期限为2～4年，贴现国债的期限为5年。

（三）长期债券

长期债券的偿还期为10年以上。如美国联邦政府债券中的10～30年期的债券为长期债券。日本的长期附息票债券的期限为10年。英国的长期金边债券为15年以上。在日本，偿还期在15年左右的债券被称为超长期债券。

（四）可展期债券

可展期债券是欧洲债券市场的债券种类之一。债券期满时，可由投资者根据事先规定的条件把债券的到期日延长,且可以多次延长。这种债券的期限一般较短。

我国国债的期限划分与上述标准基本相同。但我国企业债券的期限划分与上述标准有所不同,偿还期限在 1 年以内的为短期企业债券,偿还期限在 1~5 年的为中期企业债券,偿还期限在 5 年以上的为长期企业债券。

三、按利息的支付方式分

按利息支付方式不同,债券可分为贴现债券与附息债券。

贴现债券是指在票面上不规定利率,发行时按某一折扣率,以低于票面金额的价格发行,到期时仍按面额偿还本金的债券。例如,投资者以 70 元的发行价格认购了面值为 100 元的 5 年期的贴息债券,那么,在 5 年到期后,他可兑付到 100 元的现金,其中 30 元的差价即为债券的利息。

附息债券是平价发行的,分期计息,也分期支付利息,债券上附有息票,息票上标有利息额、支付利息的期限和债券号码等内容。投资者可从债券上剪下息票,并凭据息票领取利息。附息债券的利息支付方式一般是在偿还期内按期付息,如每半年或一年付息一次。息票到期之前,持票人不能要求兑付。持票人并非一定是债券持有人。因为息票本身也是一种有价证券,每一张息票都可以根据其所附的债券的利率、期限、面额等计算出其价值,所以息票可以转让,非债券持有人可凭息票领取债券利息。

四、按有无担保分

按债券有无担保,债券可以分为无担保债券和有担保债券两大类。

(一)无担保债券

无担保债券也称信用债券,是指仅凭债券发行单位的信用做保证而发行的,没有抵押品做担保的债券。一般政府公债、地方债券和金融债券都属于信用债券。当然,一些信誉较高的企业也可以发行信用债券,但为保证投资者利益,企业发行信用债券需对发行企业有诸多的约束,如企业不得随意增加其债务,在信用债券未偿清前,股东分红须有限制等。

(二)有担保债券

有担保债券又可分为抵押债券、质押债券、保证债券等多种形式:

1. 抵押债券

抵押债券也称抵押公司债券,指以土地、房屋、机器、设备等不动产为抵押担保品而发行的债券。当债务人在债务到期不能按时偿还本息时,债券持有人有权变卖抵押品来收回本息。一般情况下,担保实物的现价总值要高于债券发行总额。实践中,可以将同一不动产作为抵押品而多次发行债券。按发行顺序不同,抵押公司债券可分为第一抵押债券和第二抵押债券。第一抵押债券对于抵押品有第一留置权;第二抵押债券对于抵押品有第二留置权,即在第一抵押债券洽偿后,可用其余额偿付本息。所以,第一抵押又称优先抵押,第二抵押又称一般抵押。

2. 质押债券

质押债券也称抵押信托债券,是以公司拥有的其他有价证券,如股票、其他债券为担保品而发行的债券。一般来说,发行这种债券的公司是一些合资附属机构,以总公司的证券作为担保。作为担保的有价证券通常委托信托人保管,当该公司不能按期清偿债务时,即由受托人处理其抵押的证券代为偿债，以保护债权人的合法利益。

3. 保证债券

保证债券指由第三者担保偿还本息的债券。担保人一般是政府、银行及公司。

五、按债券持有人收益方式分

根据债券持有人收益方式的不同，债券可分为固定利率债券、浮动利率债券、累进利率债券、参加债券、免税债券、收益债券和附新股认购权债券等。

（一）固定利率债券

固定利率债券是指债券利率在偿还期内不发生变化的债券。固定利率债券不考虑市场变化因素，发行成本和投资收益可以事先预计，不确定性较小，但债券发行人和投资者仍然必须承担市场利率波动的风险。如果未来市场利率下降，发行人能以更低的利率发行新债券，则原来发行的债券成本就显得相对高昂，而投资者的报酬则高于购买新债券的收益，原来发行的债券价格就相对上升；反之，如果未来市场利率上升，新发行债券的成本增大，则原来发行的债券成本就显得相对较低，而投资者的报酬则低于购买新债券的收益，原来发行的债券价格就相对下降。

（二）浮动利率债券

浮动利率债券的票面利率是随市场利率或通货膨胀率的变动而相应变动的。也就是说，浮动利率债券的利率通常根据市场基准利率加上一定的利率差（通货膨胀率）来确定。作为基准的多是一些金融指数，如伦敦银行同业拆借利率；也有以非金融为基准的，如按照某种初级产品的价格。浮动利率债券往往是中长期债券，它的种类也较多，如规定有利率浮动上下限的浮动利率债券、规定利率到达指定水平时可以自动转换成固定利率债券的浮动利率债券、附有选择权的浮动利率债券，以及在偿还期的一段时间内实行固定利率而另一段时间内实行浮动利率的混合利率债券等。由于债券利率随市场利率浮动，因此采取浮动利率债券形式可以避免债券的实际收益率与市场收益率之间出现任何重大差异，使发行人的成本和投资者的收益与市场变动趋势相一致。但债券利率的这种浮动性也使发行人的实际成本和投资者的实际收益事前带有很大的不确定性，从而导致较高的风险。

（三）累进利率债券

累进利率债券是指债券的利率按照债券的期限分为不同的等级，每一时间段按相应利率计付利息，然后将几个分段的利息相加，便可得出该债券总的利息收入。

（四）参加债券（分红债券）

参加债券是指在债券发行时规定债权人除可得到利息收入外，当公司盈余超过应付利息时，还可以参加公司红利分配的债券。这种债券与其他债券相比，利率较低，但在分红时，有望取得更多的收益。

（五）免税债券

免税债券是指债券持有人免交债券利息的个人所得税的债券。中央政府公债一般是免税的，地方政府公债大多也是免税的。此外，一些经过核准的公司债券也可以免税。例如，美国联邦土地银行发行的公司债券就是免税债券。

（六）收益债券

收益债券是指利息支付完全根据公司盈亏情况而定，但到期必须偿还本金的债券，盈余就付利息，无盈余则不付利息。收益债券一般是在公司重新整顿时发行的债券。

（七）附新股认购权债券

附新股认购权债券是指赋予投资人购买公司新股份的权利的债券。发行公司在发行债券时规定，持券人可以在规定的时间内，按预先规定的价格和数量认购公司的股票。持券人购买公司的股票后成为公司的股东，但不因此丧失公司债权人的资格。这是附新股认购权债券与可转换债券的主要区别。可转换债券在行使转换权之后，债券形态即行消失，债券成了股票，持券人因此也就失去了公司债权人的资格。

六、按债券票面额使用的货币种类分

根据债券票面额所使用的货币种类不同，债券可分为本币债券、外币债券、复货币债券和双重货币债券等。

本币债券是指在国内发行的以本国货币为面额的债券。

外币债券是以外国货币为面额在国内发行的债券。如以美元计价的债券称为美元债券，以日元计价的债券称为日元债券。

复货币债券是欧洲债券之一。这种债券还款时用一种货币，支付利息时用另一种货币。正常情况下，这种债券的本金部分不受汇率变动影响，发行人只需对利率部分在远期外汇市场上进行套期保值。

双重货币债券指用一种货币发行，按固定购汇率用另一种货币支付利息的债券。债券到期时，也可用另一种货币偿还本金。

七、按债券是否记名分

根据是否记名，债券可分为记名债券和无记名债券。

记名债券是指在券面上注明债权人姓名，同时在发行公司的名册上进行同样的登记的债券。转让记名债券时，要在债券上背书并在公司名册上更换债权人姓名。债券投资者必须凭印鉴领取本息。记名债券的优点是比较安全，但是转让时手续复杂，流动性差。

无记名债券是指在券面上不需注明债权人姓名，也不在公司名册上登记的债券。不记名债券在转让时无需背书和在发行公司的名册上更换债权人姓名，因此流动性强，但缺点是债券遗失或被毁损时，不能挂失和补发，安全性较差。一般，记名债券的持有者可以要求公司将债券改为无记名债券。

八、按债券本金的不同偿还方式分

按本金的不同偿还方式，债券可分为分期偿还债券、通知偿还债券、延期偿还债券、偿债基金债券、可转换公司债券和永久债券等。

（一）分期偿还债券

分期偿还债券亦称序列偿还债券。发行者在发行债券时规定在债券有效期内，确定某一时间偿还一部分本息，分次还清。分期偿还一般还采用抽签方式或按照债券号数的次序进行。此外，还可以用购买方式在市场上购回部分债券，作为每期应偿还的债券。分期偿还债券一般是每隔半年或一年偿还一批，这样能减轻集中一次偿还的负担。

（二）通知偿还债券

通知偿还债券亦称可提前偿还债券，是指债券发行者于债券到期前可随时通知债权人予以提前还本的债券。这种债券大多附有期前兑回条款，使发行者可以在市场利率下降时提前兑回债券，以避免高利率的损失。当发行者决定偿还时，必须在一定时间前通知债权人。提前偿还可以是一部分，也可以是全部。如果是一部分，则用抽签方法来确定。

（三）延期偿还债券

延期偿还债券是指可以延期偿还本息的债券。它有两种形式：一种是发行者在债券到期时无力偿还，也不能借新债还旧债时，在征得债权人的同意后，可将到期债券予以延期。对于延期后的债券，发行者可根据具体情况，对其利率进行调整（可以调高，也可以调低）。另一种是投资者于债券到期时有权根据发行者提出的新利率，要求发行人给予延期兑付的债券。这种债券一般期限较短，投资者可以要求多次延长。

（四）偿债基金债券

债券发行者在债券到期之前，定期按发行总额在每年盈余中按一定比例提取偿还基金，逐步积累。债券到期后，用此项基金一次偿还。设立偿债基金的一般方法是：债券发行人定期将资金存入信托公司，信托公司将收到的资金投资于证券，所收到的证券利息也作为偿债基金。

（五）可转换公司债券

可转换公司债券简称可转换债券，是一种可以在特定时间，按特定条件转换为普通股股票的特殊企业债券。可转换债券兼具债券和股票的特性。与其他债券一样，可转换债券也有规定的利率和期限。投资者可以选择持有债券到期，收取本金和利息。可转换债券在转换成股票之前是纯粹的债券，但在转换成股票之后，原债券持有人就由债权人变成了公司的股东，可参与企业的经营决策和红利分配。

（六）永久债券

永久债券又称不还本债券或利息债券，一般指由政府发行的、不规定还本日期，仅按期支付利息的公债。当国家财政较为充裕时，可以通过证券市场将此种债券买回注销。此外，还有永久公司债券。永久公司债券的持有人除因发行公司破产或有重大债务未履行等情况外，一般不能要求公司偿还，而只是定期获得利息收入。实际上，这种债券已基本失去了一般债券的性质，而具有股票的某些特征。

第三节 债券的收益

一、债券的收益方式

债券的投资收益来自两个方面：一是债券的利息收益由债券的票面利息率决定。一般而言，除了保值贴补债券和浮动利率债券外，债券的利息收入不会改变，投资者在购买债券前就可得知。二是资本损益。

（一）债券的利息收益

债券的利息收益取决于债券的票面利率和付息方式。债券的票面利率是指一年的利息占票面金额的比率。票面利率的高低直接影响着债券发行人的筹资成本和投资者的投资收益，一般是债券发行人根据债券本身的性质和对市场条件的分析决定的。通常，首先，考虑投资者的接受程度。发行人往往参照其他相似条件债券的利率水平后，在多数投资者能够接受的限度内，以最低利率来发行债券。其次，债券的信用级别是影响债券票面利率的重要因素。再次，利息的支付和计息方式也是决定票面利率要考虑的因素。最后，还要考虑证券主管部门的管理和指导。一旦债券的票面利率被确定，在债券的有效期限内，无论市场上发生什么变化，发行人都必须按确定的票面利率向债券持有人支付利息。债券的付息方式是指发行人在债券的有效期间内，何时或分几次向债券持有者支付利息的方式。付息方式既影响债券发行人的筹资成本，也影响投资者的投资收益。一般把债券利息的支付分为一次性付息和分期付息两大类，而在这两类中又包括了若干具体支付形式。

（二）资本损益

债券的资本损益是指债券买入价与卖出价或买入价与到期偿还额之间的差额，当卖出价或偿还额大于买入价时，是资本收益；当卖出价或偿还额小于买入价时，为资本损失。

投资者可以在债券到期时将持有的债券兑现，或者利用债券市场价格的变动低买高卖，从中取得资本收益，当然，也有可能遭受资本损失。

二、债券收益率

债券收益率有票面收益率、直接收益率、持有期收益率和到期收益率等，这些收益率分别反映投资者在不同买卖价格和持有年限下的不同收益水平。

（一）票面收益率

票面收益率又称名义收益率或票息率，是债券票面上的固定利率，即年利息收入与债券面额之比率。投资者如果将按面额发行的债券持至期满，则所获得的投资收益率与票面收益率是一致的。计算公式为：

$$Y_n = \frac{C}{V} \times 100\%$$

式中，Y_n 为票面收益率或名义收益率；C 为债券年利息收入；V 为债券面额。

票面收益率只适用于投资者按票面金额买入债券，持至期满并按票面金额偿还本金这种情况，它没有反映债券发行价格与票面金额不一致的可能，也没有考虑投资者中途卖出债券的可能。

（二）直接收益率

直接收益率又称本期收益率或当前收益率，指债券的年利息收入与买入债券的实际价格之比率。债券的买入价格可以是发行价格，也可以是流通市场的交易价格，可能等于债券面额，也可能高于或低于债券面额。计算公式为：

$$Y_d = \frac{C}{P_0} \times 100\%$$

式中，Y_d 为直接收益率；P_0 为债券的实际买入价格；C 为债券的年利息收入。

【例3-1】 某债券面额为1 000元，10年期，票面利率为12%，现以900元的发行价公开发行，则投资者在认购债券后，持至期满时可获得的直接收益率为：

$$Y_d = \frac{1\,000 \times 12\%}{900} \times 100\% = 13.3\%$$

直接收益率反映了投资者的投资成本带来的收益。在上例中，投资者购买债券的价格低于债券面额，所以收益率高于票面利率。直接收益率对那些每年从债券投资中获得一定利息现金收入的投资者来说很有意义。

直接收益率也有不足之处，它和票面收益率一样，不能全面反映投资者的实际收益。这是因为它忽略了资本损益，既没有计算投资者买入价格与持有债券到期满按面额偿还本金之间的差额，也没有反映买入价格与到期前出售或赎回价格之间的差额。

（三）持有期收益率

持有期收益率指买入债券后持有一段时间，又在债券到期前将其出售而得到的收益率。它包括持有债券期间的利息收入和资本损益。

1. 息票债券持有期收益率常用的计算公式

$$Y_h = \frac{C + \frac{P_1 - P_0}{n}}{P_0} \times 100\%$$

式中，Y_h 为持有期收益率；C 为债券的年利息；P_0 为债券的实际买入价格；P_1 为债券卖出价格；n 为持有年限。

【例3-2】 某公司面向市场公开发行了债券，面额为1 000元，10年期，票面利率为12%，投资者张某在债券发行后1年购买了该债券，购入价为950元，张某在持有该债券2年后以900元的价格卖出了该债券，张某对该债券的持有期收益率为：

$$Y_h = \frac{1\,000 \times 12\% + \frac{900 - 950}{2}}{950} \times 100\% = 10\%$$

2. 一次还本付息债券的计算公式

我国发行的债券多为到期一次还本付息债券，在中途出售债券，卖价中已反映了持有期的利息收入，所以实际使用的计算公式为：

$$Y_h = \frac{\frac{P_1 - P_0}{n}}{P_0} \times 100\%$$

式中，Y_h 为持有期收益率；C 为债券的年利息；P_0 为债券的实际买入价格；P_1 为债券卖出价格；n 为持有年限。

【例3-3】 某公司面向市场公开发行了债券，面额为1 000元，5年期，票面利率为12%，投资者张某在债券发行后2年购买了该债券，购入价为1 200元，张某在持有该债券2年后以1 400元的价格卖出了该债券，张某对该债券的持有期收益率为：

$$Y_h = \frac{\frac{1\,400 - 1\,200}{2}}{1\,200} \times 100\% = 8.3\%$$

（四）到期收益率

到期收益率又称最终收益率。一般的债券到期都按面值偿还本金，所以，随着到期日的临近，债券的市场价格会越来越接近面值。到期收益率同样包括了利息收入和资本损益。

1. 息票债券的计算公式

$$Y_m = \frac{C + \frac{V - P_0}{n}}{P_0} \times 100\%$$

式中，Y_m 为到期收益率；C 为债券的年利息；P_0 为债券的实际买入价格；V 为债券面额；n 为持有到期年限。

【例3-4】 某公司面向市场公开发行了债券,面额为1 000元,5年期,票面利率为12%,投资者张某在债券发行后3年购买了该息票债券,购入价为1 040元,张某在持有该债券到期,张某对该债券的持有期收益率为多少?

$$Y_m = \frac{120 + \frac{1\,000 - 1\,040}{2}}{1\,200} \times 100\% = 8.3\%$$

2. 一次还本付息债券到期收益率的计算公式

$$Y_m = \frac{\frac{V \times (1 + i \times n_1) - P_0}{n_2}}{P_0} \times 100\%$$

式中,Y_m 为到期收益率;P_0 为债券的实际买入价格;V 为债券面额;n_1 为债券的计息年限;n_2 为持有到期年限。

【例3-5】 某公司面向市场公开发行了债券,面额为1 000元,5年期,票面利率为12%的一次还本付息债券,投资者张某在债券发行后3年购买了该债券,购入价为1 200元,张某在持有该债券到期,张某对该债券的持有期收益率为多少?

$$Y_m = \frac{\frac{1\,000 \times (1 + 0.12 \times 5) - 1\,200}{2}}{1\,200} \times 100\% = 16.7\%$$

技能训练

一、单选题

1. 债券的基本性质不包括( )。
   A. 债券属于有价证券　　　　B. 债券有一定的风险
   C. 债券是一种虚拟资本　　　D. 债券是债权的表现
2. 债券的到期期限是( )。
   A. 债券从购买之日起至卖出之日的时间
   B. 债券从发行之日起至卖出之日的时间
   C. 债券从发行之日起至偿清本息之日的时间
   D. 债券从购买之日起至偿清利息之日的时间
3. 债券发行人承诺在债券到期日偿还给债权持有人的金额是( )。
   A. 债券的票面价值　　　　　B. 债券的购买价值
   C. 债券的发行价值　　　　　D. 债券的到期价值
4. 既明确了债券发行人应履行对债权人偿还本息的义务,也为债权人到期追索本金和利息提供了依据的票面要素是( )。
   A. 债券的票面价值　　　　　B. 债券的到期期限
   C. 债券的票面利率　　　　　D. 债券发行者名称
5. 国家为了筹措资金而向投资者出具的、承诺在一定时期支付利息和到期还本的债务凭证是( )。
   A. 国家债券　　B. 政府债券　　C. 金融债券　　D. 公司债券
6. 政府在社会经济中往往要承担一些大型基础性项目和公共设施的投资,如修建铁路和公路，这些项目耗资十分巨大，政府为筹集专项资金而发行的债券通常是（　　）。
　　A. 赤字国债　　　B. 特种国债　　　C. 战争国债　　　D. 建设国债
7. 欧洲债券市场上，以一种货币支付息票利息、以另一种不同的货币支付本金的债券是（　　）。
　　A. 可转换债券　　B. 附权证债券　　C. 双货币债券　　D. 累进利率债券
8. 一国借款人在国际证券市场上以外国货币为面额、向外国投资者发行的债券是（　　）。
　　A. 国际债券　　　B. 外国债券　　　C. 欧洲债券　　　D. 国家债券
9. 不以公司任何资产做担保而发行的债券是（　　）。
　　A. 信用公司债券　　　　　　　　　B. 不动产抵押公司债券
　　C. 保证公司债券　　　　　　　　　D. 收益公司债券
10. 债券根据券面形式，其中（　　）是具有标准格式的债券。
　　A. 实物债券　　　B. 凭证式债券　　C. 记账式债券　　D. 电子债券

二、多选题

1. 在债券的票面价值中，通常规定的是（　　）。
　　A. 票面价值的币种　　　　　　　　B. 债券利息的币种
　　C. 债券的票面金额　　　　　　　　D. 债券的利息金额
2. 发行人在确定债券期限时，要考虑多种因素的影响，主要有（　　）。
　　A. 资金的使用方向　　　　　　　　B. 市场利率水平
　　C. 票面价值的币种　　　　　　　　D. 债券期限长短
3. 债券流动性的决定因素通常是（　　）。
　　A. 债券持有人提前收回本金的速度
　　B. 市场为转让所提供的便利程度
　　C. 债券持有人实现投资收益的速度
　　D. 债券在迅速转变货币时，是否在以货币计算的价值上蒙受损失
4. 在实际经济活动中，债券收益表现为哪两种形式？（　　）
　　A. 再投资收益　　B. 票面损益　　　C. 利息收入　　　D. 资本损益
5. 债券的到期期限可分为（　　）。
　　A. 一年期　　　　B. 短期　　　　　C. 中期　　　　　D. 长期
6. 公司发行债券的目的主要是（　　）。
　　A. 重点建设项目的资金需要　　　　B. 筹资用于某种特殊用途
　　C. 改变本身的资产负债结构　　　　D. 满足经营需要
7. 按照计息方式的不同，附息债券可分为（　　）。
　　A. 零息债券　　　B. 缓息债券　　　C. 固定利率债券　D. 浮动利率债券
8. 与向银行贷款间接融资相比，发行债券与股票融资的优点是（　　）。
　　A. 数额大　　　　　　　　　　　　B. 时间长
　　C. 成本低　　　　　　　　　　　　D. 不受贷款银行的条件限制
9. 下列收入可免纳个人所得税的是（　　）。
　　A. 个人的股息　　　　　　　　　　B. 个人的红利所得

C. 国债的利息收入　　　　　　　　D. 国家发行的金融债券的利息收入

三、简答题
1. 简述债券的基本特征。
2. 影响债券利率的主要因素有哪些？
3. 债券与股票有哪些主要区别？
4. 简述抵押债券、质押债券与保证债券有哪些主要区别。

技能训练答案

一、单选题
1. B　2. C　3. A　4. D　5. B
6. D　7. C　8. A　9. A　10. A

二、多选题
1. AC　2. ABD　3. BD　4. CD　5. BCD
6. ACD　7. CD　8. ABCD　9. CD

三、简答题（略）

第四章

证券投资基金

本章导语

证券投资基金作为一种新型的投资工具,将众多投资者的小额资金汇集起来进行组合投资,由专家来管理和运作,经营稳定,收益可观,为中小投资者提供了较为理想的间接投资工具。通过本项目学习,我们可以在深刻理解证券投资基金的概念及特征的基础上,进一步认识证券投资基金的募集设立、投资管理和利润分配等。

学习目标

(1) 掌握证券投资基金的概念、特征和分类。
(2) 了解基金同股票、债券的区别。
(3) 理解基金当事人在基金运行过程中的权利与职责。
(4) 掌握基金的募集与设立、投资管理、资产估值、利润分配、信息披露等。

案例导入

时下私募两种策略净值走势露出洪荒之力

一个良好的生态圈取决于其多样化的程度,不仅需要优胜劣汰的过程,也需要"新兴势力"的加入。时下私募就有两个新策略私募,净值走势惊人。

第一股新势力

新股不败是A股的神话,新股上市股价翻两倍是常态。而2016年打新新规之后,使A类投资者优势丧失,而C类投资者却捡了个漏。

为什么这么说?自2016年1月1日起,新股发行制度按照最新的办法执行,其中对配售制度进行了改革,最大的变化之一在于不必提前冻结资金。

对于风控较为严格的A类(公募、社保)、B类(保险、年金)投资者来说,基于担心较为严格的惩罚措施,需要持有相应的市值或者现金,在现有政策框架下收益率一般,但对于风控不严格,一般C类(私募、券商资管、个人)投资者,则基本只需要在两市分别持有 1 000 万元 A 股非限售流通市值即可参与网下打新。

玄机在于能够顶格申报，只要报价在有效区间，对于网下打新的 C 类而言，只是多中和少中，但 100% 可中签。而 2 000 万元的底仓则由量化对冲策略胜任，只要维持底仓净值走势平稳，加上打新的确定性收益，就会有相当可观的收益率。

以某一私募量化打新基金为例，成立于 2016 年 5 月底，到目前打新部分就有近 5% 的收益率贡献。但是每一个策略都有它的局限性。"量化 + 打新"策略的局限性主要体现在：参与人数急剧增多。据说，网下打新投资者从年初不足 1 000 人，到目前接近 4 000 人，要做得趁早；如果规则改变，那么策略基础丧失，而政策风险是很难预知的。

第二股新势力

第二股新势力就是量化 T+0。在 2015 年下半年之前，在量化策略中，市场中性策略大行其道；在 2014 年下半年股指期货受限后，江河日下。这种情况之迫使很多对冲基金开始将目光投向程序化 T+0 交易。

不过，要想实现程序化 T+0 交易并获取高收益率却不容易。需要解决两个重要问题：将固定的证券券源作为底仓，以及日内交易策略。由于国内融券成本高，证券券源少，融券的方式不能从根本上解决证券券源的问题，因此需要自己长线持有一些股票作为底仓。

因为长期持有的股票会暴露在市场的系统性风险之下，所以选什么股票至关重要。另外，日内程序化交易策略对数据和系统的要求极高。

高频的日内交易策略需要日内 Tick 级价格变动数据，与传统策略相比，数据量高好几个量级，并且对交易的精度要求更高；由于 T+0 交易每笔交易的获利有限，因此如何先人一步是策略开发者需要重点攻克的难关。

这种策略会重演期货交易上的故事，有经验人赚取无经验人的钱，量化交易赚取手工作坊的钱。当前采取此类策略的基金有不少取得了不错的收益。在 A 股放开 T+0 交易限制之前，此类策略仍旧可以作为阿尔法收益的来源。该策略的局限之一就是 T+0 规则的放开，在目前还未看到这种迹象，还可以"且吃且珍惜"。

当市场重回"起点"时，无论过程是窄幅震荡还是大趋势行情，私募基金总能为投资者创造丰厚的超额收益，而大部分散户因为内心的贪婪与恐惧，上涨拿不住，下跌扛不住，在频繁交易中当了别人的"韭菜"与"接盘侠"。

从中长期来看，目前仍是结构性震荡的慢牛行情。非系统性回调的时候，正是逢低建仓的好时机。

（资料来源：今日头条 http://toutiao.com/i6325311520699843073/）

思考：怎么估算私募基金的基金净值？私募基金如何进行投资管理？

第一节 熟悉证券投资基金

一、证券投资基金的概念和特征

（一）概念

证券投资基金是一种实行组合投资、专业管理、利益共享、风险共担的集合投资方式。

与股票、债券不同,证券投资基金是一种间接投资工具,基金投资者、基金管理人和基金托管人是基金运作中的主要当事人。

证券投资基金通过发行发售基金份额的方式募集资金,个人投资者或机构投资者通过购买一定数量的基金份额参与基金投资。基金所募集的资金在法律上具有独立性,由选定的基金托管人保管,并委托基金管理人进行股票、债券的分散化组合投资。基金投资者是基金的所有者。基金投资收益在扣除由基金管理人和基金托管人所收取费用后的盈余全部归基金投资者所有,并依据各个投资者所购买的基金份额的多少在投资者之间进行分配。

世界上不同国家和地区对证券投资基金的称谓有所不同。在美国,公司型开放式投资基金被称为"共同基金",在英国和中国香港特别行政区被称为"单位信托基金",在欧洲一些国家被称为"集合投资基金"或"集合投资计划",在日本和中国台湾地区则被称为"证券投资信托基金"。

(二) 特征

1. 集合理财、专业管理

基金的特点是将零散的资金汇集起来,交给专业机构投资于各种金融工具,以谋取资产的增值。基金对投资的最低限额要求不高,投资者可以根据自己的经济能力决定购买数量,有些基金甚至不限制投资额大小,因此,基金可以最广泛地吸收社会闲散资金,集腋成裘,汇成规模巨大的投资基金。基金实行专门的理财制度,由受过专门训练、具有比较丰富的证券投资经验的专业人员运用各种技术手段收集、分析各种信息资料,预测金融市场上各个品种的价格变动趋势,制定投资策略和投资组合方案,从而可以避免投资决策失误,提高投资收益。

2. 组合投资、分散风险

以科学的投资组合降低风险、提高收益是基金的另一大特点。在投资活动中,风险和收益总是并存的,因此,"不能将鸡蛋放在一个篮子里",要实现投资资产的多样化,需要一定的资金实力。对小额投资者而言,资金有限,很难做到这一点。而基金则可以帮助中小投资者解决这个困难,即可以凭借其集中的巨额资金,在法律规定的投资范围内进行科学的组合,分散投资于多种证券,实现资产组合多样化。通过多元化的投资组合,一方面借助于资金庞大和投资者众多的优势使每个投资者面临的投资风险变小;另一方面,利用不同投资对象之间收益率变化的相关性,达到分散投资风险的目的。

3. 利益共享、风险共担

基金投资人是基金的持有人。基金投资人共担风险,共享收益。基金投资收益在扣除由基金承担的费用后的盈余全部归基金投资者所有,并依据各投资者所持有的基金份额比例进行分配。为基金提供服务的基金托管人、基金管理人只能按规定收取一定的托管费、管理费,并不参与基金收益的分配。

二、证券投资基金同股票、债券的区别

(一) 反映的经济关系不同

股票反映的是一种所有权关系,是一种所有权凭证,投资者购买股票后就成为公司的股东;债券反映的是债权债务关系,是一种债权凭证,投资者购买债券后就成为公司的债权

人；而基金反映的则是一种信托关系，是一种受益凭证，投资者购买基金份额就成为基金的受益人。

（二）所筹资金的投向不同

股票和债券都是融资工具，其集资主要投向实业，是一种直接投资方式；而证券投资基金是信托工具，其集资主要投向有价证券，是一种间接投资方式。与股票、债券的投资者不同，证券投资基金是一种间接的证券投资方式，基金的投资者不再直接参与有价证券的买卖活动，不再直接承担投资风险，而是由专业投资机构具体负责投资方向的确定、投资对象的选择。基金投资范围通常也是各类金融资产，包括股票、债券、外汇、期权、期货等。

（三）风险与收益状况不同

股票的收益是不确定的，其收益取决于发行公司的经营效益，投资股票有较大风险。债券的直接收益取决于债券利率，而债券利率一般是事先确定的，投资风险较小。投资基金主要投资于有价证券，采取组合投资，把资金按不同比例分别投向不同期限、不同种类的有价证券，能够在一定程度上分散风险。因而，基金的风险可小于股票，而收益又可能高于债券。

三、证券投资基金的类型

证券投资基金作为一种大众集合式的投资方式，因各国的历史、文化不同，实际用途不同，根据不同的标准可以将其划分为以下几种主要类型：

（一）按照组织形式划分，基金分为契约型基金与公司型基金

契约型基金又称为单位信托基金，是指将投资者、管理人、托管人三者作为信托关系的当事人，通过签订基金契约的形式发行受益凭证而设立的一种基金。契约型基金起源于英国，后来在中国香港等地区和新加坡、印度尼西亚等国家十分流行。契约型基金是基于信托原理而组织起来的代理投资方式，没有基金章程，也没有公司董事会，而是通过基金契约来规范三方当事人的行为。基金管理人负责基金的管理操作；基金托管人作为基金资产的名义持有人，负责基金资产的保管和处置，对基金管理人的运作实行监督。

公司型基金是依据基金公司章程设立，在法律上具有独立法人地位的股份投资公司。公司型基金以发行股份的方式募集资金，投资者购买基金公司的股份后，以基金持有人的身份成为投资公司的股东，凭其持有的股份依法享有投资收益。公司型基金在组织形式上与股份有限公司类似，由股东选举董事会，由董事会选聘基金管理公司，基金管理公司负责管理基金的投资业务。

契约型基金与公司型基金有以下主要区别：

1. 法律主体资格不同

契约型基金不具有法人资格，公司型基金具有法人资格。

2. 投资者的地位不同

契约型基金依据基金合同成立，契约型基金持有人大会赋予基金持有者的权利相对较小。而公司型基金的投资者购买基金公司的股票后成为该公司的股东，因而公司型基金的投资者对基金运作的影响较大。

3. 基金营运依据不同

契约型基金依据基金合同营运基金，公司型基金依据投资公司章程营运基金。公司型基金的优点是法律关系明确清晰，监督约束机制较为完善，但契约型基金在设立上更为简单易行。

（二）按照运作方式划分，基金分为封闭式基金与开放式基金

封闭式基金是指经核准的基金份额总额在基金合同期限内固定不变，基金份额可以在依法设立的证券交易场所交易，但基金份额持有人不得申请赎回的基金。由于封闭式基金在封闭期内不能追加认购或赎回，因此投资者只能通过证券经纪商在二级市场上进行基金的买卖。封闭式基金的期限是指基金的存续期，即基金从成立起到终止之间的时间。基金期限届满即为基金终止，管理人应组织清算小组对基金资产进行清产核资，并将清产核资后的基金净资产按照投资者的出资比例进行公正合理的分配。

开放式基金是指基金份额总额不固定，基金份额可以在基金合同约定的时间和场所申购或者赎回的基金。为了满足投资者赎回资金、实现变现的要求，开放式基金一般都从所筹资金中拨出一定比例，以现金形式保持这部分资产。这虽然会影响基金的盈利水平，但作为开放式基金来说是必需的。

开放式基金与封闭式基金主要有以下区别：

1. 风险控制

尽管都是通过市场机制，以契约的形式解决风险分担问题，但开放式基金更多地依靠赎回控制，而封闭式基金则更多地依靠降低流动性风险来分担未来可能出现的风险。

2. 基金份额

封闭式基金的份额在封闭期内固定不变；而开放式基金可以增减变动，随时接受申购和赎回。如果运作得好，有较可观的业绩回报给基金投资者，则不必设立新的基金即可使基金规模迅速扩大，或者说开放式基金的扩展与发展是市场性的；而封闭式基金一经封闭即不再接受认购。要扩大规模必须申请设立新的基金，从某种意义上讲基金规模的扩张有赖于主管机关的审批或核准。

3. 基金期限

封闭式基金有固定的封闭期限，期满后一般应予清盘；而开放式基金无预定存在期限，理论上可无限期存在下去。这样一来，在封闭期内基金经理人可每年获取一笔相当可观的固定收益——基金管理费，而不论基金业绩如何。而开放式基金的经理人显然没有这样宽松的条件，如果经营业绩不佳或者受外部市场状况影响，随时都有可能遭致投资者大量赎回甚至清盘的风险。

4. 交易方式

封闭式基金一般在证券交易所上市或以柜台方式转让，交易在基金投资者之间进行，只是在基金发起接受认购时和基金封闭期满清盘时交易才在基金投资者和基金经理人或其代理人之间进行；而开放式基金的交易则一直在基金投资者和基金经理人或其代理人之间进行，基金投资者之间不发生交易行为。

5. 交易价格

封闭式基金属场内交易，价格由市场竞价决定，其价格走势必然与大盘指数之间存在一定程度的联动效应；而开放式基金属场外交易，其申购与赎回价格以每日公布的基金单位资

产净值为基准，独立于交易所的大盘走势，表现出自身的运行规律——围绕基金单位资产净值上下波动。因此，与开放式基金相比，封闭式基金在市场上表现出较大的波动性与投机性。

（三）按照投资对象划分，基金分为股票基金、债券基金、货币市场基金和混合基金

股票基金是以上市股票为主要投资对象的证券投资基金。《证券投资基金运作管理办法》规定，基金资产60%以上投资于股票的为股票基金。股票基金的投资目标侧重于追求资本利得和长期资本增值。基金管理人拟定投资组合，将资金投放到一个或几个国家至全球的股票市场，以达到分散投资、降低风险的目的。

债券基金是一种以债券为主要投资对象的证券投资基金。《证券投资基金运作管理办法》规定，基金资产80%以上投资于债券的为债券基金。它的投资目标侧重于在保证本金安全的基础上获取稳定的利息收入。债券基金中有一种以国债为主要投资对象的叫作国债基金，国债的年利率固定，又有国家信用作为保证，因此这类基金的风险比较低。

货币市场基金是以货币市场工具为投资对象的一种基金，其投资对象期限在1年以内，包括银行短期存款、国库券、公司债券、银行承兑票据及商业票据等货币市场工具。货币市场基金的收益率较低，风险也相对较低，流动性好，且类似于银行的活期存款可以随存随取，因此投资人可以利用其做短期资金投资。货币市场基金是厌恶风险、对资产流动性和安全性要求较高的投资者进行短期投资的理想工具，或是暂时存放现金的理想场所。但是货币市场基金长期收益率低，不适合长期投资。

混合基金根据证监会基金分类的标准，投资于股票、债券和货币市场，但股票投资和债券投资的比例不符合股票基金、债券基金规定。混合基金为投资者提供了一种在不同资产类别之间进行分散投资的工具，比较适合较为保守的投资者。

（四）按照募集方式划分，基金可分为公募基金和私募基金

公募基金是可以面向社会公众公开发售的基金。公募基金可以向社会公众公开发售基金份额和宣传推广，基金募集对象不固定；基金份额的投资金额要求较低，适合中小投资者参与；基金必须遵守有关的法律法规，接受监管机构的监管并定期公开相关信息。

私募基金是向特定的投资者发售的基金。私募基金不能进行公开发售和宣传推广，只能采取非公开方式发行；基金份额的投资金额较高，风险较大，监管机构对投资者的资格和人数会加以限制；基金的投资范围较广，在基金运作和信息披露方面所受的限制和约束较少。

四、中国证券投资基金的现状

我国的证券投资基金最早创立于20世纪90年代初期，经过一段时间的探索与发展，在证券监管机构的大力扶植下，近年来获得了突飞猛进的发展。目前，中国的证券投资基金发展现状主要表现在以下几个方面：

（一）国内基金规模快速增长，开放式基金成为主流

1998年3月，两只封闭式基金——基金金泰、基金开元设立，分别由国泰基金管理公司和南方基金管理公司管理，标志着证券投资基金行业从此进入崭新的发展阶段。2001年9月，我国第一只开放式基金诞生。此后，我国基金市场进入开放式基金发展阶

段，开放式基金成为基金设立的主要形式。基金产品差异化日益明显，基金的投资风格也趋于多样化。我国的基金产品除股票型基金外，债券基金、货币市场基金、保本基金、指数基金等纷纷问世。近年来，基金品种不断丰富，如出现了结构化基金、ETF 联接基金等。在投资风格方面，除传统的成长型基金、混合型基金外，还有收益型基金、价值型基金等。

（二）合资基金管理公司发展迅猛，为中国的基金业对外开放做出重大贡献

近年来，我国基金业发展迅速，基金管理公司家数不断增加，管理基金规模不断扩大。2002 年 12 月 26 日，经中国证监会批准，由招商证券与荷兰国际集团等共同发起的招商基金管理公司正式成立。这是国内首家获准开业的中外合资基金管理公司，公司注册资本为 1 亿元，其中招商证券持有 40% 的股权。招商基金管理公司的成立，意味着我国的基金业在对外开放的过程中迈出了重要的一步，同时也为中国证券市场机构投资者增添了一个重要的生力军。中外合资基金公司的成立，为中国的基金业带来了国外先进的管理经验、风险控制技术和新的投资理念，在很大程度上推动了国内基金业的快速发展，在一定层面上也加剧了基金业激烈竞争的状况。截至 2017 年 3 月，我国共批准设立合资基金管理公司 44 家，占到全部 109 家基金管理公司的 40%。

（三）基金营销渠道多元化，创新服务交易活跃

随着互联网的发展，基金业的市场化程度也在不断提高。基金发起人和管理公司都顺应时代变革，推出了更多新的营销和服务方式。目前我国证券投资基金的营销渠道主要有直销和代销两种方式。直销渠道为基金管理公司设立的直销中心；代销渠道则更为多样化，主要是与基金签署代销协议的银行、证券公司及其他代销机构，如商业银行、保险公司、证券公司、基金销售公司和投资咨询公司。其中商业银行由于营业网点多、方便快捷等特点，占据了基金代销的最大市场份额。在交易方面，传统的现场交易已经逐步被新的交易方式所取代。电话委托和网上委托越来越流行，在一定程度上既节省了时间，又为投资者减少了成本。同时，定期定额投资计划、红利再投资等服务项目也越来越多地被基金管理公司所采用。随着基金的发展，养老基金、住房公积金、主权财富基金等更加看好中国资本市场上的未来收益，也纷纷加入基金投资。据统计，RQFⅡ截至 2015 年 11 月 23 日，总投资额度已达 1.11 万亿元，随着投资渠道的不断变宽，相信会有越来越多的资金投资基金产品。

第二节　认识证券投资基金的当事人

一、证券投资基金份额持有人

（一）基金持有人的概念

基金持有人是指持有基金单位或基金股份的自然人和法人，是基金资产的所有者和受益人，在公司型基金中还是基金公司的股东。基金契约或基金公司章程会对投资人的权利业务做出明确规定。基金发起人在基金成立之后，也就自然地成为基金持有人。基金持有人除了包括基金发起人之外，还包括其他普通的机构和个人投资者。基金投资者是基金出资人、基金资产所有者和基金投资收益受益人。

作为基金的受益人，基金持有人享有基金资产的一切权益。按照通行做法，基金的资产由基金的托管人保管，并且一般以托管人的名义持有，但是基金最后的权益属于基金的持有人，持有人承担基金投资的亏损和收益。

（二）基金持有人的权利和义务

基金持有人的基本权利包括对基金收益的享有权、对基金单位的转让权和一定程度上对基金经营的决策权。在不同组织形态的基金中，基金持有人对基金决策的影响渠道是不同的。在公司型基金中，基金持有人通过股东大会选举产生基金公司的董事会来负责公司的决策；而在契约型基金中，基金的持有人只能通过召开持有人大会对基金的重大事项做出决议，而对基金在投资方面的决策一般不能有直接的影响。

按照法规的规定，我国的基金持有人享有以下权利：

①按基金合同的规定出席或者委派代表出席基金持有人大会。
②按基金合同的规定取得基金收益。
③监督基金经营情况，查询或获取公开的基金业务及财务状况的资料。
④申购或赎回基金单位。
⑤在不同的基金直销或代销机构之间转托管。
⑥获取基金清算后的剩余资产。
⑦要求基金管理人或基金托管人及时依据法律法规、基金合同以及依据基金合同制定的其他法律文件行使权利、履行义务。
⑧依照基金契约的规定，召集基金持有人大会。
⑨法律、法规、基金合同以及依据基金合同制定的其他法律文件规定的其他权利。

（三）基金持有人的义务

①遵守基金合同。
②缴纳基金认购、申购款项，承担基金合同规定的费用。
③以其对基金的投资额为限承担基金亏损或者终止的有限责任。
④不从事任何有损基金及本基金其他当事人利益的活动。
⑤法律、法规、基金合同以及依据基金合同制定的其他法律文件规定的其他义务。

二、证券投资基金管理人

（一）基金管理人的概念

基金管理人是负责发起设立基金并对基金资产进行运作的机构。基金管理人应当具有专业的投资知识与经验，根据法律、法规及基金章程或基金契约的规定，它是经营管理基金资产，谋求基金资产的不断增值，以使基金持有人收益最大化的机构。契约型基金必须聘请专门的基金管理公司担任管理人，但一些私募公司型基金就可以不另外聘请管理人，因为它的基金公司本身就是管理型的，本身已经具备了管理基金资产的资格和能力。

（二）基金管理人的条件

基金业绩在很大程度上取决于基金管理人员的管理能力和职业操守，基金管理人担负着重要的使命。为了保护基金投资者利益，各国证券管理部门对基金管理人的审查和筛选一般都很苛刻，均对基金管理人特别是其从业人员的资格做出严格规定。

我国对基金管理公司的设立实行审批制，在从事基金管理业务之前，基金管理公司资本金额、信誉状况及其主要业务人员的业务素质和职业道德水准都必须首先得到监管机构认可。在我国设立基金管理公司,应当具备下列条件:

①符合《中华人民共和国证券投资基金法》(以下简称《证券投资基金法》)和《中华人民共和国公司法》规定的章程。

②注册资本不低于1亿元,且必须为实交货币资本。

③主要股东具有从事证券经营、证券投资咨询、信托资产管理或者其他金融资产管理的较好的经营业绩和良好的社会信誉,最近3年没有违法记录,注册资本不低于3亿元。

④有符合要求的营业场所、安全防范设施和与基金管理业务有关的其他设施。

⑤有完善的内部稽核监控制度和风险控制制度。

⑥法律、行政法规规定的和经国务院批准的国务院证券监督管理机构规定的其他条件。

(三)基金管理人的职责

我国《证券投资基金法》规定:"基金管理人应当履行下列职责:依法募集基金,办理或者委托国务院证券监督管理机构认定的其他机构代为办理基金份额的发售、申购、赎回和登记事宜;办理基金备案手续;对所管理的不同基金财产分别管理、分别记账,进行证券投资;按照基金合同的约定确定基金收益分配方案,及时向基金份额持有人分配收益;进行基金会计核算并编制基金财务会计报告;编制中期和年度基金报告;计算并公告基金资产净值,确定基金份额申购、赎回价格;办理与基金财产管理业务活动有关的信息披露事项;召集基金份额持有人大会;保存基金财产管理业务活动的记录、账册、报表和其他相关资料;以基金管理人名义,代表基金份额持有人利益行使诉讼权利或者实施其他法律行为;国务院证券监督管理机构规定的其他职责。"

我国《证券投资基金法》规定:"基金管理人不得有下列行为:将其固有财产或者他人财产混同于基金财产从事证券投资;不公平地对待其管理的不同基金财产;利用基金财产为基金份额持有人以外的第三人牟取利益;向基金份额持有人违规承诺收益或者承担损失;依照法律、行政法规有关规定,由国务院证券监督管理机构规定禁止的其他行为。"

三、证券投资基金托管人

(一)基金托管人的概念

为了基金资产的安全,防止基金资产被挪用或从事与基金合同不符的投资活动,各国的法规都要求证券投资基金在设立的时候,必须委任两个独立的机构来保管基金资产,这两个独立的机构就是基金托管人。

基金托管人是指依据基金运行中管理与保管分开的原则对基金管理人进行监督和保管基金资产的机构,是基金持有人权益的代表,通常由有实力的商业银行或信托投资公司担任。在公司型基金运作模式中,托管人是基金公司董事会所雇佣的专业服务机构,在契约型基金运作模式中,托管人通常还是基金的名义持有人。

基金托管人应为基金开设独立的基金资产账户,负责款项收付、资金划拨、证券清算、分红派息等,所有这些,基金托管人都是按照基金管理人的指令行事,而基金管理人的指令也必须通过基金托管人来执行。一般来说,基金托管人、基金管理人应当在行政上、财务上相互独立，高级管理人员不能在对方兼任任何职务。

（二）基金托管人的条件

基金托管人是基金资产的名义持有人与保管人，它是否尽职关系到基金持有人的根本利益。由于基金托管人在基金资产安全运作中的特殊作用，各国家和地区的基金监管法规都对基金托管人的资格有严格要求。从基金资产的安全性和基金托管人的独立性出发，一般都规定基金托管人必须是由独立于基金管理人并具有一定实力的专业金融机构担任。

在我国大陆，基金托管人应当具备下列条件：
①净资产和资本充足率符合有关规定。
②设有专门的基金托管部门。
③取得基金从业资格的专职人员达到法定人数。
④有安全保管基金财产的条件。
⑤有安全高效的清算、交割系统。
⑥有符合要求的营业场所、安全防范设施和与基金托管业务有关的其他设施。
⑦有完善的内部稽核监控制度和风险控制制度。
⑧法律、行政法规规定的和经国务院批准的国务院证券监督管理机构、国务院银行业监督管理机构规定的其他条件。

（三）基金托管人的职责

我国《证券投资基金法》规定，基金托管人应当履行下列职责：安全保管基金财产；按照规定开设基金财产的资金账户和证券账户；对所托管的不同基金财产分别设置账户，确保基金财产的完整与独立；保存基金托管业务活动的记录、账册、报表和其他相关资料；按照基金合同的约定，根据基金管理人的投资指令，及时办理清算、交割事宜；办理与基金托管业务活动有关的信息披露事项；对基金财务会计报告、中期和年度基金报告出具意见；复核、审查基金管理人计算的基金资产净值和基金份额申购、赎回价格；按照规定召集基金份额持有人大会；按照规定监督基金管理人的投资运作；国务院证券监督管理机构规定的其他职责。

四、证券投资基金当事人之间的关系

（一）持有人与管理人之间的关系

在基金当事人中，基金份额持有人通过购买基金份额或基金股份，参加基金投资并将资金交给基金管理人管理，享有基金投资的收益权，是基金资产的终极所有者和基金投资收益的受益人。基金管理人则是接受基金份额持有人的委托，负责对所筹集的资金进行具体的投资决策和日常管理，并有权委托基金托管人保管基金资产的金融中介机构。因此，基金份额持有人与基金管理人之间的关系是委托人、受益人与受托人的关系，也是所有者和经营者之间的关系。

（二）管理人与托管人之间的关系

基金管理人与托管人是相互制衡的关系。基金管理人是基金的组织者和管理者，负责基金资产的经营，是基金运营的核心；托管人由主管机关认可的金融机构担任，负责基金资产的保管，依据基金管理机构的指令处置基金资产并监督管理人的投资运作是否合法合规。对基金管理人而言，处理有关证券、现金收付的具体事务交由基金托管人办理，就可以专心从事资产的运用和投资决策。基金管理人和基金托管人均对基金份额持有人负责。他们的权利和义务在基金合同或基金公司章程中预先界定清楚，任何一方有违规之处，对方都应当监督并及时制止，直至请求更换违规方。这种相互制衡的运行机制，有利于基金信托财产的安全和基金运用的绩效。但是这种机制的作用得以有效发挥的前提是基金托管人与基金管理人必须严格分开，由不具有任何关联关系的不同机构或公司担任，两者在财务上、人事上、法律地位上应该完全独立。

（三）持有人与托管人之间的关系

基金份额持有人与托管人是委托与受托的关系，也就是说，基金份额持有人将基金资产委托给基金托管人保管。对持有人而言，将基金资产委托给专门的机构保管，可以确保基金资产的安全；对基金托管人而言，必须对基金份额持有人负责，监管基金管理人的行为，使其经营行为符合法律法规的要求，为基金份额持有人的利益而勤勉尽责，保证资产安全，提高资产的报酬。

第三节　证券投资基金的运作

一、证券投资基金的设立和募集

（一）证券投资基金设立的程序

1. 确定基金性质

基金按组织形式不同可分为公司型基金和契约型基金；按变现方式不同可分为开放式基金和封闭式基金。因此，基金发起人首要对基金的性质进行选择。例如，华夏成长基金的发起人为华夏基金管理有限公司，基金在设立之初就规定为契约型开放式基金。基金金泰的发起人为国泰证券有限公司、中国电力信托投资有限公司、上海爱建信托投资公司、浙江省国际信托投资公司，基金在设立时规定为契约型封闭式基金。

2. 拟订相关文件

拟订的相关文件主要包括可行性报告、基金章程、信托契约、招募说明书等。

3. 签订相关协议

基金发起人与基金管理人、托管人、投资顾问、会计事务所、律师事务所等签订各项委托协议，明确各方的权利与义务。

4. 向主管部门提出申请

基金发起人备齐相关的文件如申请报告、基金章程、信托契约、招募说明书等，按规定向主管部门提出基金设立的申请。主管部门会在规定的期限内，决定是否批准发行。我国的《证券投资基金法》第十四条规定，国务院证券监督管理机构应当自受理基金管理公司设立申请之日起6个月内做出批准或者不予批准的决定。

5. 募集资金

投资基金的设立申请一旦经主管部门批准，基金发起人即可发布招募说明书，并在规定的时间内出售基金份额募集资金。在募集期满时，基金份额总额和持有人数需达规定的要求。如果达到，基金即告成立，否则就意味着基金设立失败，投资者缴纳的款项将被如数退回。

（二）证券投资基金募集的程序

1. 基金募集申请

申请募集基金应提交的主要文件包括：基金募集申请报告、基金合同草案、基金托管协议草案、招募说明书草案、律师事务所出具的法律意见书等。其中基金合同草案、基金托管协议草案、招募说明书草案等文件还未正式生效，称为草案。

2. 基金募集申请的注册

《证券投资基金法》要求中国证监会应当自受理基金募集申请之日起6个月内做出注册或者不予注册的决定。对常规基金产品，证监会按照简易程序注册，注册审查时间原则上不超过20个工作日；对其他产品（分级基金），证监会按照普通程序注册，注册审查时间不超过6个月。

3. 基金份额的发售

基金管理人应当自收到核准文件之日起6个月内进行基金份额的发售。基金管理人应当在基金份额发售的3日前公布招募说明书、基金合同及其他有关文件。基金的募集期限自基金份额发售之日起计算，募集期限一般不得超过3个月。在基金募集期间募集的资金应当存入专门账户，在基金募集行为结束前，任何人不得动用。

4. 基金的合同生效

基金成立条件如下：

基金募集期限届满，封闭式基金需满足募集的基金份额总额达到核准规模的80%以上，并且基金份额持有人人数达到200人以上；开放式基金需满足募集份额总额不少于2亿份，基金募集金额不少于2亿元，基金份额持有人的人数不少于200人。

基金管理人应当自募集期限届满之日起10日内聘请法定验资机构验资。自收到验资报告之日起10日内，向证监会提交备案申请和验资报告，办理基金备案手续。证监会自收到基金管理人验资报告和基金备案材料之日起3个工作日内予以书面确认；自证监会书面确认之日起，基金备案手续办理完毕，基金合同生效。

发起式基金是指基金管理人在募集基金时，使用公司股东资金、公司固有资金、公司高级管理人员或者基金经理等人员资金认购，基金的金额不少于1 000万元，且持有期限不少于3年。发起式基金的基金合同生效3年后，若基金资产净值低于2亿元，则基金合同自动终止。

基金募集期限届满，基金不满足有关募集要求的，基金募集失败，基金管理人应承担下列责任：

①以固有财产承担因募集行为而产生的债务和费用。

②在基金募集期限届满后30日内返还投资者已缴纳的款项，并加计银行同期存款利息。

二、证券投资基金的投资

（一）证券投资基金的投资范围

我国《证券投资基金法》规定，基金财产应当用于下列投资：一是上市交易的股票、债券；二是国务院证券监督管理机构规定的其他证券品种。因此，证券投资基金的投资范围为股票、债券等金融工具。目前，我国的基金主要投资于国内依法公开发行上市的股票、非公开发行股票、国债、企业债券和金融债券、公司债券、货币市场工具、资产支持证券、权证等。

（二）证券投资基金的投资限制

对基金投资进行限制的主要目的：一是引导基金分散投资，降低风险；二是避免基金操纵市场；三是发挥基金引导市场的积极作用。

目前，对证券投资基金的限制主要包括对基金投资范围的限制、投资比例的限制等方面。按照《证券投资基金法》和其他相关法规的规定，基金财产不得用于下列投资或者活动：承销证券；向他人贷款或者提供担保；从事承担无限责任的投资；买卖其他基金份额，但是国务院另有规定的除外；向其基金管理人、基金托管人出资或者买卖其基金管理人、基金托管人发行的股票或者债券；买卖与其基金管理人、基金托管人有控股关系的股东或者与其基金管理人、基金托管人有其他重大利害关系的公司发行的证券或者承销期内承销的证券；从事内幕交易、操纵证券交易价格及其他不正当的证券交易活动；依照法律、行政法规有关规定，由国务院证券监督管理机构规定禁止的其他活动。

根据《证券投资基金运作管理办法》及有关规定，基金管理人运用基金财产进行证券投资，不得有下列情形：

①一只基金持有一家上市公司的股票，其市值超过基金资产净值的10%。

②同一基金管理人管理的全部基金持有一家公司发行的证券，超过该证券的10%。

③基金财产参与股票发行申购，单只基金所申报的金额超过该基金的总资产，单只基金所申报的股票数量超过拟发行股票公司本次发行股票的总量。

④违反基金合同关于投资范围、投资策略和投资比例等约定。

⑤中国证监会规定禁止的其他情形。

三、证券投资基金的资产估值

（一）基金资产估值的概念

基金资产估值是指通过对基金所拥有的全部资产及全部负债按一定的原则和方法进行估算，进而确定基金资产公允价值的过程。基金资产估值的目的是客观准确地反映基金资产的价值。经基金资产估值后确定的基金资产净值而计算出的基金份额净值，是计算基金份额转让价格尤其是开放式基金申购与赎回价格的基础。

$$基金资产净值 = 基金资产 - 基金负债$$

$$基金份额净值 = \frac{基金资产净值}{基金总份额}$$

例题：某基金总资产为50亿元，总负债为20亿元，发行在外的基金份数为30亿份，则该基金的基金份额净值 = (50 - 20)/30 = 1（元）。

（二）估值程序

①基金份额净值是在闭市后计算的。

②基金日常估值由基金管理人进行。基金管理人每个交易日对基金资产估值后，将基金份额净值结果发给基金托管人。

③基金托管人按基金合同规定的估值方法、时间、程序对基金管理人的计算结果进行复核，复核无误后签章返回给基金管理人，由基金管理人对外公布，并由基金注册登记机构根据确认的基金份额净值计算申购、赎回数额。

（三）估值的基本原则

①对存在活跃市场的投资品种，如估值日有市价的，应采用市价确定公允价值。估值日无市价的，且最近交易日后经济环境未发生重大变化的采用最近交易市价确定公允价值。

②对存在活跃市场的投资品种，如估值日无市价的，且最近交易日后经济环境发生了重大变化，使潜在估值调整影响在0.25%以上的，调整最近交易市价，确定公允价值。

③不存在活跃市场的投资品种，应采用市场参与者普遍认同且被以往市场实际交易价格验证具有可靠性的估值技术确定投资品种的公允价值。

④有充足理由表明按以上估值原则仍不能客观反映相关投资品种公允价值的，基金管理公司应据具体情况与托管人进行商定，按最能恰当反映公允价值的价格估值。

四、证券投资基金收益的分配

（一）基金的净收益

基金的净收益是指基金收益扣除按照有关规定应该扣除的费用后的余额。基金净收益是基金收益分配的基础。如果净收益是负的，即发生亏损，一般不得进行分配。如果以前年度有亏损，则当年的净收益应当弥补以前年度的亏损后再进行分配。

（二）基金收益分配的比例

证券投资基金收益分配的比例是指基金净收益中有多少用于对基金持有人分配，从实际操作上看，出于保护投资者利益并以此促进基金行业发展的目的，各国所规定的基金收益分配的比例都比较高。如美国规定基金必须将净收益的95%以上用于分配。我国《证券投资基金运作管理办法》第三十五条规定："封闭式基金的收益分配，每年不得少于一次，封闭式基金年度收益分配比例不得低于基金年度已实现收益的90%。开放式基金的基金合同应当约定每年基金收益分配的最多次数和基金收益分配的最低比例。"

（三）基金收益分配的方式

基金收益分配的方式通常有三种：分配现金、分配基金份额和不分配。现金分红是最普遍的分配方式，即证券投资基金将现金直接汇入基金持有人的账户。分配基金份额又称红利再投资，是指将用于分配的净收益按基金单位资产净值折算成新的基金份额分配给投资者，类似于股票的送红股，从而使基金保留现金，扩大规模。不分配是指证券投资基金既不分配现金，也不分配基金份额，而是直接将净收益用于投资，在这种方式下，基金的净资产会增加，投资者间接获得收益。

各国法律法规一般规定了基金应当采取的收益分配方式。基金在招募说明书和基金合同中一般还会给予投资者不同的收益分配方式的选择权。2004年7月，我国《证券投资基金运作管理办法》实施，其中第三十六条规定："基金收益分配应当采用现金方式；开放式基金的基金份额持有人可以事先选择将所获分配的现金收益，按照基金合同有关基金份额申购的约定转为基金份额，基金份额持有人事先未做出选择的，基金管理人应当支付现金。"

五、证券投资基金的信息披露

（一）基金信息披露的概念

"阳光是最好的消毒剂"。依靠强制性信息披露，培育和完善市场运行机制，增强市场参与各方对市场的理解和信心，是世界各国（地区）证券市场监管的普遍做法，基金市场作为证券市场的组成部分也不例外。

强制性信息披露的基本推论是投资者在公开信息的基础上"买者自慎"。改变投资者的信息弱势地位，增加资本市场的透明度，防止利益冲突与利益输送，增加对基金运作的公众监督，限制和防范基金管理不当和欺诈行为的发生。强制性信息披露，能迫使隐藏的信息得以及时和充分地公开，从而消除逆向选择和道德风险等问题带来的低效无序状况，提高证券市场的效率。

（二）基金募集信息披露

基金合同、基金招募说明书和基金托管协议是基金募集期间的三大信息披露文件。

1. 基金合同的主要内容

①募集基金的目的和基金名称。

②基金管理人、基金托管人的名称和住所。

③基金运作方式，基金管理人运用基金财产进行证券投资，采用资产组合方式的，其资产组合的具体方式和投资比例，也要在基金合同中约定。

④封闭式基金的基金份额总额和基金合同期限，或者开放式基金的最低募集份额总额。

⑤确定基金份额发售日期、价格和费用的原则。

⑥基金份额持有人、基金管理人和基金托管人的权利与义务。

⑦基金份额持有人大会召集、议事及表决的程序和规则。

⑧基金份额发售、交易、申购、赎回的程序、时间、地点、费用计算方式以及给付赎回款项的时间和方式。

⑨基金收益分配原则、执行方式。

⑩作为基金管理人、基金托管人报酬的管理费、托管费的提取、支付方式与比例。

⑪与基金财产管理、运用有关的其他费用的提取、支付方式。

⑫基金财产的投资方向和投资限制。

⑬基金资产净值的计算方法和公告方式。

⑭基金募集未达到法定要求的处理方式。

⑮基金合同解除和终止的事由、程序以及基金财产清算方式。

⑯争议解决方式。

2. 招募说明书的主要披露事项

①招募说明书摘要。

②基金募集申请的核准文件名称和核准日期。

③基金管理人和基金托管人的基本情况。

④基金份额的发售日期、价格、费用和期限。

⑤基金份额的发售方式、发售机构及登记机构名称。

⑥基金份额申购和赎回的场所、时间、程序、数额与价格，拒绝或暂停接受申购、暂停赎回或延缓支付、巨额赎回的安排等。

⑦基金的投资目标、投资方向、投资策略、业绩比较基准、投资限制。

⑧基金资产的估值。

⑨基金管理人和基金托管人的报酬及其他基金运作费用的费率水平、收取方式。

⑩基金认购费、申购费、赎回费、转换费的费率水平、计算公式、收取方式。
⑪出具法律意见书的律师事务所和审计基金财产的会计师事务所的名称和住所。
⑫风险警示内容。
⑬基金合同和基金托管协议的内容摘要。

3. 基金托管协议

基金托管协议包含两类重要信息：一是基金管理人和基金托管人之间的相互监督和核查；二是协议当事人权责约定中事关持有人权益的重要事项。

（三）基金运作信息披露

1. 普通基金净值公告

普通基金净值公告主要包括基金资产净值、份额净值和份额累计净值等信息。

2. 货币市场基金收益公告

①封闭期的收益公告是指货币市场基金的基金合同生效后，基金管理人于开始办理基金份额申购或者赎回当日，在指定的报刊和基金管理人网站上披露截止前一日的基金资产净值、基金合同生效至前一日期间的每万份基金净收益、前一日的7日年化收益率。

②开放日的收益公告是指货币市场基金于每个开放日的次日在中国证监会指定报刊和管理人网站上披露开放日每万份基金净收益和最近7日年化收益率。

③节假日的收益公告是指货币市场基金放开申购、赎回后，在遇到法定节假日时，于节假日结束后第二个自然日披露节假日期间的每万份基金净收益、节假日最后一日的7日年化收益率，以及节假日后首个开放日的每万份基金净收益和7日年化收益率。

3. 基金定期公告

基金定期公告包括基金季度报告、基金半年度报告和基金年度报告。

基金季度报告和基金半年度报告主要包括基金概况、主要财务指标和净值表现、管理人报告、投资组合报告、开放式基金份额变动等内容。

基金年度报告采用在基金管理人网站上披露正文、在指定报刊上披露摘要两种方式。关于年度报告中的重要提示包括：基金管理人和托管人的披露责任、基金管理人管理和运用基金资产的原则、投资风险提示、年度报告中注册会计师出具非标准无保留意见的提示等。

4. 基金上市交易公告书

披露上市交易公告书的基金品种主要有封闭式基金、上市开放式基金和交易型开放式指数基金以及分级基金子份额。

技能训练

一、单选题

1. 下列不是证券投资基金的别称的是（　　）。
   A. 交易所交易基金　　　　　　B. 证券投资信托基金
   C. 单位信托基金　　　　　　　D. 共同基金

2. 下列对基金份额持有人与管理人之间的关系认识错误的是（　　）。
   A. 是委托人、受益人与受托人的关系
   B. 基金份额持有人是基金资产的终极所有者和基金投资收益的受益人；基金管理人则接受基金份额持有人的委托，负责对所筹集的资金进行具体的投资决策和日常

管理

C. 是所有者和经营者之间的关系

D. 是相互制衡的关系

3. 下列选项中，对契约型基金描述正确的是（　　）。

A. 指将投资者、管理人、托管人三者作为信托关系的当事人，通过签订基金契约的形式发行受益凭证而设立的一种基金

B. 基金的设立程序类似于一般股份公司，基金本身为独立法人机构

C. 是最重要的基金品种，它的优点是资本的成长潜力较大

D. 契约型基金起源于美国，后来在中国香港等地区和新加坡、印度尼西亚等国家十分流行

4. 下列说法错误的是（　　）。

A. 开放式基金没有固定期限，投资者可随时向基金管理人赎回基金份额，大量赎回甚至会导致清盘

B. 绝大多数开放式基金不上市交易，交易在投资者与基金管理人或其代理人之间进行

C. 封闭式基金与开放式基金的基金份额首次发行价都是按面值加一定百分比的购买费计算的

D. 开放式基金一般每周或更长时间公布一次基金份额资产净值

5. 基金资产净值是指基金资产总值减去（　　）后的价值。

A. 基金负债　　　　　　　　　　B. 银行存款本息

C. 各类证券的价值　　　　　　　D. 基金应收的申购基金款

6. 根据《证券投资基金运作管理办法》及有关规定，基金投资应符合以下有关方面的规定：股票基金应有（　　）以上的资产投资于股票，债券基金应有（　　）以上的资产投资于债券。

A. 50%、60%　　B. 80%、60%　　C. 60%、50%　　D. 60%、80%

二、多选题

1. 根据《基金法》的规定，封闭式基金到期可采用（　　）处理方式。

A. 封闭式基金转为开放式基金　　　B. 基金份额持有人申请赎回基金

C. 延长基金合同期限　　　　　　　D. 按基金合同的约定进行清盘

2. 下列说法正确的是（　　）。

A. 开放式基金的买卖价格受市场供求关系的影响，常出现溢价或折价现象，并不必然反映单位基金份额的净资产值

B. 绝大多数封闭式基金不上市交易，交易在投资者与基金管理人或其代理人之间进行

C. 开放式基金没有发行规模限制，投资者可随时提出申购或赎回申请

D. 开放式基金的赎回价是基金份额净资产值减去一定的赎回费，不直接受市场供求影响

3. 证券投资基金、股票与债券的区别是（　　）。

A. 反映的经济关系不同　　　　　　B. 风险水平不同

  C. 所筹集资金的投向不同　　　　　D. 收益不同

4. 关于封闭式基金和开放式基金的叙述正确的是（　　）。

  A. 封闭式基金的基金份额总额在基金合同期限内固定不变，开放式基金的基金份额总额不固定

  B. 封闭基金期限届满即为基金终止，管理人应组织清算小组对基金资产进行清产核资，并将清产核资后的基金净资产按照投资者的出资比例进行公正合理的分配

  C. 开放式基金一般都从所筹资金中拨出一定比例，以现金形式保持这部分资产

  D. 封闭式基金一般每周或更长时间公布一次基金份额资产净值，开放式基金一般在每个交易日连续公布

三、思考题

1. 基金申购和赎回的原则有哪些？
2. 请论述证券投资基金投资管理的过程。

技能训练答案

一、单选题

1. A　2. D　3. A　4. D　5. A　6. D

二、多选题

1. AC　2. CD　3. ABC　4. ABCD

三、思考题

1. 基金申购和赎回的原则有哪些？

答：①"未知价"原则，即申购、赎回价格以申请当日的基金单位资产净值为基准进行计算。

②"金额申购、份额赎回"原则，即申购以金额申请，赎回以份额申请。

③在限制申购的情况下，申购费用按单笔申购申请金额对应的费率乘以单笔确认的申购金额计算等。

④基金存续期间单个基金账户最高持有基金单位的比例不超过基金总份额的10%。由于募集期间认购不足、存续期间其他投资者赎回或分红再投资等而使个人持有比例超过基金总份额的10%时，不强制赎回但限制追加投资。

⑤基金存续期内，单个投资者申购的基金份额加上上一开放日其持有的基金份额不得超过上一开放日基金总份额的10%，超过部分不予确认。

2. 请论述证券投资基金投资管理的过程。

答：(1) 确定投资理念和目标。

基金投资理念和目标决定了基金从资产配置决策到资产品种选择再到资产权重选择的设置。所以，它是一个基金的灵魂。它决定了一个基金的全部投资战略和策略。基金管理人在了解市场、了解理论和了解历史的基础上确定自己的投资理念。确定了投资理念后，基金管理人再结合客户研究得到对客户的了解以及其对自身的了解，确定投资目标。基金的投资目标不同决定了基金的类型。

(2) 资产配置。

基金管理人决定基金在可以投资的主要资产类型之间的分配比例。

(3) 资产的选择。

在基金管理人确定了资产配置策略后，对资产进行选择构建投资备选库。影响因素：资产的流动性、收益率、风险、可比因素、技术因素、市场心理因素等。

(4) 组合构建。

对具体的资产品种的选择及其权重确定过程，包括对单个资产品种进行资产价值评估和各个资产品种之间的相关性分析。目前，普遍利用计算机程序来进行投资组合的构建和管理。

(5) 绩效评估。

绩效评估既是基金管理人评估、修正自身资产管理过程的重要内容，也是投资者选择基金管理人的重要依据。考察并评估基金管理人是否承受了预期的风险，是否获得了预期的回报，以及管理者的综合表现。

第五章

金融衍生工具

本章导语

金融衍生工具是与基础金融产品相对应的一个概念,是其价格随基础金融产品的价格(或数值)变动的派生金融产品。通过本项目学习,在深刻理解金融衍生工具的概念及特征的基础上,进一步认识金融期货、金融期权等衍生工具的构件、市场机制以及交易策略。

学习目标

(1) 掌握衍生品的概念、特征与分类。
(2) 熟悉金融期货合约及其交易机制。
(3) 理解金融期权的基本交易策略。
(4) 了解金融互换、资产证券化产品和结构化产品的基础知识。

案例导入

观望情绪浓厚　投资者提前布局期指 10 月合约

本周,IF、IH 主力合约收出十字星阳线,IC 主力合约二连阴,10 月合约较主力合约更受投资者的青睐。分析人士认为,短期市场观望情绪浓厚,在短期震荡、中期看涨的逻辑下,投资者开始提前布局 10 月合约。未来,需关注外汇储备、CPI 等数据的发布,市场或更多地受到政策预期及经济数据的影响。

本周,期指基本维持了窄幅震荡的走势,权重股表现出强大的控盘力度,市场处在"不上不下"的状态,各品种价差结构也基本稳定。总体来看,IF、IH 主力合约本周上涨 0.32%、0.35%,IC 主力合约本周下跌 0.13%。

申万期货研究所分析师汪洋认为,由于缺乏政策预期和增量资金的流入,本周沪深 300 指数的振幅进一步收窄。近期,三大股指期货现货标的均震荡下行,市场观望情绪较浓。

值得注意的是,不同期限合约的持仓出现了明显差异,上周上市的 10 月合约从上市起就受到了资金的追捧。方正中期研究院期指研究员相阳表示:"10 月合约一直处在增仓态势中,日均增幅在200手以上,而9月合约多遭减仓。就算别除了移仓换月的因素,10月合约的增仓速度也快于往常。"

汪洋认为,期指持仓总体处于合理状态。由于中秋因素,9月合约剩下的交易日较少,所以三大期指主力合约本周均小幅减仓,10月合约持仓则增加。

从昨日最新数据来看,截至收盘,IF1609合约报收于3 289.0点,上涨1.6点,涨幅0.05%;IH1609合约报收于2 218.8点,上涨1.2点,涨幅0.05%;IC1609合约报收于6 271.0点,下跌36.8点,跌幅0.58%。

从基差来看,现货指数昨日尾盘突然拉升,但期指并未跟涨,造成期指贴水小幅走高。然而,随着交割日的逐步临近,除IH之外,IF、IC主力合约贴水幅度总体仍较前一周有所收窄,IF、IH、IC三大期指主力合约分别较现货指数贴水25.11点、11.09点、85.95点。

展望后市,相阳认为,市场近期始终处于横盘态势,下跌动力被逐渐消耗,但市场清淡的人气也难以助推指数走高。在预期市场短期窄幅震荡、中期看涨的逻辑下,提前布局10月合约成了投资者较为合理的策略。

汪洋也认为,股市存量博弈的格局未变,股指延续震荡的可能性较大。未来需关注外汇储备、CPI等数据的发布。9月人民币贬值压力较小,市场或更多地受到政策预期及经济数据的影响。预计8月CPI同比增速继续下行的可能性较高,但货币政策继续宽松的可能性较小,央行或继续通过公开市场回笼流动性。

(资料来源:上海证券报 http://news.cnstock.com/paper,2016-09-03,719988.htm)

思考:IF、IH主力合约属于哪类金融衍生工具?

第一节 熟悉金融衍生工具

一、金融衍生工具的概念和特征

(一) 金融衍生工具的概念

随着我国金融业的对外开放和金融市场的迅速发育,金融衍生工具已经通过各种途径进入了我国的金融市场。随着金融市场衍生工具品种的不断丰富,规模的不断扩大,金融衍生工具必将对我国经济的发展产生越来越重要的影响。

金融衍生工具,又被称为金融衍生产品,是指一种价值取决于其他基本相关变量的工具。而金融衍生工具则是指在股票、债券等传统金融工具基础上派生出来的新型金融工具。它既指一类特定的交易方式,也指以这种交易方式形成的一系列合约。

(二) 金融衍生工具的特征

1. 跨期性

金融衍生工具是交易双方通过对利率、汇率、股价等因素变动趋势的预测,约定在未来某一时间按照一定条件进行交易或选择是否交易的合约。无论是哪一种金融衍生工具,都会影响交易者在未来一段时间内或未来某时点上的现金流,跨期交易的特点十分突出。这就要求交易双方对利率、汇率、股价等价格因素的未来变动趋势做出判断,而判断的准确与否直接决定了交易者的交易盈亏。

2. 杠杆性

达成金融衍生工具合约不需要交纳合同的全部金额，利用少量的资金就可以进行几十倍金融衍生工具交易，就如用一根长长的杠杆能省力地撬动一块巨石，而参与交易的各方讲求信用，是这种杠杆式交易普遍化的基本前提。例如，若期货交易保证金为合约金额的 5%，则期货交易者可以控制 20 倍于所交易金额的合约资产，实现以小搏大的效果。在收益可能成倍放大的同时，交易者所承担的风险与损失也会成倍放大，基础工具价格的轻微变动也许就会带来交易者的大盈大亏。

3. 联动性

联动性是指金融衍生工具的价值与基础产品或基础变量紧密联系、规则变动。通常，金融衍生工具与基础变量相联系的支付特征由衍生工具合约规定，其联动关系既可以是简单的线性关系，也可以表达为非线性函数或者分段函数。

4. 不确定性或高风险性

金融衍生工具的交易后果取决于交易者对基础工具（变量）未来价格（数值）的预测和判断的准确程度。基础工具价格的变幻莫测决定了金融衍生工具交易盈亏的不稳定性，这是金融衍生工具高风险性的重要诱因。除基础金融工具价格不确定性之外，金融衍生工具还伴随着以下风险：交易中对方违约，没有履行承诺造成损失的信用风险；因资产或指数价格不利变动可能带来损失的市场风险；因市场缺乏交易对手而导致投资者不能平仓或变现所带来的流动性风险；因交易对手无法按时付款或交割可能带来的结算风险；因交易或管理人员的人为错误或系统故障、控制失灵而造成的操作风险；因合约不符合所在国法律，无法履行或合约条款遗漏及模糊导致的法律风险。

二、金融衍生工具的类型

（一）按照产品形态分类

根据产品形态，金融衍生工具可分为独立衍生工具和嵌入式衍生工具。

1. 独立衍生工具

独立衍生工具是指本身即为独立存在的金融合约，例如期权合约、期货合约或者金融互换合约等。

2. 嵌入式衍生工具

嵌入式衍生工具是指嵌入非衍生工具（即主合同）中，使混合工具的全部或部分现金流量随特定利率、金融工具价格、商品价格、汇率、价格指数、费率指数、信用等级、信用指数或其他类似变量的变动而变动的衍生工具。嵌入式衍生工具与主合同构成混合工具，如可转换公司债券等。

（二）按照交易场所分类

按照交易场所分类，金融衍生工具可以分为交易所交易的衍生工具和可交易的衍生工具两类。

1. 交易所交易的衍生工具

交易所交易的衍生工具是指在有组织的交易所上市交易的衍生工具，例如在股票交易所交易的股票期权产品，在期货交易所和专门的期权交易所交易的各类期货合约、期权合约等。

2. OTC 交易的衍生工具

OTC 交易的衍生工具是指通过各种通信方式，不通过集中的交易所，实行分散的、一对一交易的衍生工具，例如金融机构之间、金融机构与大规模交易者之间进行的各类互换交易和信用衍生品交易。从近年来的发展看，这类衍生品的交易量逐年增大，已经超过交易所市场的交易额，市场流动性也得到增强，还发展出专业化的交易商。

（三）按照合约标的资产的种类分类

按照合约标的资产的种类分类，金融衍生工具分为股权式衍生工具、货币衍生工具、利率衍生工具、信用衍生工具和商品衍生工具。

1. 股权式衍生工具

股权式衍生工具指以股票或股票指数为合约标的资产的金融衍生工具，主要包括股票期货合约、股票期权合约、股票指数期货合约、股票指数期权合约以及上述合约的混合交易合约。

2. 货币衍生工具

货币衍生工具指以各种货币作为合约标的资产的金融衍生工具，主要包括远期外汇合约、货币期货合约、货币期权合约、货币互换合约以及上述合约的混合交易合约。

3. 利率衍生工具

利率衍生工具指以利率或利率的载体为合约标的资产的金融衍生工具，主要包括远期利率合约、利率期货合约、利率期权合约、利率互换合约以及上述合约的混合交易合约。

4. 信用衍生工具

信用衍生工具指以基础产品所蕴含的信用风险或违约风险为合约标的资产的金融衍生工具，用于转移或防范信用风险，是 20 世纪 90 年代以来发展最为迅速的一类衍生产品，主要包括信用互换合约、信用联结票据等。

5. 商品衍生工具

商品衍生工具指以商品为合约标的资产的金融衍生工具，主要包括各种大宗商品的期货合约。

（四）按照合约特点分类

从其自身交易的方法和特点分类，金融衍生工具可以分为金融远期合约、金融期货、金融期权、金融互换和结构化金融衍生工具。

1. 金融远期合约

金融远期合约是指交易双方在场外市场上通过协商，按约定价格（称为"远期价格"）在约定的未来日期（交割日）买卖某种标的金融资产（或金融变量）的合约。金融远期合约规定了将来交割的资产、交割的日期、交割的价格和数量，合约条款根据双方需求协商确定。金融远期合约主要包括远期利率协议、远期外汇合约和远期股票合约。

2. 金融期货

金融期货是指买卖双方在有组织的交易所内以公开竞价的形式达成的，在将来某一特定时间交收标准数量特定金融工具的协议。其主要包括货币期货、利率期货、股票指数期货和股票期货四种。

3. 金融期权

金融期权是指合约买方向卖方支付一定费用，在约定日期内（或约定日期）享有按事先确定的价格向合约卖方买卖某种金融工具的权利的契约。其包括现货期权和期货期权两大类。

4. 金融互换

金融互换是指两个或两个以上的当事人按共同商定的条件，在约定的时间内定期交换现金流的金融交易。其可分为货币互换、利率互换和股权互换、信用违约互换等类别。

5. 结构化金融衍生工具

前述四种常见的金融衍生工具通常也被称作建构模块工具，是最简单和最基础的金融衍生工具；而利用其结构化特性，通过相互结合或者与基础金融工具相结合，能够开发设计出更多具有复杂特性的金融衍生产品，后者通常被称为结构化金融衍生工具，或简称为结构化产品。

三、我国金融衍生品市场的现状和发展趋势

（一）我国金融衍生品市场的现状

以20世纪90年代初少数机构开展地下期货交易为起点，我国金融衍生产品市场先后出现了外汇期货、国债期货、指数期货及配股权证等交易品种。1992—1995年，上海和海南的交易所曾推出过国债和股指期货；2004年推出买断式回购；2005年推出银行间债券远期交易、人民币远期产品、人民币互换和远期结算的机构安排等。此后，伴随着股权分置改革而创立的各式权证市场成为仅次于香港的全球第二大市场。2006年9月8日，中国金融期货交易所在上海挂牌成立；黄金期货于2008年1月9日在上海期货交易所上市；2010年股指期货的上市，使期货市场品种体系进一步健全，除石油外，国外成熟市场主要的大宗商品期货品种基本上都在我国上市交易。

目前，我国金融衍生工具主要交易场所为交易所市场、银行间市场和银行柜台市场三个部分。交易所市场的品种有可转换公司债券、权证、可分离债券、股指期货、国债期货和少量资产支持证券。中国银行间衍生品市场主要集中于中国外汇交易中心，开展远期外汇交易、外汇掉期、利率互换、人民币对外期权交易和托管资产支持证券。取得衍生品交易资格的银行金融机构主要涉及远期结售汇、外汇远期与掉期、利率衍生品和嵌入金融衍生品的理财产品。

（二）我国金融衍生品市场的发展趋势

1. 创新产品层出不穷

金融衍生品品种不断丰富。2012年以来，我国期货市场陆续推出白银、玻璃、油菜籽、菜籽粕、焦煤、国债、动力煤、石油沥青、铁矿石、鸡蛋、粳稻、纤维、原油等商品期货。2010年4月，股指期货正式上市交易。2013年9月，国债期货重新上市交易。2014年，中国期货市场又上市聚丙烯、热轧卷板等6个新品种。2015年2月，上海证券交易所正式挂牌上证50交易型开放式指数基金（ETF）期权合约，拉开了我国期权市场发展大幕。此外，外汇期货也正在筹备中。随着经济发展水平的提高，企业风险管理需求不断多元化和个性化，我国金融衍生品市场品种体系将不断丰富和完善。为促进我国交易量的持续增长，我们仍需继续发展创新。针对金融衍生品的创新思路，需要在总结金融衍生产品的经验基础上，积极推出人民币利率期权等衍生产品的交易，对各种金融衍生产品进行丰富，最终促进场外结构衍生品不断发展。

2. 市场需求日益膨胀

总体来看,近年来场外衍生产品市场参与者不断增加,已包括商业银行、证券公司、保险公司、基金公司以及企业等各类型数百家投资者。市场规模不断扩大,2009 年,人民币利率衍生产品累计成交名义本金总额 11 080 亿元,同比增长 20%;人民币外汇掉期市场共达成 3.1 万笔交易,成交金额折合 8 018 亿美元,同比增长 82.1%;外币对衍生品成交约折 58.68 亿美元,同比大幅上升 351.0%。

3. 国际化进程加快

全球化经济的发展下,国际化的投资开始出现,因此金融衍生品市场国际化的发展趋势不可挡。基于本质而言,金融衍生品是一个国际化的大市场,金融衍生品的开发没有国界。一方面,国际金融局势的日益动荡,大规模的国外风险资金进入国内,发展金融衍生产品有利于推动套期保值和投机套利工具的繁荣和提高中国经济的抗风险能力。另一方面,中国加入 WTO 后,市场竞争更趋激烈,需要各种类型的保值工具来增强市场流动性,需要完善的风险防范和控制机制来健全市场体系。因此我国期货衍生品市场的对外开放与合作大有作为,通过开放倒逼国内市场改革创新,完善市场基础设施和市场运行制度,提升市场运行质量。

第二节 金融期货

一、现货交易、远期交易与期货交易

通常可以根据交易合约的签订与实际交割之间的关系,将市场交易的组织形态划分为三类。

1. 现货交易

现货交易的特征是"一手交钱,一手交货",即以现款买现货方式进行交易。

2. 远期交易

远期交易是双方约定在未来某时刻(或时间段内)按照现在确定的价格进行交易。

3. 期货交易

期货交易是指交易双方在集中的交易所市场以公开竞价方式所进行的标准化期货合约的交易。

二、金融期货合约

(一)金融期货的概念

金融期货是期货交易的一种。期货交易是指交易双方在集中的交易所市场以公开竞价方式所进行的标准化期货合约的交易。而期货合约则是由交易双方订立的、约定在未来某日期按成交时约定的价格交割一定数量的某种商品的标准化协议。金融期货合约的基础工具是各种金融工具(或金融变量),如外汇、债券、股票、股价指数等。换言之,金融期货是以金融工具(或金融变量)为基础工具的期货交易。

金融期货问世至今只有短短 30 余年的历史,远不如商品期货的历史悠久,但其发展速度却比商品期货快得多。1995 年,世界期货交易量达 15 亿张合约,其中利率期货的交易量

相当于全球交易量的57%,有40个品种。2006年9月8日,中国金融期货交易所在上海成立。2010年4月16日,首批四个沪深300股票指数期货合约在中国金融期货交易所上市交易,标志着中国资本市场翻开了历史性的一页,跨入了双向交易时代。

(二) 金融期货的特征

与金融现货交易相比,金融期货的特征具体表现在以下几个方面:

1. 交易对象不同

金融现货交易的对象是某一具体形态的金融工具。通常,它代表着一定所有权或债权关系的股票、债券或其他金融工具,而金融期货交易的对象是金融期货合约。金融期货合约是由期货交易所设计的一种对指定金融工具的种类、规格、数量、交收月份、交收地点都做出统一规定的标准化协议。

2. 交易目的不同

金融工具现货交易的首要目的是筹资或投资,即为生产和经营筹集必要的资金,或为暂时闲置的货币资金寻找生息获利的投资机会。金融期货交易与金融现货交易不同,它不能创造价值,不是投资工具,是一种风险管理工具。风险厌恶者可以利用它进行套期保值、规避风险,喜好风险者则利用它承担更大的风险。不论是风险厌恶者还是风险喜好者,金融期货的杠杆性都为他们提供了更高的风险管理效率。

3. 交易价格的含义不同

金融现货的交易价格是在交易过程中通过公开竞价或协商议价形成的,这一价格是实时的成交价,代表在某一时点上供求双方均能接受的市场均衡价格。金融期货的交易价格也是在交易过程中形成的,但这一交易价格是对金融现货未来价格的预期,这相当于在交易的同时发现了金融现货基础工具(或金融变量)的未来价格。因此,从这个意义上看,期货交易过程也就是未来价格的发现过程。当然,所谓价格发现并不是绝对的,学术界有很多证据表明,出于各种原因,期货价格与未来的现货价格之间可能存在一定偏离。

4. 交易方式不同

金融工具现货交易一般要求在成交后的几个交易日内完成资金与金融工具的全额结算,成熟市场中通常也允许进行保证金买入或卖空,但所涉及的资金或证券缺口部分系由经纪商出借给交易者,要收取相应利息。期货交易则实行保证金交易和逐日盯市制度,交易者并不需要在成交时拥有或借入全部资金或基础金融工具。

5. 结算方式不同

金融现货交易通常以基础金融工具与货币的转手结束交易活动。而在金融期货交易中,仅有极少数的合约到期进行交割交收,绝大多数的期货合约是通过做相反交易实现对冲而平仓的。

(三) 我国主要的金融期货

中国金融发展相对缓慢,20世纪90年代对金融期货尝试交易,均由于不规范而被叫停。之后一段时间,国内的金融期货市场一直处于空白状态。

2006年,随着中国股票市场容量的扩大和指数逐步走高,以及金融市场发展完善的要求,股票市场的避险要求日益强烈,股指期货再度成为市场的关注焦点。经中国证监会批准,中国金融期货交易所首个股票指数期货合约为沪深300股指期货,其合约内容如表5-1所示。

表 5-1　沪深 300 股指期货合约

合约标的	沪深 300 指数
合约乘数	每点 300 元
合约价值	沪深 300 指数点 × 300 元
报价单位	指数点
破小变动价位	0.2 点
合约月份	当月、下月及随后两个季月
交易时间	9：15—11：30，13：00—15：15
最后交易日交易时间	9：15—11：30，13：00—15：00
价格限制	上一交易日结算价的 ±10%
合约交易保证金	最低为合约价值的 12%
交割方式	现金交割
最后交易日	合约到期月份的第三个周五，遇法定节假日顺延
最后结算日	同最后交易日
交易代码	IF
上市交易所	中国金融期货交易所

股指期货交易的推出，使中国资本市场增加了风险管理的工具。股指期货的做空机制，改变了证券投资单边市的交易模式，使投资的套期保值成为可能，进一步完善了双边交易机制，在理论上有利于资本市场的稳定发展。

三、金融期货的主要交易机制

金融期货交易有一定的交易规则，这些规则是期货交易正常进行的制度保证，也是期货市场运行机制的外在体现。

1. 对冲机制

期货交易的特点之一就是不一定需要进行实物交易，买卖双方在合约到期前都可以通过一个相反的交易来结束自己的义务，这就是"对冲"制度。实行"对冲"制度后，期货合约签约双方都可以有两种选择：一种选择是保持合约到规定的交割日期，然后按照合约规定的条件进行交割；另一种选择是在到期前随时实行相反的交易，达到"对冲"或"平仓"的目的。

2. 保证金制度

在期货交易所签约期货合约时，买卖双方必须缴纳保证金。保证金通过经纪人缴纳给交易所的清算所，因此，保证金既是一种履约的信用担保，又是清算所实行每日结算制度的基础。保证金包括初始保证金与追加保证金。初始保证金是交易者在交易时按规定比例存入其保证金账户的那部分资金。追加保证金是交易者在持仓期间因价格变动发生亏损，使其保证金账户的余额减少到规定的维持保证金以下时所必须补交的保证金。在这里，维持保证金是指交易所规定的交易者在其保证金账户中所必须保有的最低余额的保证金。

3. 每日结算制度

结算所是期货交易的专门清算机构，通常附属于交易所，但又以独立的公司形式组建。结算所实行无负债的每日结算制度，又称逐日盯市制度，就是以每种期货合约在交易日收盘前规定时间内的平均成交价作为当日结算价，与每笔交易成交时的价格做对照，计算每个结算所会员账户的浮动盈亏，进行随市清算。由于逐日盯市制度以1个交易日为最长的结算周期，对所有账户的交易头寸按不同到期日分别计算，并要求所有的交易盈亏都能及时结算，因此能及时调整保证金账户，控制市场风险。

4. 限仓制度

限仓制度是交易所为了防止市场风险过度集中和防范操纵市场的行为，而对交易者持仓数量加以限制的制度。

5. 大户报告制度

大户报告制度是交易所建立限仓制度后，当会员或客户的持仓量达到交易所规定的数量时，必须向交易所申报有关开户、交易、资金来源、交易动机等情况，以便交易所审查大户是否有过度投机和操纵市场行为，并判断大户交易风险状况的风险控制制度。

6. 每日价格波动限制及断路器规则

为防止期货价格出现过大的非理性变动，交易所通常对每个交易时段允许的最大波动范围做出规定，一旦达到涨（跌）幅限制，则高于（低于）该价格的买入（卖出）委托无效。

四、金融期货的功能

金融期货具有四项基本功能：套期保值功能、价格发现功能、投机功能和套利功能。

（一）套期保值功能

利用金融期货交易进行套期保值，转移风险，主要是利用期货合约作为将来在期货市场上买卖金融证券的临时替代物，对其现在拥有或将来拥有的资产、负债予以保值。确切地讲，利用期货市场进行套期保值，就是在现货市场上买进或卖出金融证券的同时，在期货市场上卖出或买进同质同量的期货合约，从而达到实现以期货的盈亏来抵消现货的亏盈。其目的不是赚取利润，而是使现在或将来拥有的资产、负债得到保值，不致因金融商品价格变化遭受损失。

套期保值的基本做法是：在现货市场买进或卖出某种金融工具的同时，做笔与现货交易品种、数量、期限相当但方向相反的期货交易，以期在未来某一时间通过期货合约的对冲，以一个市场的盈利来弥补另一个市场的亏损，从而规避现货价格变动带来的风险，实现保值的目的。

套期保值的基本类型有两种：

多头套期保值。若对未来行情看涨，就可做期货多头，即在期货市场上买进期货，待行情上涨后再以高价卖出以平仓，用期货市场低买高卖的收益来弥补现货市场上因价格上涨后买进现货的损失。

空头套期保值。若对未来行情看跌，就可做期货空头，即在期货市场上卖出期货，待行情下跌后再以低价买进以平仓，用期货市场高卖低买的收益来弥补现货市场上因价格下跌后卖出现货的损失。

由于期货交易的对象是标准化产品，因此套期保值者很可能难以找到与现货头寸品种、期限、数量上均恰好匹配的期货合约。如果选用替代合约进行套期保值操作，则不能完全锁定未来现金流，由此带来的风险称为"基差风险"（基差＝现货价格－期货价格）。

（二）价格发现功能

价格发现功能是指在一个公开、公平、高效、竞争的期货市场中，通过集中竞价形成期货价格的功能。期货价格具有预期性、连续性和权威性的特点，能够比较准确地反映出未来商品价格的变动趋势。期货市场之所以具有价格发现功能，是因为期货市场将众多影响供求关系的因素集中于交易所内，通过买卖双方公开竞价，集中转化为一个统一的交易价格。这一价格一旦形成，立即向世界各地传播，并影响供求关系，从而形成新的价格。如此循环往复，使价格不断趋于合理。

因为期货价格与现货价格的走势基本一致并逐渐趋同，所以今天的期货价格可能就是未来的现货价格，这一关系使世界各地的套期保值者和现货经营者都利用期货价格来衡量相关现货商品的近、远期价格发展趋势，利用期货价格和传播的市场信息来制定各自的经营决策。这样，期货价格成了世界各地现货成交价的基础。当然，期货价格并非时时刻刻都能准确地反映市场的供求关系，但这一价格克服了分散、局部的市场价格在时间上和空间上的局限性，具有公开性、连续性、预期性的特点。应该说它比较真实地反映了一定时期世界范围内供求关系影响下的商品或金融工具的价格水平。

价格发现并不意味着期货价格必然等于未来的现货价格，正好相反，多数研究表明，期货价格不等于未来现货价格才是常态。由于资金成本、仓储费用、现货持有便利等因素的影响，理论上说，期货价格要反映现货的持有成本，即便现货价格不变，期货价格也会与之存在差异。

（三）投机功能

与所有有价证券交易相同，期货市场上的投机者也会利用对未来期货价格走势的预期进行投机交易，预计价格上涨的投机者会建立期货多头，反之则建立空头。投机者的存在对维持市场流动性具有重大意义，当然，过度的投机必须受到限制。

与现货市场投机相比较，期货市场投机有两个重要区别：一是目前我国股票市场实行 T＋1 清算制度，而期货市场是 T＋0，可以进行日内投机；二是期货交易的保证金制度导致期货投机具有较高的杠杆率，盈亏相应放大，具有更高的风险性。

（四）套利功能

套利的理论基础在于经济学中的一价定律，即忽略交易费用的差异，同一商品只能有一个价格。严格意义上的期货套利是指利用同一合约在不同市场上可能存在的短暂价格差异进行买卖，赚取差价，称为跨市场套利。行业内通常也根据不同品种、不同期限合约之间的比价关系进行双向操作，分别称为跨品种套利和跨期限套利，但其结果不一定可靠。对于股价指数等品种，还可以和成分股现货联系起来进行指数套利，当股指期货价格高于理论值时，做空股指期货，买入指数组合，称为"正套"；反之，若股指期货价格低于理论值，则做多股指期货，做空指数组合，称为"反套"。期货套利机制的存在对于提高金融市场的有效性具有重要意义。

第三节 金融期权

一、金融期权的概念和特征

（一）金融期权的概念

期权又称选择权，是指其持有者能在规定的期限内按交易双方商定的价格购买或出售一定数量的基础工具的权利。期权交易就是对这种选择权的买卖。

期权交易实际上是一种权利的单方面有偿让渡。期权的买方以支付一定数量的期权费为代价而拥有这种权利，但不承担必须买进或卖出的义务；期权的卖方则在收取一定数量的期权费后，在一定期限内必须无条件服从买方的选择并履行成交时的允诺。

金融期权是指以金融工具或金融变量为基础工具的期权交易形式。具体地说，其购买者在向出售者支付一定费用后，就获得了能在规定期限内以某一特定价格向出售者买进或卖出一定数量的某种金融工具的权利。

（二）金融期权的特征

首先，金融期权交易的对象是一种权利，一种关于在特定时间以特定价格买进或卖出某种特定金融商品的权利，而不是商品本身。

其次，这种权利是可以选择的，即可以执行、转让或放弃。

最后，这个权利是单方面的，期权的买方在支付了权利金后获得选择权。他有权在规定的时间内，根据市场行情决定是否执行合约。行情市价有利，则执行期权；行情市价不利，则放弃期权。期权卖方获得权利金，负有执行合约的义务（除非期权买方自动放弃）；另外，这种权利具有时效性，只能在合约规定的有效期内行使，一旦超过有效期，便被视为自动放弃而失效。

（三）金融期货与金融期权的区别

金融期货和金融期权买卖的都是远期交货的标准化合约，都要通过公开竞价进行交易，这是两者的共性。但是金融期货和金融期权也存在明显的区别，主要体现在以下几个方面：

1. 标的物不同

凡可用作期货交易的金融工具都可用作期权交易。可用作期权交易的金融工具未必可用作期货交易。只有金融期货期权，而没有金融期权期货。一般而言，金融期权的基础资产多于金融期货的基础资产。

2. 交易双方的权利和义务不同

金融期货交易双方的权利与义务对称。金融期权交易双方的权利与义务存在着明显的不对称性。对于期权的买方只有权利没有义务，对于期权的卖方只有义务没有权利。

3. 履约保证不同

金融期货交易双方均需开立保证金账户，并按规定缴纳履约保证金。在金融期权交易中，只有期权出售者，尤其是无担保期权的出售者才需开立保证金账户，并按规定缴纳保证金，因为它有义务没有权利。而作为期权的买方只有权利没有义务，不需要缴纳保证金，它的亏损最多就是期权费，而期权费已付出。

4. 现金流转不同

金融期货交易双方在成交时不发生现金收付关系，但在成交后，由于实行逐日结算制度，交易双方将因价格的变动而发生现金流转。而在金融期权交易中，在成交时，期权购买者为取得期权合约所赋予的权利，必须向期权出售者支付一定的期权费，但在成交后，除了到期履约外，交易双方将不发生任何现金流转。

5. 盈亏的特点不同

金融期货交易双方都无权违约，也无权要求提前交割或推迟交割，而只能在到期前的任一时间通过反向交易实现对冲或到期进行实物交割。其盈利或亏损的程度决定于价格变动的幅度。因此，金融期货交易中购销双方潜在的盈利和亏损是有限的。在金融期权交易中，期权的购买者与出售者在权利和义务上不对称，金融期权买方的损失仅限于他所支付的期权费，而他可能取得的盈利却是无限的，相反，期权出售者在交易中所取得的盈利是有限的，仅限于他所收取的期权费，损失是无限的。

6. 套期保值的作用和效果不同

利用金融期权进行套期保值，若价格发生不利变动，则套期保值者可通过执行期权来避免损失；若价格发生有利变动，则套期保值者又可通过放弃期权来保护利益。而利用金融期货进行套期保值，在避免价格不利变动造成的损失的同时也必须放弃若价格有利变动可能获得的利益。

并不是说金融期权比金融期货更为有利，如从保值角度来说，金融期货通常比金融期权更为有效，也更为便宜，而且要在金融期权交易中真正做到既保值又获利，事实上也并非易事。

二、金融期权的类型

（一）根据选择权的性质划分，期权分为看涨期权和看跌期权

看涨期权也称认购权，又称买入期权，是指期权的买方具有在约定期限内（或合约到期日）按协定价格（也称敲定价格或行权价格）买入一定数量基础金融工具的权利。交易者之所以买入看涨期权，是因为他预期基础金融工具的价格在合约期限内将会上涨。如果判断正确，按协定价格买入该项金融工具并以市价卖出，可赚取市价与协定价格之间的差额；如果判断失误，则放弃行权，仅损失期权费。

看跌期权也称认沽期权，又称卖出期权，赋予金融期权的买方在未来某一时期按履约价格卖出某种金融商品的权利。一般来说，金融商品的价格下跌，或者人们预期其价格将要下跌时，人们才有兴趣购买看跌期权。这种期权的买方对市场行情看跌，只有在市场行情下跌时才有可能获利，所以叫作看跌期权。

（二）按照履约时间的不同，期权分为欧式期权和美式期权

欧式期权规定金融期权的购买者只能在期权合约到期日才能选择行使期权。美式期权则允许金融期权的购买者在期权合约有效期内任何一个交易日选择行使其权利。美式期权购买者可以选择一个最有利的时机行使其权利；而欧式期权购买者情况就不同了，在期权有效期内即使出现一个很有利的价格水平，也不能提前行使其权利，而必须等到合约到期日，但是等到那一天来临时，有利的价格水平可能变得不那么有利，甚至消失，或者变得不利。可见，美式期权比欧式期权具有更大灵活性。

（三）按照合约标的物的不同，期权分为股权类期权、货币期权和金融期货合约期权等

1. 股权类期权

股权类期权虽然早在 19 世纪即已经在美国产生，但是在历史上，这种交易都分散在各

店头市场进行，交易的品种十分单一，交易的规模也相当有限。尤其值得指出的是，在 1973 年之前所交易的股票期权只有看涨期权，而没有看跌期权。因此，直到 1968 年，在美国成交的股票期权合约所代表的股票的数量，还只是纽约证券交易所成交股票数量的 1%。可见，在没有集中性的市场作为全球交易的专门场所的条件下，股票期权交易的效率相当低下。有鉴于此，为了迎合人们对股票期权交易的日益增强的需求，1973 年 4 月 26 日，全世界第一个集中性的期权市场——芝加哥期权交易所（CBOE）正式成立。从此开始了集中性的场内期权交易，股票期权交易得到迅速发展，其他各种金融期权品种也被陆续推出。

2. 货币期权

货币期权又称外币期权、外汇期权，指合约购买方在向出售方支付一定权费后，所获得的在未来约定日期或一定时间内，按照规定汇率买进或者卖出一定数量外汇资产的选择权。外汇期权是期权的一种，相对于股票期权、指数期权等其他种类的期权来说，外汇期权买卖的是外汇，即期权买方在向期权卖方支付相应期权费后获得一项权利，有权在约定的到期日按照双方事先约定的协定汇率和金额同期权卖方买卖约定的货币，同时权利的买方也有权不执行上述买卖合约。

3. 金融期货合约期权

金融期货合约期权是指以某一种期货合约作为标的物的期权交易形式。期货期权的实质，是将期货交易与期权交易有机地结合在一起，从而达到取长补短的目的。期货期权与现货期权有着很多的不同。这种不同表现在很多方面，其中较重要的一个方面是在期权被执行时，期权购买者以协定价格所买进或卖出的不是某金融工具本身，而是以该种金融工具为标的物的期货合约。所以期货期权的履约，实际上是以期权合约的协定价格，将期权部位转化为相应的期货部位。由于期货期权的标的物不是现货金融工具本身，而是以该种金融工具为标的物的期货合约，所以如果人们用期货期权对现货金融工具实施套期保值，那么这种套期保值不是直接套期保值，而是交叉套期保值。

三、金融期权的交易制度

（一）期权的交易过程

期权市场的结构与期货市场大体相同，都由买者、卖者、经纪公司、期权交易所和期权清算组成。

期权交易在交易所大厅内由经纪人进行交易，投资者本身不能直接进入交易所大厅，而是要委托场内经纪人代为进行交易。投资者决定购买或出售期权时，便将委托指令下达给经纪人，该经纪人将买卖指令传递给本公司在期权交易所内的场内经纪人。如果经纪人公司没有自己的场内经纪人，通常会通过一位独立的场内经纪人或其他公司的场内经纪人进行交易。场内经纪人可以与其他场内经纪人交易，也可以与做市商或是委托单处理员交易。

交易一经谈妥，双方立即记录在案，交易所对双方记录核查无误后，即为成交，有关记录报告给清算所。第一天，期权的购买方将期权费通过清算所会员交至清算所，清算所发出期权。卖方则通过清算所会员将保证金交到清算所。

（二）期权的交易指令

投资者的交易要求一般体现在所提交的委托类型上。有两种比较重要的委托指令：一种是市价委托指令；另一种是限价委托指令。市价委托指令是投资者表示愿意以市场价格进行期权买卖交易的指令。限价委托指令则不同，它规定只在某种特定的价格上成交，与规定价格不符就不能成交。

大多数交易所期权交易中使用的是做市商/指令登记体系。在该体系里，场内经纪人将该指令传递给指令登记员，指令登记员将该指令紧随其他限价指令输入计算机。这就确保市场价格一旦达到限价，指令就会得到立即行使。所有输入的限价指令的信息向所有的交易者公开。

有少数交易所使用的是专家体系。在专家体系条件下，所有买入或卖出某种证券的期权委托单全部都汇总到一个人即专家手中。专家作为做市商并且保存限价指令的记录。还有一种体系是市场主持商体系。在该体系中，专家的职责由三组人来完成：市主持商、交易厅经纪人、委托单收发管理人。

（三）期权的对冲和履约

期权合约的解除方式有两种：一种是对冲平仓；另一种是履行合约。

在期权交易中，如果交易者不想继续持有未到期的期权，在最后交易日或者最后交易日之前，购买期权的投资者可以通过发出一个出售相同性质期权的冲销指令来结清他的头寸。

在期权合约的到期日以前的任何一天，期权购买者都可以要求期权出售者履行合约。在期权交易中，不同的期权有不同的履约方式。一般来说，除股票指数期权以外的各种现货期权在履约时，交易双方将依敲定价格做实物交割；各种股票指数期权则依敲定价格与市场价格之差实行现金结算；期货期权则依敲定价格将期权转化为相应的期货。

（四）保证金制度

金融期权中的保证金制度与金融期货中的保证金制度有着相同的性质和功能。但在具体行使中，这两种保证金制度又有很大的不同。在购买买权和卖权时，投资者必须全额支付期权费，不允许投资者用保证金的方式购买期权。当投资者出售期权时，他必须在保证金账户中保持一定的资金金额。保证金要求的规模大小要视具体情况而定。

（五）期权的清算

期权的清算过程与期货大体相似，清算所充当买方、卖方的对立面，即买方和卖方不再直接发生权利义务关系。

期权市场中的清算制度是由期权清算公司来贯彻执行的，期权市场中的清算公司与期货市场上的清算公司的功能相似。它确保期权的出售方按照合约的规定条款履行义务，同时保存有关交易的信息记录。期权清算公司拥有一定数量的会员，并且所有的期权交易必须通过其会员来清算。如果经纪人公司本身不是交易所期权清算公司的会员，就必须通过期权清算所的会员结清其交易。会员必须满足资本最低限额的要求，并且必须提供特种基金，若有任一会员无法履行期权中的义务，则可以使用该基金。在购买期权时，购买者必须在下一个营业日的清晨全额支付期权费。

四、金融期权的交易策略

期权有两种基本合同：看涨期权和看跌期权。两种合同和合同双方组合起来就有四种基本交易策略：多头看涨期权、多头看跌期权、空头看涨期权、空头看跌期权。

(一) 多头看涨期权与空头看跌期权

从图 5-1 (a) 中我们可以看出：看涨期权多头在基础资产价格 $S = K + C$ 处利润为 0；当 $S > K + C$ 时，期权持有者享有利润 $S - K - C$；当 $S < K$ 时期权持有者将会放弃期权的执行，遭受的损失为期权费 C。从图 5-1 (b) 可看出空头看涨期权的收益图正好是多头看涨期权的收益图的镜像。这种对称可通过期权交易（忽略交易成本）为零和游戏的事实来解释。即期权交易赢者的利润正好是输家的损失。看涨期权多头预期基础资产价格会上升，同时又担心预测会失败，因而购买看涨期权。而看涨期权空方则认为基础资产价格至多在较小范围波动或者仅仅是轻微上升，不会超过所得到的期权费，他出售看涨期权的目的是获得期权费。

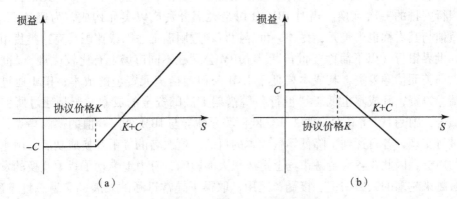

图 5-1 多头看涨期权与空头看涨期权
(a) 多头看涨期权；(b) 空头看涨期权

(二) 多头看涨期权与空头看跌期权

从图 5-2 (a) 中我们容易发现多头看跌期权的亏损情况。在基础资产价格 $S = K - P$ 处，期权持有者利润为 0，处于盈亏平衡；当 $S < K - P$ 时，期权持有者享有利润 $K - S - P$；当 $S > K$ 时，期权持有者遭受的损失至多为 P。空头看跌期权的损益情况如图 5-2 (b) 所示。他的损益情况与多头的刚好相反，其最大收益不超过期权费 P。看跌期权多头预期基础资产价格会下跌，而空头则认为价格不会下跌或仅略微下跌，不会超过所得到的期权费，因而他出售看跌期权以获得期权费。

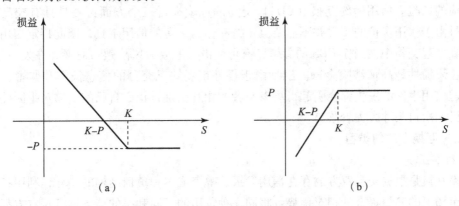

图 5-2 多头看跌期权与空头看跌期权
(a) 多头看跌期权；(b) 空头看跌期权

第四节　其他金融衍生工具

一、金融互换

(一) 互换合约概述

金融互换是指交易双方达成的约定在未来某一段时间内以事先规定的方法，交换一系列的现金流的协议。与其他金融衍生产品一样，金融互换产生的原始动因也是规避市场风险、逃避政策管制和套利。第一个互换合约的出现是在1981年，是美国所罗门兄弟公司为IBM和世界银行安排的一次互换。当时IBM公司绝大部分资产以美元构成，为避免汇率风险，希望其负债与其对称也为美元；另外，世界银行希望用瑞士法郎或德国马克这类货币进行利率管理。世界银行（以下简称"世行"）与IBM公司在不同市场上有比较优势，"世行"通过发行欧洲美元债券筹资，其成本要低于IBM公司筹措美元资金的成本；IBM通过发行瑞士法郎债券筹资，其成本也低于"世行"筹措瑞士法郎资金的成本。于是通过所罗门兄弟公司的撮合，"世行"将其发行的2.9亿欧洲美元债券与IBM公司等值的德国马克、瑞士法郎债券进行交换，各自达到了降低筹资成本的目的。这次名的货币互换成功后，由于双方享有很高的声誉，因此在各大金融市场上造成很大的影响，有力地推动了货币互换的发展。金融互换被越来越多的人所认识、接受、运用，取得了异常迅猛的发展，交易总量飞速增加，涉及的金融商品越来越多，互换种类不断增加，互换市场规模不断扩大。

2006年1月24日，中国人民银行发布了《关于开展人民币利率互换交易试点有关事宜的通知》，批准在全国银行间同业拆借中心开展人民币利率互换交易试点。2008年1月18日，中国人民银行发布了《关于开展人民币利率互换业务有关事宜的通知》，同时废止了《关于开展人民币利率互换交易试点有关事宜的通知》。人民币利率互换是指交易双方约定在未来的一定期限内，根据约定的人民币本金和利率计算利息并进行利息交换的金融合约。通知规定，利率互换的参考利率应为经中国人民银行授权的全国银行间同业拆借中心等机构发布的银行间市场具有基准性质的市场利率或经中国人民银行公布的基准利率。

互换交易的主要用途是改变交易者资产或负债的风险结构（如利率或汇率结构），从而规避相应的风险。信用违约互换（CDS）交易的危险来自三个方面：一是具有较高的杠杆性。二是由于信用保护的买方并不需要真正持有作为参考的信用工具，因此特定信用工具可能同时在多起交易中被当作CDS的参考，有可能极大地放大风险敞口总额，在发生危机时，市场往往恐慌性地高估涉险金额。三是由于场外市场缺乏充分的信息披露和监管，危机期间，每起信用事件的发生都会引起市场参与者的相互猜疑，担心自己的交易对手因此倒下从而使自己的敞口头寸失去着落。

(二) 互换合约的类型

1. 利率互换

利率互换是根据交易双方的存在信用等级、筹资成本和负债结构的差异，利用各自在国际金融市场上的筹集资金的相对优势，将同一种货币的不同利率的债务进行对双方都有利的安排。

利率互换经常用来降低筹资成本。一般情况是，A方可以进行相对便宜的固定利率的筹资，但它需要的是浮动利率的资金；而 B 方可以进行相对便宜的浮动利率融资，但需要的却是固定利率资金。通过互换，双方都可以获得希望的融资形式，同时还可以从其相对的融资优势中获利。B 方负担了固定利息的支付义务，A 方则有义务按浮动利率付息。这一过程中，没有实际本金的交换，只有互换伙伴要对自己的债权人付利息时，才进行相互调换的利息清算。

2. 货币互换

所谓货币互换，是指以一种货币表示的一定数量的资本及在此基础上产生的利息支付义务，与另一种货币表示的相应的资本额及在此基础上产生的利息支付义务进行相互交换。因此，货币互换的前提是要存在两个在期限与金额上利益相同而对货币种类需求相反的交易伙伴，然后双方按照预定的汇率进行资本额互换，完成互换后，每年按照约定的利率和资本额进行利息支付互换，协议到期后，再按原约定汇率将原资本额换回。这样，货币互换可以使交易双方达到降低融资成本，解决各自资产负债管理需求与资本市场需求之间矛盾的目的。

（三）远期合约、期货合约、期权合约和互换合约的区别

1. 交易场所与合约

期货合约只在交易所交易，期权合约大部分在交易所交易。而远期合约和互换合约通常在场外交易，采用非标准形式进行，交易成本较高。

2. 损益特性

远期合约、期货合约和大部分互换合约都包括买卖双方在未来应尽的义务，也被称作远期承诺或者双边合约；期权合约和信用违约互换合约只有一方在未来有义务，因此被称作单边合约；而期权合约与远期合约以及期货合约的不同之处是它的损益的不对称性。

3. 信用风险

期货合约具备对冲机制，实物交割比例非常低，交易价格受最小价格变动单位和日涨跌停板限定。而远期合约如要中途取消，必须双方同意，任何单方面意愿是无法取消合约的，其实物交割比例非常高。

4. 执行方式

远期合约和互换合约通常用实物进行交割，其中，远期合约的两个合约即使是方向相反也不能自动抵销；期货合约绝大多数通过对冲相抵销，通常用现金结算，极少进行实物交割；而期权合约则是买方根据当时的情况判断行权对自己是否有利来决定行权与否。

5. 杠杆

期货合约通常用保证金交易，因此有明显的杠杆效应；期权合约中买方需要支付期权费，而卖方则需要缴纳保证金，也会有杠杆效应；而远期合约和互换合约通常没有杠杆效应。

二、资产证券化产品

（一）资产证券化的概念

资产证券化是指将缺乏流动性的资产，转换为在金融市场上可以自由买卖的证券的行为，使其具有流动性。在资产证券化过程中发行的以资产池为基础的证券就称为证券化产品。通过资产证券化，将流动性较低的资产（如银行贷款、应收账款、房地产等）转化为具有较高流动性的可交易证券，提高了基础资产的流动性，便于投资者进行投资；还可以改

变发起人的资产结构,改善资产质量,加快发起人的资金周转。

自1970年美国的政府国民抵押协会首次发行以抵押贷款组合为基础资产的抵押支持证券——房贷转付证券,完成首笔资产证券化交易以来,资产证券化逐渐成为一种被广泛采用的金融创新工具而得到了迅猛发展。

(二)资产证券化的种类与范围

1. 根据基础资产分类

根据基础资产不同,资产证券化分为不动产证券化、应收账款证券化、信贷资产证券化、未来收益证券化(如高速公路收费)和债券组合证券化等类别。

2. 根据资产证券化的地域分类

根据发起人、发行人和投资者所属地域不同,资产证券化分为境内资产证券化和离岸资产证券化。国内融资方通过在国外的特殊目的机构(SPV)或结构化投资机构(SIVs)在国际市场上以资产证券化的方式向国外投资者融资称为离岸资产证券化;融资方通过境内SPV在境内市场融资则称为境内资产证券化。

3. 根据证券化产品的属性分类

根据产品的金融属性不同,证券化可以分为股权型证券化、债权型证券化和混合型证券化。

值得注意的是,尽管资产证券化的历史不长,但相关证券化产品的种类层出不穷,名称也千变万化。最早的证券化产品以商业银行房地产按揭贷款为支持,故称为按揭支持证券(MBS);随着可供证券化操作的基础产品越来越多,出现了资产支持证券(ABS)的称谓;再后来,混合型证券(具有股权和债权性质)越来越多,于是干脆用CDOs概念代指证券化产品,并细分为CLOs、CMOs、CBOs等产品。最近几年,还采用金融工程方法,利用信用衍生产品构造出合成CDOs。

(三)资产证券化的有关当事人

1. 发起人

发起人也称原始权益人,是证券化基础资产的原始所有者,通常是金融机构或大型工商企业。

2. 特定目的机构或特定目的的受托人

特定目的机构是受委托持有资产,并以该资产为基础发行证券化产品的机构。选择特定目的机构或受托人时,要求满足所谓"破产隔离"条件,即发起人破产对其不产生影响。

3. 资金和资产存管机构

为保证资金和基础资产的安全,特定目的机构通常聘请信誉良好的金融机构进行资金和资产的托管。

4. 信用增级机构

信用增级机构分外部增级和内部增级。此类机构负责提升证券化产品的信用等级,为此要向特定目的机构收取相应费用,并在证券违约时承担赔偿责任。有些证券化交易中,并不需要外部增级机构,而是采用超额抵押等方法进行内部增级。

5. 信用评级机构

如果发行的证券化产品属于债券,则发行前必须经过评级机构进行信用评级。

6. 承销人

承销人是指负责证券设计和发行承销的投资银行,如果证券化交易涉及金额较大,可能会组成承销团。

7. 证券化产品投资者

证券化产品投资者即证券化产品发行后的持有人。

(四) 信贷资产证券化流程与结构 (见图 5-3)

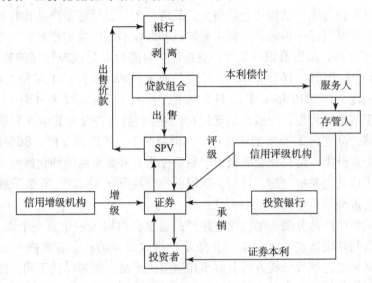

图 5-3 信贷资产证券化流程与结构

(五) 中国资产证券化的发展

2005 年被称为"中国资产证券化元年"。2005 年 12 月,作为资产证券化试点银行,中国建设银行和国家开发银行分别以个人住房抵押贷款和信贷资产为支持,在银行间市场发行了第一期资产证券化产品。2005 年 12 月 21 日,内地第一只房地产投资信托基金——广州越秀房地产投资信托基金正式在香港交易所上市交易。

2007 年,浦发、工行、兴业、浙商银行及上汽通用汽车金融公司等机构成为第二批试点。但第二批试点额度用完之时,恰逢金融危机席卷全球,人们对证券化产品谈虎色变,使这一新兴事物的成长戛然而止。自 2009 年起,再没有发行一单产品。在经历了 2009 年的信贷狂飙之后,监管部门对资本充足率的硬约束以及随后的信贷收紧令,使得业界对资产证券化扩容或重启的呼声四起。

三、结构化金融衍生品

(一) 结构化金融衍生产品概念

结构化金融衍生产品是运用金融工程结构化方法,将若干种基础金融商品和金融衍生品相结合设计出的新型金融产品。目前,最为流行的结构化金融衍生产品主要是由商业银行开发的各类结构化理财产品以及在交易所市场上市交易的各类结构化票据,它们通常与某种金融价格相联系,其投资收益随该价格的变化而变化。

目前,我国内地尚无交易所交易的结构化产品,但是,很多商业银行均通过柜台销售各类"挂钩理财产品"。这些理财产品的预期收益与某种利率、汇率或者黄金、股票、能源价格相联系,通过事先约定的计算公式进行计算。

（二）结构化金融衍生产品类别

①按联结的基础产品分类，结构化金融衍生产品可分为股权联结型产品（其收益与单只股票、股票组合或股票价格指数相联系）、利率联结型产品、汇率联结型产品、商品联结型产品等种类。

②按收益保障性分类，结构化金融衍生产品可分为收益保证型产品和非收益保证型产品两大类，其中前者又可进一步细分为保本型产品和保证最低收益型产品。

如：2010年4月，某国有银行发售一款挂钩4只港股L建设银行（0939.HK）、华润置地（1109.HK）、中国国航（0753.HK）、玖龙纸业（2689.HK）的1年期人民币理财产品。根据产品合同规定，以2010年4月22日为基准，若1年后（2011年4月18日）上述4只股票价格均高于基准日价格，则该产品支付6%的年收益；若仅有其中3只股票价格高于基准日价格，则该产品支付2.25%的年收益；其他情况下，该产品支付0.36%的年收益。

③按发行方式分类，结构化金融衍生产品可分为公开募集的结构化产品与私募结构化产品，前者通常可以在交易所交易。目前，美国证券交易所（AMEX）有数千种结构化产品上市交易；我国香港交易所也推出了结构性产品。

④按嵌入式衍生产品分类。结构化金融产品通常会内嵌入一个或一个以上的衍生产品，它们有些是以合约规定条款（如提前终止条款）形式出现的；也有些嵌入式衍生产品并无显性的表达，必须通过细致分析方可分解出相应衍生产品。按照属性不同，嵌入式衍生产品可以分为基于互换的结构化产品、基于期权的结构化产品等类别。当然，还可以按照币种、期限、发行地等进行分类。

（三）结构化金融衍生产品的收益与风险

在我国，结构化产品是银行及证券公司理财业务的重要发展方向。随着外资银行大量进入国内市场，国内结构化产品的发行也增长迅速，发行机构利用境外投资工具多、风险对冲机制完善的优点，推出多种结构化外币产品，得到了市场青睐。在产品结构方面，向投资者出售以本金保护型产品为主，挂钩标的除传统的利率和汇率外，还有股票指数。过往国内银行的人民币理财业务由于投资范围较窄，主要是债券、央行票据、存款等，收益率较低，对投资者吸引力不大。近来国内银行将外币结构化产品的设计模式运用于人民币理财已渐成趋势，各行已推出多项人民币理财业务，如光大银行推出的人民币理财A计划，就包含了与原油期货挂钩的产品。

结构化金融衍生产品挂钩的基础资产具有不同的风险特征，嵌入式衍生产品的种类、结构各异，导致结构化产品的收益与风险出现非常大的差异。同时，由于这类产品结构复杂，难以为普通投资者所掌握，因此通常监管机构和行业自律组织均要求金融机构在销售时格外当心，防止错误地销售给不具备风险承受能力的客户。

技能训练

一、单选题

1. 金融衍生工具交易一般只需要支付少量的保证金或权利金就可签订远期大额合约或互换不同的金融工具，这是金融衍生工具的（　　）特性。

  A. 跨期性   B. 联动性

  C. 杠杆性   D. 不确定性或高风险性

2. 当套期保值者没能找到与现货头寸在品种、期限、数量上均恰好匹配的期货合约，在选用替代合约进行套期保值操作时，由于不能完全锁定未来现金流，因此产生了（　　）。
  A. 信用风险   B. 流动性风险
  C. 法律风险   D. 基差风险

3. 2009年3月18日，沪深300指数开盘报价为2 335.42点，9月仿真期货合约开盘价为2 648点，假如期货投机者预期当日期货报价将上涨，开盘即多头开仓，并在当日最高价2 748.6点进行平仓，若期货公司要求的初始保证金等于交易所规定的最低交易保证金12%，则日收益率为（　　）。
  A. 20%   B. 25.5%   C. 31.7%   D. 38%

4. 根据（　　）划分，金融期权可以分为欧式期权、美式期权和修正的美式期权。
  A. 选择权的性质   B. 合约所规定的履约时间的不同
  C. 金融期权基础资产性质的不同   D. 协定价格与基础资产市场价格的关系

5. 按发行方式分类，结构化金融衍生产品可分为（　　）。
  A. 公开募集的结构化产品与私募结构化产品
  B. 股权联结型产品、利率联结型产品、汇率联结型产品和商品联结型产品
  C. 收益保证型产品和非收益保证型产品
  D. 保本型产品和保证最低收益型产品

6. 为保障投资者利益，确保股指期货顺利推出，我国一些机构制定了相关法规和规则，符合规定的投资者方能办理股指期货开户和相关交易。这些机构不包括（　　）。
  A. 中国证监会   B. 中国期货业协会
  C. 证券业协会   D. 中国金融期货交易所

二、多选题

1. 关于信用衍生工具的论述正确的是（　　）。
  A. 主要包括信用互换、信用联结票据等
  B. 用于转移或防范系统风险
  C. 是以基础产品所蕴含的信用风险或违约风险为基础变量的金融衍生工具
  D. 是20世纪90年代以来发展最为迅速的一类衍生产品

2. 比较金融现货交易和金融期货交易，下列选项中正确的是（　　）。
  A. 金融现货交易的对象是某一具体形态的金融工具；而金融期货交易的对象是金融期货合约
  B. 金融工具现货交易的首要目的是筹资或投资；金融期货交易是一种风险管理工具，风险厌恶者可以利用它进行套期保值、规避风险，喜好风险者则利用它承担更大的风险
  C. 金融现货的交易价格是实时的成交价；而期货交易价格是对金融现货未来价格的预期
  D. 金融现货交易和金融期货交易在交易方式上不同，但在结算方式上是相似的

3. 套期保值的基本做法是（　　）。
  A. 持有现货空头，买入期货合约   B. 持有现货空头，卖出期货合约
  C. 持有现货多头，卖出期货合约   D. 持有现货多头，买入期货合约

4. 关于沪深 300 股指期货叙述正确的是（　　）。
   A. 股指期货竞价交易采用集合竞价和连续竞价两种方式
   B. 股指期货交割结算价为最后交易日标的指数最后 1 小时的算术平均价
   C. 季月合约上市首日涨跌停板幅度为挂盘基准价的 ±20%
   D. 进行投机交易的客户号某一合约单边持仓限额为 100 手

三、思考题
1. 什么是套期保值？如何制定套期保值计划？如何进行套期保值？
2. 为什么说期权买方的亏损有限、盈利无限，而期权卖方的盈利有限、亏损无限？

技能训练答案

一、单选题
1. C　2. D　3. C　4. B　5. A　6. C

二、多选题
1. ACD　2. ABC　3. AC　4. ACD

三、思考题
1. 什么是套期保值？如何制定套期保值计划？如何进行套期保值？

答：套期保值指的是保值者借助期货交易的盈亏来冲销其资产或负债价值变动的行为，是转嫁风险的重要手段。套期保值计划包括决定是否做套期保值和确定套期保值结构，后者包括选择期货合约的种类、交割月份、数量等。套期保值的基本做法是指在现货市场上买进或卖出某种金融资产的同时，做一笔与现货数量相当但方向相反的期货交易，以期在未来某一时间通过期货合约的对冲来弥补因现货价格变动而带来的风险。

2. 为什么说期权买方的亏损有限、盈利无限，而期权卖方的盈利有限、亏损无限？

答：期权交易是对一定期限内的选择权的买卖。期权交易双方在成交后，买方以支付一定数量的期权费为代价，拥有在一定期限内以一定价格购买或出售一定数量某种金融资产的权利，而不用承担必须买进或卖出的义务；卖方在收取一定数量期权费后在一定期限内必须无条件服从买方的选择并履行成交时的允诺。期权交易是一种权利的单方面的有偿让渡，这种权利仅属于买方，卖方以取得期权费为代价出售权利，在期权合约的有效期内卖方必须无条件服从买方的选择，除非买方放弃这一权利。当买方对期权基础工具的价格变动判断正确时，可获取协议价格与市场价格的差价，判断失误，则最大的亏损是期权费；卖方则相反，最大的盈利是期权费，最大的亏损是协议价格与市场价格的差价。由于基础工具的价格上涨没有限制，可以理解为买方有可能盈利无限，卖方可能亏损无限。

第六章

证券投资基本分析

本章导语

证券投资基本分析是指通过对决定证券投资价值及价格的基本要素如宏观经济指标、经济政策走势、行业发展状况、产品市场状况、公司销售和财务状况等的分析,评估证券的投资价值,判断证券的合理价位,并结合当前的市场行情和具体公司证券走势,提出相应的投资建议的一种分析方法。

学习目标

(1) 掌握宏观经济运行、政策与证券投资之间的关系。
(2) 熟悉行业的定义、分类、发展过程及宏观经济环境与行业发展的关系、结构与竞争的关系。
(3) 了解上市公司分析中公司财务报表的意义及报表种类。
(4) 掌握财务报表分析中的比较、比率分析法。
(5) 熟悉上市公司市场竞争分析、经营能力及战略分析。

案例导入

最佳的投资策略是只做大概率事件

在 A 股市场这个新兴资本市场中做投资,策略的运用显然要重过战略。那么投资者在投资策略运用上又该如何选择呢?最佳的投资策略其实很简单,就是只做大概率事件。

1. 政策与经济走向影响最大

影响资本市场走势的因素很多,而在 A 股市场最为重要的就是内部政策与宏观经济的走向。政策走向会直接影响市场走势,影响宏观经济走势。

宏观政策对经济走势的影响力是全球其他政府所无可比拟的。2008 年 8 月,政府的宏观政策出现转向,调整货币政策和财政政策,放大流动性。虽然当时的指数并不是当时的最低点，但A股市场可以投资了，很快A股市场就出现了强劲的反弹，一直到现在，走势在全球都可谓强势。

2. 只做大概率事件

其实，在A股市场投资最需要注意的就是不要希望一夜暴富，永远只选择做大概率事件。只做大概率事件，想亏钱都难。很多投资者之所以会出现投资亏损就是因为总是认为自己会跟其他人不一样：总是希望自己的运气比别人好，可能一两次会比较幸运，但是一次失败就会前功尽弃，因为你在做小概率事件！

所说的大概率事件就是基于其对宏观政策和宏观经济的仔细研究之后判断市场的走势向好或向坏。其实投资策略无非两种：第一是自上而下，由大到小，由粗到细；第二是自下而上，基于投资者对某个上市公司的特别了解。但是，这一切都得基于同样一个大前提，即市场处于稳步健康发展的通道之中，宏观经济、宏观政策环境都是良好的。

当判断整个宏观经济向好、宏观政策正确、市场向好之时就做投资，否则就离开这个市场。毕竟当整体环境不好，如2008年之时没有一只股票是不跌的。同样在做投资的每一个环节中都需要把握这个原则，从政策出发选择受益最大行业，从行业出发选择受益最大个股。

3. 择时重过择股

遵循大概率原则，就会发现择时比择股重要。

同样是增发，在不同的市场环境中所遇到的待遇就宛若天上地下。2008年中国平安公告增发方案，随即市场极度恐慌并大跌。而在2009年很多公司公布增发方案之时，资金追捧热情极高。因为市场环境不一样了，大概率向上，所以什么都是可以接受的。

而当判断市场转向的概率很大时，止损就十分重要了。很多时候市场出现短暂调整之后又会再度拉升，说明整个市场还是向好的。但是一旦判断市场向下的概率很大时，一定要学会止损。很多投资者在2008年大跌行情开始之时未能止损，之后在连续下跌中损失惨重，其实还是未能把握大概率原则。

（资料来源：华股财经http://study.91huagu.com/j/szcp/cpcl/1410/35026.html）

第一节 宏观经济分析

一、宏观经济运行与证券投资

（一）经济增长变动对证券市场的影响

一个国家或地区的社会经济是否能持续稳定地保持一定发展速度，是影响证券市场价格的重要因素。分析一国的经济发展状况主要看国内生产总值的变化情况，它是反映经济发展的重要指标。当国内生产总值指标保持一定发展速度时，说明国民经济运行态势良好，此时企业的经营状况一般也较好，企业盈利水平提高，红利增加，企业价值增加，证券市场上的股票价格将上升；反之，股票价格会下降。也就是说，从长期看，在上市公司的行业结构与该国产业结构基本一致的情况下，股票平均价格的变动与GDP的变化趋势是高度相关的。但不能简单地认为GDP增长，证券市场就必将伴之以上升的走势。证券市场是宏观经济的先行指标，证券市场的变化只是与预期GDP的变化相适应。实践经验表明，证券市场对宏观经济的反映一般超前4~6个月。下面对几种基本情况进行阐述：

1. 持续、稳定、健康的 GDP 增长

这种情况下，社会总需求与总供给协调增长，经济结构逐步合理，上市公司经营环境不断改善，产销两旺，利润、股息不断增长，从而导致公司的股票和债券价值增加；人们对经济随着国内生产总值增长形成了良好的预期，投资积极性得以提高，对证券的需求增加，从而导致证券价格上涨；随着国内生产总值的增长，国民收入和个人收入增加，证券投资的需求也将增加，从而推动证券价格上涨。

2. 严重通货膨胀下的 GDP 增长

这种情况下，经济严重失衡，总需求大大超过总供给，经济中的矛盾突出地表现出来，企业经营面临困难，企业盈利下降、红利减少、企业价值降低。同时，居民实际收入也将降低，对宏观经济的前景看淡或悲观，从而导致证券市场行情下跌。

3. 转折性的 GDP 变动

转折性的 GDP 变动有两种情况：一种是由负增长转变为正增长或由低速增长转变为高速增长；另一种是由正增长转变为负增长或由高速增长转变为低速增长。如果 GDP 一定时期以来呈负增长，当负增长速度逐渐减缓并呈现向正增长转变的趋势时，则表明恶化的经济环境逐步得到改善，企业效益逐渐提升，投资者信心逐步恢复，证券市场走势将由下跌转为上升。如果 GDP 由低速增长转向高速增长，则表明低速增长中经济结构得到调整，新一轮经济高速增长已经来临，证券市场亦将伴之以快速上涨之势。反之，如果 GDP 由正增长转为负增长或由高速增长转变为低速增长，则说明经济形势恶化，证券市场将逐步进入低迷状态。

（二）经济周期与股价变动的关系

在市场经济条件下，国民经济运行经常表现为扩张与收缩的周期性交替，每个周期都要经过高涨、衰退、萧条、复苏四个阶段，即所谓景气循环。经济周期循环对股票市场的影响非常显著，从某种程度上说，是景气变动从根本上决定了股票价格的长期变动趋势。

经济周期变动与股票变动的关系一般是：

复苏阶段：股价回升；高涨阶段：股价上涨；衰退阶段：股价下跌；萧条阶段：股价低迷。

值得重视的是，股票价格的变动通常比实际经济的繁荣或衰退领先一步，即在经济高涨后期股价已率先下跌，在经济尚未全面复苏之际，股价已先行上涨。国外学者认为股价变动一般要比经济景气循环早 4~6 个月。因此，股票价格水平已成为经济周期变动的灵敏信号或称先行指标。

从股价波动与经济周期的相互关联中，我们可以得到以下结论：

①经济总是处于周期性运动中。股价总是伴随经济周期相应的波动，但股价的波动超前于经济运动，股价同时受其他多种因素的影响而形成持续的波动。

②投资者应把握经济周期，认清当前经济发展处于经济周期的何种阶段，对未来做出正确判断，切忌盲目跟从。在把握经济发展大趋势的条件下，再来分析股市的涨跌。

③了解股市的变化规律。例如：当经济持续衰退至尾声时，投资者已远离证券市场，每日成交往往稀少，此时有眼光的投资者已在默默吸纳股票，股价已趋于平稳并缓慢上升；当经济日渐复苏时，股价实际上已经升至一定水平，而那些有识之士在综合分析经济形势的基础上，认为经济不会再创热潮时，已悄然抛出股票，股价虽然还在上涨，但供需力量已逐渐发生转变。当经济形势逐渐被更多的投资者所认识，供求趋至平衡直至供大于求时，股价便开始下跌；当经济形势发展按照人们的预期走向衰退时，与上述相反的情况便会发生。

在牛市行情来临之时首先上涨的往往是资源、能源类股票，其次是机械类股票，最后上涨的是三、四线股以及垃圾股；之后，三、四线股以及垃圾股首先下跌，其次是资源、能源类股票和机械设备类股票，在熊市行情中比较抗跌的是公用事业类、医药类和消费类股票。

对经济周期把握一般较为困难，但我们可以采用利率周期、税收周期和股市中的板块变动等方法进行判断。由于利率周期往往与经济周期反向，即在经济繁荣时，企业产销两旺，资金需求旺盛，市场利率上升；而在经济萧条时，企业生产、销售下降，资金需求萎缩，市场利率下降。当市场利率下降到较低水平一段时间后不再下降时，往往预示着经济由萧条向复苏的转变，随后，随着市场利率的上升，标志着经济的逐步繁荣；当市场利率处于高位时，则往往预示着经济过热，新的一轮经济调整开始。税收与企业效益呈正相关，当企业效益好时，税收也增加；反之则相反。因此，税收周期与经济周期同向。我们可以通过税收周期来判断经济周期。当税收降低到历史较低水平时，往往预示着经济处于萧条阶段。随着税收增加，经济逐步复苏，税收达到高峰时，预示着经济处于高涨阶段或过热阶段。股市中板块的变动也可以在一定程度上反映经济周期。当股市下跌很长时间后，出现资源、能源类股票上涨，往往预示着经济开始复苏；机械设备类股票开始上涨，预示着经济逐步繁荣，但当三、四线股以及垃圾股普遍上涨时，往往预示着经济过热，会引发经济调整的开始。

总之，不同行业受经济周期的影响是不一样的。对具体某种股票的行情分析，应深入细致地探究该轮周期的起因、政府控制经济周期采取的政策措施，并结合行业特征及上市公司的具体情况进行综合分析。

（三）通货膨胀与通货紧缩对证券市场的影响

通货膨胀一般定义为：在信用货币制度下，流通中的货币数量超过经济实际需要而引起的货币贬值和物价水平普遍上涨的现象。与通货膨胀相反，通货紧缩是指货币供应量少于流通领域对货币的实际需求量而引起的货币升值，从而引起的商品和劳务的货币价格总水平的持续下跌现象。

1. 通货膨胀对证券市场的影响

通货膨胀对证券市场特别是个股的影响并不是确定不变的，完全可能同时产生相反方向的影响。因此，对这些影响的分析必须从该时期通货膨胀产生的原因、通货膨胀的程度，配合当时的经济结构和形势，政府可能采取的干预措施等方面入手，下面就一般原则加以说明：

①如果通货膨胀是温和的而且是在经济的可容忍范围之内，则经济通常会持续增长，证券市场上的股票价格也将持续上升，但通货膨胀提高了债券的必要收益率水平，从而引起债券价格下跌。

②当发生恶性通货膨胀时，货币加速贬值，人们将会囤积商品，购买房地产、黄金等以期对资金保值，这可能从两个方面影响证券价格：其一，资金流出金融市场，引起股价和债券价格下跌；其二，经济扭曲和失去效率，企业一方面筹集不到必需的生产资金，同时原材料、劳务价格等飞涨，使企业经营严重受挫，盈利水平下降甚至倒闭，进而导致证券市场上的股价下跌。

③通货膨胀对所有价格和工资的影响并不是完全相同的，而是相对价格发生了变化。这种相对价格变化导致财富和收入的再分配以及产量和就业的扭曲，因而某公司可能从中获利，而另一些公司可能蒙受损失，与之相应的是获利公司的股票价格上涨，受损失公司的股

票价格下跌。

④由于通货膨胀使各种商品具有更大的不确定性，也使企业未来经营状况具有更大的不确定性，因此它不仅影响经济的健康发展，而且还影响公众的心理和对股息的预期，并增大获得预期股息的风险，从而导致股价下跌。

⑤政府往往不会长期容忍通货膨胀的存在，因而必然动用某些宏观经济政策工具来抑制通货膨胀，这些政策必然对经济运行造成影响。这种影响将改变资金流向和企业的经营利润，从而影响股价的变动。

2. 通货紧缩对证券市场的影响

通货紧缩一般会导致证券市场持续下跌，因为通货紧缩会损害消费者和投资者的积极性，造成经济衰退和经济萧条，而经济萧条又会进一步影响消费者和投资者对经济的预期，从而使经济步入恶性循环的轨道。这种情况下，经济中的矛盾突出地表现出来，企业经营面临困境，企业盈利下降，红利减少，企业价值降低，同时居民实际收入也将降低，对宏观经济的前景看淡或悲观，从而导致证券市场上股价下跌。

从消费者的角度来说，持续的通货紧缩使消费者对物价的预期值下降，会使消费者更多地持币待购。对投资者来说，通货紧缩将使目前的投资在将来投产后，产品价格比现在的价格还低，并且投资者预期未来工资下降，成本降低，促使投资者更加谨慎，或推迟原有投资计划，消费和投资的下降减少了总需求和总供给，并进一步促使物价继续下降，使经济陷入恶性循环，企业利润下降，股票价格下跌。

从利率角度看，通货紧缩形成了利率下调的稳定预期，使企业因利率下调而减少投资成本，但因消费需求下降，经济总体低迷，企业此时加大投资的意愿不强，工人工资普遍降低，失业增多，居民收入减少，引起物价继续下降。通货紧缩带来的经济萧条反过来又影响了投资者对证券市场走势的信心，导致证券市场持续低迷。

二、宏观经济政策与证券投资

（一）货币政策与证券市场

1. 货币政策的含义

货币政策是指中央银行为实现一定的经济目标而采取的控制和调节货币供应量的方针和措施的总称。

2. 货币政策工具

货币政策工具是指中央银行为实现货币政策目标所采用的政策手段，货币政策工具可分为一般性政策工具和选择性政策工具两类。

（1）一般性政策工具。

一般性政策工具主要有法定存款准备金率、再贴现政策和公开市场业务。

法定存款准备金率是指当商业银行吸收存款时，按规定必须按一定比例的存款存入中央银行，存入的比例称为法定存款准备金率。它是中央银行的一项重要货币政策工具。当中央银行提高法定存款准备金率时，商业银行可运用的资金减少，贷款能力下降，市场货币流通量会相应减少。所以，在通货膨胀时，中央银行可提高法定存款准备金率；在通货紧缩时，中央银行则降低法定存款准备金率，以调节流通中的货币量。

再贴现政策是指商业银行用持有的未到期票据向中央银行再贴现进行融资所做的资产规

定。再贴现政策一般包括再贴现率的确定和再贴现的资格条件。中央银行根据市场资金供求状况，通过调整再贴现率影响商业银行对社会的信用量，达到调节货币供应总量的目的。中央银行提高再贴现率，商业银行向中央银行融资成本上升，商业银行就会提高对客户的贴现率或贷款利率，使商业银行信用量收缩，减少市场货币供应量；反之，中央银行降低再贴现率，商业银行向中央银行融资成本下降，商业银行就会降低对客户的贴现率或贷款利率，使商业银行信用量放大，市场货币供应量增加。中央银行对再贴现资格条件的规定着眼于长期的政策效用，以发挥抑制或扶持作用，并适时改变资金流向。

公开市场业务是指中央银行在金融市场上公开买卖有价证券，以此来调节市场货币供应量的政策行为。当中央银行认为应该增加货币供应量时，就在金融市场上买进有价证券（主要是政府债券），进行逆回购操作；反之，就出售所持有的有价证券，进行正回购操作。

在我国，中国人民银行还经常利用利率工具来调节市场上的货币供应量。降低存贷款利率，可以降低微观经营主体的投资成本，有助于增加货币需求，改善其经营环境，同时会增加消费、刺激投资，使生产与就业增加；反之，提高存贷款利率，会增加微观经营主体的投资成本，有助于减少货币需求，降低消费和投资，给过热的经济降温。

(2) 选择性政策工具。

选择性政策工具主要有直接信用控制和间接信用指导两类。

直接信用控制是指中央银行以行政命令，直接对金融机构尤其是商业银行的信用活动进行控制。其具体手段包括：规定利率限额与信用配额、信用条件限制、金融机构流动性比率和直接干预等。

间接信用指导是指中央银行通过道义劝告、窗口指导等办法来间接影响商业银行等金融机构行为的做法。

3. 货币政策的分类

根据货币政策的运行情况，货币政策通常分为紧缩性货币政策和宽松性货币政策两类。

紧缩性货币政策是指中央银行为抑制物价上涨，控制需求过度膨胀，维持社会总需求与总供给的平衡而采取的货币政策。其主要政策手段是：减少货币供应量，提高再贴现率，提高法定存款准备金率和利率，降低信用配额，加强信贷控制。

宽松性货币政策是指当出现社会总需求小于总供给时（如市场出现产品销售不畅、资金短缺、设备闲置等问题），中央银行采取的扩大货币供应以刺激总需求的政策。其主要政策手段是：增加货币供应量，降低利率和法定存款准备金率，放宽信贷条件，增加信用配额，放松信贷控制等。

总的来说，在经济衰退时，总需求不足，采取宽松的货币政策；在经济过热时，总需求过大，采取紧缩性货币政策。

4. 货币政策对证券市场的影响

货币政策的作用主要是对宏观经济进行全方位的调控，进而影响证券市场的运行。扩张性货币政策刺激经济发展，证券市场将走强；紧缩性货币政策抑制过热的经济，证券市场将走弱。

(1) 调控货币供应总量，保持社会总供给与总需求的平衡。

当总需求增加导致供求关系失衡时，可通过抑制货币供应量达到对总需求的抑制；当总需求不足时，可通过增加货币供应量，提高社会总需求，推动经济发展。同时，货币供给的增加有利于贷款利率的降低，可减少投资成本，刺激投资增长和生产扩大，从而增加社会总供给；反之，货币供给的减少将促进贷款利率上升，从而抑制社会总供给的增加。货币供应量增加，流入证券市场的资金相应增加，加大对证券的需求，会使证券价格上涨；反之，货币供应量减少，会使证券价格下降。

（2）调控利率，影响货币需求，保持物价总水平的稳定。

无论通货膨胀的形成原因多么复杂，从总量上看，都表现为流通中的货币量超过社会在不变价格下所能提供的商品和劳务总量对货币的需求量。提高利率会提高融资成本，使银行贷款需求减少，同时，利率的调节能够影响人们的消费倾向和储蓄倾向，当提高利率时，会吸收社会资金流入银行，增加储蓄，现有货币购买力推迟，减少即期社会需求，降低消费；反之，降低利率，则鼓励消费，减少储蓄。提高利率，对证券的需求减少，会促使证券价格下降；反之，有助于证券价格上涨。

（3）引导储蓄向投资转化并实现资源的合理配置。

货币政策通过利率的变化影响投资成本和投资的边际效率，调节储蓄转化的比重，并通过金融市场有效运作实现资源的合理配置。

（二）财政政策与证券市场

1. 财政政策的含义

财政政策是指政府为了达到一定的经济目标，采取的调整财政收支的一系列政策和措施的总称。财政政策是当代市场经济条件下国家调控经济时与货币政策并重的一项政策手段。

2. 财政政策的分类

财政政策可分为扩张性财政政策和紧缩性财政政策两类。紧缩性财政政策使过热的经济受到抑制，证券市场将走弱；而扩张性财政政策会刺激经济发展，证券市场将走强。

3. 财政政策工具

财政政策工具主要包括国家预算、税收、国债、财政补贴、财政管理体制、转移支付制度等，这些手段可以单独使用，也可以配合协调使用。

（1）国家预算。

国家预算是政府的基本财政收支计划，是各种财政政策手段综合运用结果的反映。国家预算收支的规模和收支平衡状态可以对社会供求产生影响，在一定时期当其他社会需求总量不变时，财政赤字具有扩张社会总需求的功能，财政结余政策和压缩政策支出具有缩小社会总需求的功能。国家预算的支出方向可以调节社会总供求的结构平衡，财政投资的多少和投资方向直接影响和制约国民经济的部门结构，具有调节未来经济结构框架，矫正当期结构失衡状态的功能。

（2）税收。

税收是国家凭借政治权利参与社会产品分配的重要形式。税收具有强制性、无偿性、固定性的特征。它既是筹集财政收入的主要工具，又是调节宏观经济的重要手段，税制的设置可以调节和制约企业间的税负水平，还可以根据消费需求和投资需求的不同对象设置税种或在同一税种中实行差别税率，以控制需求数量和调节供求结构。

税收具有调节社会总需求和总供给的功能，可以通过降低税率或扩大减免范围，增加企业可支配收入，刺激投资，增加供给；反之则相反。也可以根据消费需求和投资要求设置不同的税种或实行差别税率，控制需求数量。税收也可以通过设置不同的税率和税种实现对生产结构和消费结构的调整，实现资源配置的优化。

(3) 国债。

国债是国家按照有偿信用原则筹集财政资金的一种形式，同时也是实现政府财政政策、进行宏观调控的重要工具。国债可以调节国民收入的使用结构，调节消费与积累的比例关系。政府通过发行国债，将社会闲散消费资金转化为积累资金，进行生产建设。国债可以调节产业结构，政府通过发行国债，并将资金运用到社会效益和宏观经济效益较高的项目上，消除微观企业过多重视微观经济效益的弊端，从而从宏观角度优化经济结构，促进经济结构的合理化。国债还可以调节资金供求和货币流畅量。政府主要通过扩大或减少国债发行，降低或提高国债利率和贴现率以及中央银行的公开市场业务来调节资金供求和货币供应。

(4) 财政补贴。

财政补贴是国家基于某种特定需要，将一部分财政资金无偿补助给企业和居民的一种再分配形式，主要包括价格补贴、企业亏损补贴、财政贴息、房租补贴、职工生活补贴等。

(5) 财政管理体制。

财政管理体制是中央与地方、地方各级政府之间以及国家与企事业单位之间资金管理权限和财力划分的一种根本制度，其主要功能是调节各地区、各部门之间的财力分配。

(6) 转移支付制度。

转移支付制度是中央财政将集中的一部分财政资金，按一定的标准拨付给地方财政的一项制度。其主要功能是调整中央政府与地方政府之间的财力纵向不平衡，以及调整地区间财力横向不平衡。

4. 财政政策对证券市场的影响

总的来说，扩张性财政政策刺激经济发展，证券市场将走强；紧缩性财政政策抑制经济过热，证券市场将走弱。下面以扩张性财政政策为例，分析财政政策对证券市场的影响。

实施扩张性财政政策的主要手段有降低税率、减少税收、扩大减免税范围、扩大财政支出、加大财政赤字、增加财政补贴、减少国债发行等。具体而言，扩张性财政政策对证券市场的影响为：

(1) 减少税收，降低税率，扩大减免税范围。

实施该政策，有助于增加微观经济主体收入，能够刺激投资需求，从而扩大社会供给，增加人们的收入，进而增加消费支出。在证券市场上表现为，企业收入增加直接引起证券市场价格上涨，而增加投资需求和消费支出又会拉动社会总需求，这又进一步促进证券价格上涨。

(2) 扩大财政支出，加大财政赤字。

实施该政策，有助于扩大社会总需求，进而刺激投资。政府通过购买和公共支出增加商品和劳务需求，激励企业增加投入，提高产出水平，增加企业利润，进而带动股票价格上升。同时，居民在经济复苏中增加了收入，持有货币增加，经济景气的向好更增加了投资者的信心，证券市场趋于活跃，股价也将上涨。但财政出现巨额赤字时，虽进一步扩大了需求，却增加了经济不稳定因素，有可能造成通货膨胀，推动物价上涨，并使投资者对经济的预期不乐观，反而造成股价下跌。

(3) 增加财政补贴。

财政补贴往往使财政支出扩大，从而扩大社会总需求和刺激供给增加，使整个证券价格的总水平趋于上涨。

（4）国债发行对证券市场的影响。

国债发行对证券市场的影响较为复杂，当实行扩张性财政政策时，从增加货币流量的角度出发，会减少国债发行，从增加政府支出和加大财政赤字的角度出发，又会增加国债发行。减少国债的供给，社会货币流通量将增加，在股票总供给不变或变化不大时，会增加对股票的需求，使股价上涨；另外，又会减少政府支出，抑制国民经济增长，不利于股价上升，因此，国债发行对股市的影响十分复杂，要从多个角度进行综合分析。紧缩性财政政策的经济效应及其对证券市场的影响与上述情况相反。

5. 分析财政政策对证券市场影响应注意的问题

①从有关的统计资料信息中，认清经济形势。

②分析过去类似形势下的政府行为及其经济影响。据此预期政策倾向和相应的经济影响。

③关注年度财政预算，从而把握财政收支总量的变化趋势，更重要的是对财政政策收支结构及其重点做出分析，以便了解政府的财政投资重点和倾斜政策。一般来说，受倾斜的行业业绩较有保障，该行业平均股价因此存在上涨的空间。

④在预见和分析财政政策的基础上，进一步分析相应政策对经济形势的综合反映（比如通货膨胀、利率等），再结合行业分析和公司分析做出投资选择。通常，与政府采购密切相关的行业和公司对财政政策较为敏感。

（三）汇率波动对证券市场的影响

汇率是外汇市场上一国货币与他国货币相互交换的比率。一般来说，国际金融市场上的外汇汇率是由一国货币所代表的实际社会购买力平价和自由市场对外汇的供求关系决定的。

汇率变动是国际市场商品和货币供求关系的综合反映。以外币为基准，当汇率上升时，本币贬值，国外的本币持有人就会抛出本币，或者加快从国内市场购买商品的速度。对于国内来说，一方面是流回国内的本币增多；另一方面是从国内流出的商品增多，出口量扩大，这就形成了国内需求的扩大和供给的减少。当汇率下降时，本币升值，国外对本币的需求增大以及本币流出增加，国内进口量增加，这就使国内需求减少和供给增加。总体效应就是：提高汇率会扩大国内总需求，降低汇率会缩减国内总需求。

一国的汇率会因该国的国际收支状况、通货膨胀率、利率、经济增长率等的变化而波动；同样，汇率波动又会影响一国的进出口额和资本流动，并影响一国的经济发展。特别是在当前国际分工发达、各国间经济联系十分密切的情况下，汇率的变动对一国的国内经济、对外经济以及国际经济联系都产生着重大影响。

第一，汇率变动会影响上市公司进出口及收益水平。本币贬值短期内可刺激出口，限制进口，这有利于出口型企业利润的提高，推动证券价格上涨。同时，为避免本币大幅贬值，政府通常会提高利率以支持本币汇率水平，随着利率的提高，公司经营成本就会上升，利润将会减少，证券价格也将随之下跌。

第二，汇率变动通过公开市场、外汇市场等领域操作影响证券市场。本币贬值时，为稳定汇率水平，政府可动用国际储备，抛售外汇，减少本币供应量，导致证券价格下跌。另外，也可利用债市与股市的联动关系进行操作，如抛售外汇，同时回购国债，使债市场价格上扬，既抑制外币升势，又不减少本币供应量。

第二节 行业分析

一、行业的定义及分类

(一) 行业的定义

行业是指国民经济中按生产同类产品或具有相同工艺过程或提供同类劳动服务划分的经营单位和个体等构成的组织结构体系,如医药行业、纺织行业、机械行业、电子行业等。

在证券投资分析中,人们常把行业等同产业,但实际上行业与产业是有差别的。产业是经济学的专门术语,一般具有规模性、职业化和社会功能性三个特点。规模性是指所形成的产业中企业的数量、产品或服务的产出量应达到一定规模;职业化是指所有从事这一产业活动的专门职业人员;社会功能性是指这一产业在社会经济活动中承担不可或缺的角色。行业虽然也拥有职业人员,也具有特定的社会功能,但一般没有规模上的规定。

经济学中的产业经济学主要研究产业组织理论、产业结构、产业布局、产业政策等,而证券投资分析中的行业分析主要分析产业发展阶段和产业前景,并进行行业之间的比较,为行业投资决策提出建议。

(二) 行业的分类

要对行业进行分析,首先要对国民经济行业进行分类。行业分类的基本依据是社会劳动的性质、内容和作用,其标准主要有劳动对象性质的同类性、劳动资料功能的相同性、生产工艺和劳动成果的一致性等。行业的分类方法有多种,在经济学理论中,行业可分为完全竞争、不完全竞争、寡头垄断和完全垄断四种;按与经济周期的关系,行业可分为增长型行业、周期型行业和防守型行业;传统上还把国民经济行业分为第一产业、第二产业、第三产业。在证券投资分析中,常采用《上市公司行业分类指引》(以下简称《指引》)对上市公司进行分类。下面介绍几种主要的行业分类。

1. 标准行业分类法

联合国经济和社会事务统计局制定了《全部经济活动国际标准行业分类》,建议各国采用。它把国民经济划分为10个门类:

①农、林、牧、渔业;
②采掘业;
③制造业;
④电、煤气和水;
⑤建筑业;
⑥批发和零售业、饮食和旅馆业;
⑦运输、仓储和邮电通信业;
⑧金融、保险、房地产和工商服务业;
⑨政府、社会和个人服务业;
⑩其他。

2. 我国国民经济的行业分类

2003年5月,国家统计局将国民经济各部门明确划分为三大产业:将农业(包括林业、牧业、渔业等）划为第一产业；将工业（包括采掘业、制造业、自来水、电力、煤气、蒸汽、热水）和建筑业划为第二产业；将第一、第二产业以外的各行业划为第三产业，主要是指向全社会提供各样劳务的服务性行业，如流通部门（交通运输业、邮电通信业、餐饮业、商业、物质供销和仓储）、为生产和生活服务的部门（金融业、保险业、房地产业、公用事业、居民服务、旅游、咨询信息服务、地质普查和各类技术服务行业）、为提高科学文化水平和居民素质服务的部门（教育、文化、卫生、体育、广播、电视、社会服务等）以及为社会公共需要服务的部门（国家机关、政党机关、社会团体、军队、警察等）。

3. 我国上市公司的行业分类

为了反映证券市场的活动和变化，需要将上市公司分为不同行业，分别计算它们的平均股价和股价指数，以供投资者选择。如道·琼斯分类法将股票分为工业（30家公司，包括采掘业、制造业和商业）、运输业（20家公司，包括航空、铁路、汽车运输和航运业）和公用事业（6家公司，包括电话、煤气和电力公司等）三类；标准普尔分类法将样本股票分为工商业、交通运输业、金融业和公用事业四类；我国上海证券交易所将上市公司分为工业、商业、地产业、公用事业和综合五类；深圳证券交易所则将上市公司分为工业、商业、地产业、公用事业、金融业和综合六类。

为反映上市公司的市场结构并服务投资需要，中国证监会于2001年4月公布了《指引》。《指引》将上市公司分为以下部门：

①农、林、牧、渔业；
②采掘业；
③制造业；
④电力、煤气及水的生产和供应业；
⑤建筑业；
⑥交通运输、仓储业；
⑦信息技术业；
⑧批发和零售贸易；
⑨金融、保险业；
⑩房地产业；
⑪社会服务业；
⑫传播与文化产业；
⑬综合类。

需要指出的是，《指引》对上市公司的行业分类以上市公司营业收入为分类标准，所采用财务数据为经会计师事务所审计的合并报表数据。当公司某类业务的营业收入比重大于或等于公司总收入的50%时，将该公司划入该业务相对应的行业；如果公司没有一类业务的营业收入比重大于或等于50%，但该类业务营业收入比重比其他业务收入比重均高出30%，则该公司划入此类业务相对应的行业类别；否则，将其划为综合类。证券交易所负责《指引》的具体执行，未经交易所同意，上市公司不得擅自改变公司类属。上市公司因兼并、置换等原因而使营业领域发生重大变动，可向交易所提出书面申请，并同时上报《调查表》，由交易所按照《指引》对上市公司的行业类属进行变更。

4. 其他与证券分析有关的行业分类

（1）朝阳行业和夕阳行业。

朝阳行业是指现在正在兴起、未来市场需求不断扩大、可能是未来新的消费领域或技术引领的产业，是发展前景看好的产业，如新能源、节能环保产业等。夕阳产业是指行业发展到一定阶段、市场需求已经饱和、产能已经趋于过剩的产业，如果没有新的技术对行业产品进行革新，有可能被其他产业所取代或淘汰，如智能手机取代传统手机。

（2）新兴产业与传统产业。

新兴产业是指现在已经兴起，并已经被市场所接受，正面临推广和普及的产业，风险较小。它区别于朝阳产业的地方在于朝阳产业未来不确定性大，市场是否接受该产业还不好说，风险较大。传统产业是指在市场上已经成熟，甚至产能已经过剩，竞争激烈，但因其产品可能是社会必需品而一般不会被取代或淘汰的产业，如纺织行业。

（3）资本密集型、技术密集型和劳动密集型产业。

资本密集型产业是指需要大量资金投入的产业，资金门槛高，不容易进入，如银行、保险等行业。技术密集型产业是指技术含量很高的产业，如生物制药、遗传工程等。劳动密集型产业是指生产需要大量劳动力的产业。在现实中，资本密集型、技术密集型和劳动密集型产业之间并没有明确的界限，有些产业同时是资本密集型和技术密集型，如石油化工；有些产业同时是资本密集型和劳动密集型等。

二、行业生命周期

同任何事物的发展过程一样，行业的发展也经历一个从成长到衰退的演变过程，称为行业的生命周期。行业的生命周期可分为初创期、成长期、成熟期、衰退期。处于不同生命周期阶段的行业具有不同的投资价值，这对投资者进行投资分析具有重要的价值。行业在不同生命周期阶段的特征如表6-1所示。

表6-1 行业在不同生命周期阶段的特征

生命周期阶段	特征
初创期	是行业发展的初级阶段，投资于该行业的资金量少，公司的研发费用高，产品市场需求小，销售收入低，甚至出现较大亏损，企业破产率高，投资风险较大
成长期	产品市场需求上升，利润增长较快，投资于该行业的厂商大量增加，同行业内的企业竞争趋于激烈，企业存在破产与被兼并的可能，投资风险较高
成熟期	行业的增长速度保持在一个适度的水平，行业利润达到了很高的水平，开始出现寡头垄断性企业，风险较低
衰退期	新产品和替代品大量出现，原行业的市场需求开始减少，产品的销售量下降，资金开始向其他更有利可图的行业转移，原行业的利润率停滞甚至不断下降，整个行业逐渐解体

1. 初创期

初创期是指行业的产生期，是行业发展的初级阶段，在这一阶段，只有为数不多的投资公司投资于这个新兴的行业。另外，创业公司的研究和开发费用较高，而大众对其产品尚缺乏全面了解，致使产品市场需求较少，销售收入较低。因此，这些创业公司财务上可能不但没有盈利，反而可能出现较大亏损。到后期随着行业生产技术的提高、生产成本的降低和市场需求的扩大，新行业便逐渐走向成长期。

2. 成长期

企业的生产技术逐渐成形，产品市场需求开始上升，新行业随之繁荣。同时，由于市场前景看好，投资于新行业的厂商大量增加，产品也逐渐从单一、低质、高价向多样、优质和低价方向发展。在这一时期，同行业内的企业竞争较为激烈，那些财力与技术较弱，经营不善的企业往往被淘汰或被兼并。到后期，由于行业中厂商与产品竞争优胜劣汰的结果，市场上厂商的数量在大幅度减少后开始稳定下来，整个行业开始进入成熟期。

3. 成熟期

在竞争中生存下来的少量大厂商垄断了整个行业的市场，每个厂商占有一定比例的市场份额，行业的增长速度保持在一个适度的水平。厂商与产品之间的竞争手段逐渐从价格手段转向各种非价格手段，如提高质量、改善性能和加强售后服务等。行业的利润由于一定程度的垄断达到了很高的水平，而风险相对较低。行业处于成熟期的特点主要有：企业规模空前，地位显赫，产品普及程度高；行业的生产水平达到饱和，市场需求也达到饱和，买方市场开始出现；构成支柱产业地位，其生产要素份额、产值、利税份额在国民经济中占有一席之地。但通常在短期内很难识别一个行业何时真正进入成熟期，在成熟期的后期，整个行业的增长可能停滞，其产出下降，致使行业的发展很难较好地保持与国民生产总值同步增长，这时行业可能进入衰退期。当然，由于技术创新、产业政策、经济全球化等各种原因，某些行业可能进入成熟期后也会迎来新的增长。

4. 衰退期

由于新产品和大量替代品的出现，原行业的市场需求开始减少，产品的销售量也开始下降，某些厂商开始向其他更有利可图的行业转移资金。因而原行业的利润率停滞甚至不断下降。当正常利润无法维持或现有投资折旧完毕后，整个行业便逐渐解体。

行业衰退可以分为绝对衰退和相对衰退。绝对衰退是指行业本身内在的衰退规律起作用而发生的规律萎缩、功能衰退、产品老化。相对衰退是指行业因结构性原因或者无形原因引起行业地位和功能发生衰退的状况，而并不一定是行业实体发生了绝对的萎缩。例如，电视业的行业衰退期往往比行业生命周期的其他三个阶段的总数还要长，大量的行业都是衰而不亡，甚至与人类社会长期共存。例如，钢铁业、纺织业在衰退，但它们却不会消亡。

了解行业所处的生命周期，分析行业的发展趋势以及行业的投资价值和投资风险，对于投资者具有重要的意义。对于稳健型的投资者，特别是工薪阶层和长线投资机构，建议优先选择处于成熟期的行业，因为这些行业基础稳定、盈利丰厚、市场风险相对较少。对于偏好风险和喜欢趋势型的投资者，建议选择处于成长期阶段的行业，因为这时的行业成长性高、利润增长快、企业发展往往有较好的预期，可以为投资者带来高的回报。建议投资者不要参加处于衰退期的行业，因为这些行业往往面临亏损，企业随时会有破产倒闭的可能，从而给投资者带来巨大的损失，除非该企业面临破产前被重组或收购而"乌鸡变凤凰"，实现高额投资回报，但这需要冒很大的风险。

三、行业景气分析

（一）行业景气的基本内涵

处于周期波动不同周期节点的行业将有明显的表现差异。处于周期上升期的行业出现需求旺盛、生产满负荷和买卖活跃的景象。反之，处于周期下降期的行业出现需求萎靡、生产能力过剩、产品滞销、应收款增加、价格下跌和多数企业亏损的景象。行业周期波动是行业在市场经济下的必然规律，根据这一特点并综合目前国内外有关行业景气方面的定义，行业景气定义如下：行业处于不同的周期节点所呈现出不同的市场景象称为行业景气。

（二）行业景气指数

景气指数又称为景气度，是对景气调查中的定性指标通过定量方法加工汇总综合反映某一特定调查群体或某一社会现象所处的状态或发展趋势的一种指标。景气指数以100为临界值，范围在0~200。景气指数高于100，表明经济状态趋于上升或改善，处于景气状态；景气指数低于100，表明经济状况处于下降或恶化状态。描述行业发展、变动的指标有很多，既有总量指标又有比率指标，一般而言，不同指标从不同方面描述行业的景气度。

行业景气指数是将能综合反映行业状况的各种指标进行加权而编制成的能够反映行业变动趋势的一种综合指数。例如，房地产开发的景气指数，是反映了房地产业发展景气状况的综合指数。它是根据经济周期波动理论和景气指数原理，采用合成指数的一种计算方法，从房地产业发展必须同时具备的土地、资金和市场需求三个基本条件出发，选择房地产开发投资、资金来源、土地出让收入、完成土地开发面积、空置面积、新开工面积、竣工面积、商品房销售价格等具有代表性的统计指标进行分类指数测算，然后进行加权平均而得到的总体指数。

（三）影响行业景气的几个重要因素

影响行业景气的外因是宏观经济指标波动、经济周期、上下游产业链的供应需求变动；内因是行业的产品需求变动、生产能力变动、技术水平变化及产业政策的变化等。在分析行业景气变化时，通常会关注到以下几个重要的因素：

1. 需求

当行业产品需求增加时，会导致销售增加和总产量提高，行业景气由差向好转变，但这取决于需求量的多少和维持时间的长短。短时间的需求量提高不能作为景气转好的特征，仅看作波动而已。

2. 供应

当行业内部竞争或产业政策的限制使总供应下降但总需求不变时，企业效益好转，景气转好。只要总需求不变，这种景气转变往往能维持较长的时间。

3. 产业政策

由于环保因素或产业升级而使行业的企业数减少，从而导致竞争下降，效益转好，这种景气能长时间维持。

4. 价格

价格因素是比较敏感的因素，也是引起波动较多的因素。价格上涨后，一般实际需求增加，行业景气向好，但若价格上涨是由原料价格上涨造成的，则反而会使行业景气向淡。价格因素导致景气转变往往持续时间不长，这是由于价格因素改变会导致供应能力变化，供求关系改变会进一步影响价格。

四、行业竞争

一个行业的竞争程度决定了行业的利润率。竞争程度主要体现在五种竞争作用力，包括新进入者的威胁、现有企业之间的竞争、替代品的压力、买方和卖方的砍价能力。这五种竞争作用力综合决定了行业中的企业获取超额收益率的能力，五种竞争作用力的作用随行业的不同而不同。在五种作用力都比较强大的行业中，尽管管理人员付出了最大努力，但也没有什么企业可以获取令人满意的回报。

1. 新进入者的威胁

行业的新进入者会对产品价格和利润造成巨大的压力，甚至当其他公司还未真正进入该行业时，进入威胁也会对产品价格施加压力。因为产品的高价格和高利润驱使新的竞争者加入行业，所以进入壁垒是行业获利能力的重要因素。进入壁垒可以有多种形式，如通过长期的商业关系，现有公司已经与消费者及供应商建立牢靠的分销渠道，而这对一个新进入的企业来说成本是很大的。专利、商标、版权等也使新进入者难以在市场中立足，让某些公司具有一定的优势。市场中现有企业的奋斗经历和经验也可能为其提供优势，因为这些是它长时间积累和磨合的结果。

2. 现有企业之间的竞争

当行业中存在竞争者时，由于它们都力图扩大各自的市场份额，于是市场中会出现价格战，从而降低利润。如果行业本身增长率缓慢，则这些竞争会更加激烈，因为此时扩张意味着掠夺竞争对手的市场份额。高固定成本也会对价格产生压力，因为高固定成本将使公司利用其完全的生产能力来进行生产以降低单位成本。如果企业之间生产几乎相同的产品，那么它们就会承受相当大的价格压力，因为此时公司不能在区分产品的基础上进行竞争。

3. 替代品的压力

一个行业的产品存在替代品，就意味着它将面临与相关行业进行竞争的压力。替代品的存在对厂商向消费者索取高价做了无形的限制。

4. 买方的砍价能力

如果一个采购者购买了某一行业的大部分产品，那么它就会掌握谈判的主动权，进而能够压低购买产品的价格。

5. 供方的砍价能力

如果产品的核心原材料供应商在其所在的行业中处于垄断地位，它就能对其产品索取高价，进而从需求方行业中赚取高额利润。决定卖方砍价能力的关键因素是需求方能否得到相应的替代品。如果替代品存在而且可以被需求者获得，那么卖方就会失去讨价还价的资本，也就难以向需求方索取高价。

以上五种能力中的任何一种都由行业结构和行业基本的经济特征决定。行业结构相对稳定，但又随行业的演变而变化。行业结构性的变化会影响竞争作用力的总体或相对力量，也会对行业盈利能力产生正面或反面的影响。

五、行业投资选择

1. 选择增长型行业和行业生命周期中处于成长期和稳定期的行业

增长型行业的整体增长速度要快于国民经济的平均增长率，因而投资者可以获得较好的股票价差及利润回报。在生命周期中处于成长期和稳定期的行业，普遍具有较大的发展潜力，利润普遍较为丰厚，股息红利相对较高，投资回报较为稳定。而处于初创期的行业，发展前景难以预料，投资风险较大。投资衰退期的行业回报同样难以保证，甚至随时有企业破产倒闭造成投资无法收回的风险。如果某行业指数多数年份高于股票综合指数，则说明该行业是增长型行业；相反，如果某行业指数与股票综合指数相比基本持平或相对较低，则说明该行业发展与国民经济同步或增长较为缓慢，属于周期性行业或衰退性行业。

2. 当经济处于上升期时，选择与经济周期同步的周期性行业

经济发展处于上升期时，周期性的行业也必然开始复苏和增长，反应在相应企业的股票价格上也将是不断上涨。此时，投资该周期性行业能够获得较好的回报，特别是在上涨期间超过经济增长幅度的行业要重点关注，可选择其中的龙头公司作为投资标的。但在经济发展到上升周期的末端时，要及时退出，避免受衰退的影响。

3. 当经济处于衰退或萧条期时，选择防守型行业

由于公众对于防守型行业的产品需求相对稳定，如医药、公众产品、生活必需品等。经济衰退或萧条对这类产品的影响较小，相应企业的收入较为稳定，投资此行业能起到避风港的作用。

第三节　上市公司分析

公司分析是指对具体的投资对象进行分析。和宏观经济分析（宏观分析）、行业分析（中观分析）相比，公司分析属于微观分析。公司分析主要包括公司财务状况分析和公司竞争能力分析。相对而言，财务状况分析更加重要，是投资者做出具体投资决策的直接依据来源。

一、公司财务报表分析

财务报表是综合反映企业一定会计期间内财务状况、盈利水平和资金流转的报表，是企业向有关方面传递信息的主要手段，也是通常被认为最能发现有关公司信息的工具。公司财务报表分析是公司分析的最重要内容，投资者通过阅读财务报表，得出相应的财务指标数值以及这些财务指标在一定时间内的变动趋势，做出相应的投资决策。

不同的经济主体进行财务分析的目的不同，分析的侧重点也不同。公司的经营者通过分析财务报表判断公司的现状及可能存在的问题，以便进一步改善经营管理、提高企业的经营效率。公司的债权人主要为判断企业的偿债能力而进行财务分析，他们通过分析公司财务报表，得出公司短期偿债能力和长期偿债能力的指标，以决定是否需要追加抵押和担保，是否提前收回债权等。公司的现有投资者及潜在投资者主要关心公司的当前盈利水平、盈利能力和未来的发展潜力，通过对财务报表所传递的信息进行分析、加工，得出反映公司发展趋势、竞争能力等方面的信息，计算投资收益率、评价风险，比较该公司和其他公司的风险和收益，决定自己的投资策略。此外，公司财务报表的适用主体还包括供应商、政府、雇员和工会、中介机构等，各有自己的分析侧重点。一般来说，财务报表分析的目的可以概括为：评价过去的经营业绩、衡量现在的财务状况、预测未来的发展趋势。

公司财务分析是选择具体投资对象进行分析，无论是进行判断投资环境的宏观经济分析，还是进行选择投资领域的中观行业分析，最终选择的投资对象都将落实在微观层面的上市公司上（市场指数投资除外）。因此，对微观层面的上市公司财务分析具有特别重要的意义，不重视公司财务分析将使投资者面临很大的风险。

在信息披露规范的前提下，已公布的财务报表是上市公司投资价值预测与证券定价的重

要信息来源。投资者对企业财务报表的分析，是预测公司收益和现金流的基础，也是其做出具体投资的直接依据之一。

（一）资产负债表

资产负债表是反映公司在一个特定时点（季末、年末等）的财务状况的静态报表。资产负债表反映的是公司资产、负债（包括股东权益）之间的平衡关系，可用公式表示为：

$$总资产 = 负债 + 股东权益（净资产）$$

资产方反映公司总资产和各类资产的构成，主要有流动资产、长期投资、固定资产、无形资产和其他资产，一般按变现能力顺序排序；负债和所有者权益方列示负债和所有者权益各项资产，主要有流动负债、长期负债和股东权益。如 A 公司 2010 年资产负债表（见表6-2）。

表6-2　A公司2010年资产负债表　　　　　　　　　　单位：元

项目	附注	期末余额	年初余额
流动资产：			
货币资金		2 347 468 994.60	1 444 414 491.31
结算备付金			
拆出资金			
交易性金融资产			
应收票据		437 721 701.75	293 229 802.85
应收账款		10 487 597.28	21 207 817.30
预付款项		331 985 348.44	470 607 893.04
应收股利			72 000 000.00
其他应收款		1 093 997 803.01	617 789 171.43
买入返售金融资产			
存货		719 546 428.42	470 544 545.32
一年内到期的非流动资产		1 395 504.51	1 239 409.15
其他流动资产			
流动资产合计		4 942 603 378.01	3 391 033 130.40
非流动资产：			
发放委托贷款及垫款			
可供出售金融资产			
持有至到期投资			
长期应收款			
长期股权投资		1 099 323 518.61	726 590 295.36
投资性房地产		18 655 400.92	16 424 222.64
固定资产		4 688 822 167.01	4 760 165 679.74

续表

项目	附注	期末余额	年初余额
在建工程		777 760 136.05	708 958 072.73
工程物资		574 771.63	5 650 322.47
固定资产清理		185 407.80	
生产性生物资产			
油气资产			
无形资产		1 812 582 335.21	1 791 643 969.26
开发支出			
商誉		184 813 695.77	184 813 695.77
长期待摊费用		16 094 977.88	18 605 322.18
递延所得税资产		20 232 303.12	18 779 682.61
其他非流动资产			
非流动资产合计		8 619 044 714.00	8 231 631 262.76
资产总计		13 561 648 092.01	11 622 664 393.16
流动负债			
短期借款		1 579 180 000.00	1 420 580 000.00
交易性金融资产款			
应付票据		13 555 820.00	8 454 296.08
应付账款		917 683 057.96	897 312 382.96
预收账款		1 006 764 057.96	643 112 689.94
卖出回购金融资产款			
应付手续费及佣金			
应付职工薪酬		125 820 036.28	187 275 587.01
应交税费		155 491 192.82	106 441 587.01
应付利息		623 075.00	235 125.00
应付股利		4 560 000.00	5 500 000.00
其他应付款		699 098 859.93	707 250 833.18
一年内到期的非流动负债		2 700 000.00	319 790 000.00
其他流动负债			
流动负债合计		1 511 924 170.03	4 286 952 120.11
非流动负债:			
长期借款		1 511 924 170.03	1 293 172 514.78

续表

项目	附注	期末余额	年初余额
预计负债			
递延所得税负债		94 375 640.89	95 258 951.96
其他非流动负债		65 026 235.28	59 414 716.62
非流动负债合计		1 671 326 046.20	1 447 846 183.36
负债合计		6 444 102 240.91	5 734 798 303.47
所有者权益（或股东权益）			
实收资本（或股本）		571 200 000.00	571 200 000.00
资本公积		739 819 586.76	714 241 150.47
减：库存股			
专项储备		440 118 269.51	374 178 304.75
盈余公积		774 939 645.01	609 132 747.74
一般风险准备			
未分配利润		4 018 416 529.75	304 134 405.22
外币报表折算差额			
归属于母公司所有者权益		6 544 494 031.03	5 310 101 608.18
少数股东权益		573 051 820.07	577 764 481.51
所有者权益合计		7 117 545 851.10	5 887 866 089.69
负债和所有者权益总计		13 561 648 092.01	11 622 664 393.16

（二）利润表

在财务报表中，企业的盈亏情况是通过利润来反映的。利润表反映企业一定时期的经营结果和经营成果的分配关系，表明公司在一定时期的业务经营状况，揭示公司获取利润能力的大小、潜力以及经营趋势。

利润表主要列示收入和与收入相匹配的成本和费用，反映公司经营取得的利润，是投资者分析判断公司的盈利能力大小的主要依据。根据收入和费用在表中的不同排序，利润表分成两种格式：单步式利润表和多步式利润表。

单步式利润表是将本期的所有收益加在一起，然后将所有费用加在一起，两者相减，通过一次计算得出本期盈亏。单步式利润表具有简单、易于理解的优点，但也有层次不分明、收入与费用不能恰当配比等不足。多步式利润表将利润及净利润与形成这些利润所产生的费用配比排列，有利于进行成本分析。在实际中，我国采用多步式利润表，利润表主要反映以下内容：

营业总收入 = 营业收入 + 利息收入 + 已赚保费 + 手续费及佣金收入

营业总成本 = 营业成本 + 利息支出 + 手续费及佣金支出 + 营业税金及附加 + 销售费用 + 管理费用 + 财务费用 + 资产减值损失

营业利润 = 营业总收入 − 营业成本 + 投资收益 + 汇兑收益

$$利润总额 = 营业利润 + 营业外收入 - 营业外支出$$
$$净利润 = 利润总额 - 所得税费用$$

利润表由四个部分内容构成，第一部分是营业收入；第二部分是与营业收入相关的生产性费用、销售费用和其他费用；第三部分是利润；第四部分是公司利润分配去向。投资者在分析利润表时，应主要抓住以下两方面：

1. 利润表结构分析

利润表是把上市公司在一定期间的营业收入与同一会计期间的营业费用进行配比，以得到该期间的利润（亏损）情况。该报表的重点是相关的收入指标和费用指标。"收入 - 费用 = 利润"可以视作观察这一报表的基本思路。

当投资者看到一份利润表时，应注意以下几个会计指标，它们分别是："营业总收入""营业利润""利润总额""净利润"。在这些指标中应重点关注营业总收入中的主营业务收入、营业利润中的主营业务利润与净利润，尤其应关注主营业务利润与净利润的盈亏情况。许多投资者往往只关心净利润的情况，认为净利润为正就代表公司盈利。实际上，企业的长期发展动力来自对自身主营业务的开拓与经营，从严格意义上说，主营亏损但净利润有盈余的企业比主营业务盈利但净利润亏损的企业更危险。例如，上市公司可以通过政府财政补贴、营业外收入尤其是变卖资产等手段，将当期利润总额和净利润做成盈利，可谁又敢保证下一年度还有政府补贴、营业外收入，以及还有资产可以变卖呢？因此，投资者更应该关注扣除非正常性损益后的净利润。

在分析上市公司的利润表时首要是判断利润的真实性，虚增利润和隐瞒利润都属于操纵利润的行为。上市公司虚增利润是为了实现顺利上市或在上市时股票卖个好价钱，但将来业绩"变脸"是早晚的事情。上市公司隐瞒利润要么是为了配合主力低吸筹码，要么是为了使管理层轻松获得股权激励，还有的是利润被大股东侵吞，当然，也有因股市市况不好，业绩好也不一定会得到市场的欢迎而故意隐瞒利润，等市况好时再释放利润的。除被侵吞的利润外，隐瞒的利润迟早是要释放出来的，同样是造假，隐瞒利润要好过虚增利润。

2. 上市公司关联交易分析

上市公司为了向社会公众展现自己的经营业绩，抬高公司的股价，往往利用关联方之间的交易来调节其利润，主要分析方法有以下几种：

（1）增加利润，转嫁费用。

投资者在进行投资分析时，一定要分析其关联交易，特别是母子公司间是否存在着相互关联的交易、转嫁费用的现象，对于有母子公司关联交易的，一定要从上市公司的当年利润中剔除关联交易所虚增的利润。

（2）资产租赁。

若上市公司大部分是从母公司剥离出来的，则上市公司的部分资产可能是从母公司以租赁方式取得的，因而资产的租赁数量、租赁方式和租赁价格就是上市公司与母公司之间可以随时调整利润的手段，有的上市公司还可将从母公司租来的资产同时转租给母公司的子公司，从而轻易获得纸上富贵来粉饰业绩。

（3）委托投资与合作投资。

委托投资：当上市公司接受一个周期长、风险大的项目时，可将某一部分现金转移到母公司，以母公司的名义进行投资，将其风险全部转嫁给母公司，却将投资收益确定为上市公司当年的利润。

合作投资：上市公司要想配股，其净资产收益需达到一定的标准，公司一旦发现其净资产收益率很难达到这个要求时，便倒推出利润缺口，然后与母公司签订联合投资合同，投资回报按倒推出的利润缺口确定，其实这块利润是由母公司出的。

（4）资产转让置换。

一般来说，上市公司通过与母公司进行资产置换转让，可以从根本上改变自身的经营状况，以便长期拥有"壳资源"所带来的再融资能力，对上市公司及其母公司来说是一个双赢战略。通常上市公司购买母公司优质资产的款项挂往来账，不计利息或资金占用费，由此上市公司不仅获得了优质资产的经营收益，而且不需要付出任何代价，把风险转嫁给母公司。另外，上市公司往往将不良资产和等额的债务剥离给母公司或母公司控制的子公司，以达到避免不良资产经营所产生的亏损或损失的目的。如 A 公司 2010 年利润表（见表 6-3）。

表 6-3 A 公司 2010 年利润表　　　　　　　　　　　　单位：元

项目	附注	本期金额	上期金额
一、营业总收入		5 811 572 148.30	5 615 626 347.25
其中：营业收入		5 811 572 148.30	5 615 626 347.25
利息收入			
已赚保费			
手续费及佣金收入			
二、营业总成本		4 294 410 293.21	4 353 982 645.78
其中：营业成本		3 222 139 184.42	3 266 982 952.08
利息支出			
手续费及佣金支出			
营业税金及附加		78 055 372.57	74 192 099.47
销售费用		208 843 347.25	214 926 691.48
管理费用		590 554 016.59	625 607 056.93
财务费用		155 352 798.48	146 566 991.08
资产减值损失		39 465 573.90	25 706 854.74
加：公允价值变动收益（损失以"-"号填列）			
投资收益（损失以"-"号填列）		364 104 883.04	424 816 580.27
其中：对联营企业和合营企业投资收益		364 104 883.04	423 706 318.42
汇总收益			

续表

项目	附注	本期金额	上期金额
三、营业利润（亏损以"-"号填列）		1 881 266 738.13	1 686 460 281.74
加：营业外收入		30 739 194.69	12 962 655.07
减：营业外支出		197 793 305.17	84 235 479.46
其中：非流动资产处置损失		11 817 180.45	2 641 523.48
四、利润总额（亏损总额以"-"号填列）		1 714 212 627.65	1 615 187 457.35
减：所得税费用		476 002 818.30	402 117 340.90
五、净利润（净亏损以"-"号填列）		1 238 209 809.35	1 213 070 116.45
归属于母公司所有者的净利润		1 314 234 021.80	1 270 534 007.53
少数股东损益		-76 024 212.45	-57 463 891.08
六、每股收益			
（一）基本每股收益		2.300 8	2.224 3
（二）稀释每股收益		2.300 8	2.224 3
七、其他综合收益			22 340 206.87
八、综合收益总额		1 238 209 809.35	1 235 410 323.32
归属于母公司所有者的综合收益总额		1 314 234 021.80	1 291 255 887.80
归属于少数股东的综合收益总额		-76 024 212.45	-55 845 564.48

（三）现金流量表

现金流量表是反映公司在一定会计期间内经营活动、投资活动和筹资活动产生的现金流入与流出状况的报表。现金流量表编制的目的是向会计报表使用者提供企业一定会计期间内现金和现金等价物流入和流出的信息，以便报表使用者了解和评价企业获取现金和现金等价物的能力，并据以预测企业未来现金流量。现金等价物是指企业持有的期限短、流动性强、易于变现的投资。现金流量表主要分为经营活动、投资活动和筹资活动产生的现金流量三部分。分析经营活动产生的现金流量，可以了解企业在不运用企业外部筹得资金的情况下，凭借经营活动产生的现金流量是否足以偿还负债、支付股利和对外投资；分析投资活动产生的现金流量，可以了解为获得未来收益和现金流量而导致资源转出的程度，以及以前资源转出带来的现金流入信息；分析筹资活动的现金流量，可以帮助投资者和债权人预计企业对未来现金流量的要求权，以及获得前期现金流入而付出的代价。

现金流量表是以收付实现制为基础的，真实反映了公司当前实现收入的现金、实际支出的现金、现金流入与流出相抵后的净值，并以此为基础分析利润表中本期净利润与现金流量的差异，正确评价公司的经营成果。如 A 公司 2010 年现金流量表（见表 6-4）。

表6-4　A公司2010年现金流量表　　　　　　　　　　　　单位：元

	项目	附注	本期金额	上期金额
一、经营活动产生的活动流量	销售商品、提供劳务收到的现金		6 153 806 318.54	5 730 077 535.97
	收到其他与经营活动有关的现金		101 118 316.98	297 404 220.47
	经营活动现金流入的小计		6 254 924 635.52	6 027 481 756.44
	购买商品、接受劳务支付的现金		2 174 322 655.75	2 503 464 380.42
	支付给职工以及为职工支付的现金		952 735 588.94	756 407 486.41
	支付的各项税费		1 249 339 270.64	1 233 837 237.38
	支付其他与经营活动有关的现金		583 747 131.86	476 920 511.60
	经营活动现金流出小计		4 960 145 131.86	4 970 629 615.81
	经营活动产生的现金流量净额		1 294 779 503.66	1 056 852 140.63
二、投资活动产生的现金流量	收回投资收到的现金		900 000.00	
	取得投资收益收到的现金		72 000 136.40	108 006 130.00
	处置固定资产、无形资产和其他长期资产收回的现金净额		391 321.70	3 988 155.51
	处置子公司及其他营业单位收到的现金净额			7 625 890.56
	收到其他与投资活动有关的现金			291 139.76
	投资活动现金流入小计		73 291 458.10	119 911 315.83
	构建固定资产、无形资产和其他长期资产支付的现金		459 633 785.21	657 088 417.08
	投资支付的现金		39 400 000.00	250 840 000.00
	取得子公司及其他营业单位支付的现金净额			194 682 274.93
	投资活动现金流出小计		499 033 785.21	1 120 610 692.01
	投资活动产生的现金流量净额		-425 742 327.11	-1 000 699 376.18
三、筹资活动产生的现金流量	吸取投资收到的现金		72 650 200.00	50 000 000.00
	其中：子公司吸收少数股东投资收到的现金		72 650 200.00	50 000 000.00
	取得借款收到的现金		2 034 680 000.00	1 824 291 342.63
	筹资活动现金流入小计		2 107 330 200.00	1 874 291 342.63
	偿还债务支付的现金		1 728 480 000.00	842 191 342.63
	分配股利、利润或偿付利息支付的现金		343 665 748.26	476 202 259.38
	其中：子公司支付给少数股东的股利、利润		600 000.00	2 600 000.00

续表

项目		附注	本期金额	上期金额
三、筹资活动产生的现金流量	支付其他与筹资活动有关的现金		1 167 125.00	2 500 000.00
	筹资活动现金流出小计		2 073 312 873.26	1 320 893 602.01
	筹资活动产生的现金流量净额		34 017 326.74	553 397 740.62
四、汇率变动对现金及现金等价物的影响				
五、现金及现金等价物净增加额			903 054 503.29	609 550 505.07
加：期初现金及现金等价物余额			1 444 414 491.31	834 863 986.24
六、期末现金及现金等价物余额			2 347 468 994.60	1 444 414 491.31

二、财务指标分析

（一）偿债能力分析

偿债能力分析主要是分析公司资金周转能力和偿付债务的能力，反映偿债能力的指标主要有流动比率、速动比率、利息支付倍数等。

1. 流动比率

流动比率是流动资产与流动负债的比率，可衡量公司的短期偿债能力。其计算公式为：

$$\text{流动比率} = \frac{\text{流动资产}}{\text{流动负债}}$$

流动资产包括货币资金、应收票据、应收账款、预付款项、应收股利、存货、一年内到期的非流动资产等。流动负债包括短期借款、应付账款、应付票据、应付股息、一年内到期的非流动负债以及应付税金和其他应付款。一般认为流动比率最低不少于1:1，以2:1的比率为佳。流动比率过大并不一定代表公司财务状况良好，因为流动比率过大，可能是没有充分有效地运用资金或由于存货的超储、积压过多所致。

2. 速动比率

速动比率也称为酸性测试比率，是比流动比率能进一步反映变现能力的比率指标。它从流动资产中扣除存货部分，再除以流动负债。其计算公式为：

$$\text{速动比率} = \frac{(\text{流动资产} - \text{存货})}{\text{流动负债}}$$

在计算速动比率时把存货从流动资产中剔除的原因是：在流动资产中存货的变现能力最差，存货的估价存在着成本与当前市价相差悬殊的问题。把存货从流动资产总额中减去计算出的速动比率，反映的短期偿债能力更加令人信服。通常认为正常的速动比率为1，低于1的速动比率被认为短期偿债能力偏低。为更进一步计算企业的变现能力，在扣除存货以外，还可以从流动资产中去掉其他一些可能与当期现金流量无关的项目（如待摊费用等），如采用保守速动比率（或称超速动比率）。其计算公式如下：

$$保守速动比率 = \frac{现金 + 短期证券 + 应收账款净额}{流动负债}$$

3. 利息支付倍数

利息支付倍数是税息前利润与利息费用的比率。其计算公式为：

$$利息支付倍数 = \frac{税息前利润}{利息费用}$$

利息支付倍数指标是用以衡量偿付借款利息能力的指标。"税息前利润"是指损益表中未扣除利息费用和所得税之前的利润。"利息费用"是指本期发生的全部应付利息。只有利息支付倍数足够大，企业才有足够的能力偿付利息。

（二）资本结构分析

资本结构是指在企业的总资本中，股权资本和债权资本的构成及其比例关系。它决定企业的财务结构、财务杠杆的运用和融资决策的制定。反映资本结构的指标主要有资产负债比率、股东权益比率、有形资产净值债务率等指标。

1. 资产负债比率

资产负债比率是负债总额占全部资本的比例。其计算公式为：

$$资产负债比率 = \frac{负债总额}{资产总额}$$

该指标有以下几个方面的含义：从债权人的立场看，他们希望债务比率越低越好，这样，贷款风险不大。从股东的角度看，在全部资本利润率高于借款利率时，希望负债比例越大越好，否则相反。从经营者的立场看，如果举债很大，超出债权人心理承受程度，则被认为是不保险的；如果企业负债比率很小，则说明企业畏缩不前，对前途信心不足，利用债权人资本进行经营活动的能力很差，所以企业在利用资产负债率制定资本决策时，必须充分估计可能增加的风险，在两者之间权衡利弊，做出正确决策。

2. 股东权益比率

股东权益比率是股东权益与全部资本的比例。其计算公式为：

$$股东权益比率 = \frac{股东权益}{资产总额}$$

股东权益包括普通股股本、优先股股本、资本公积金及其盈余等。一般来说，股东权益比率越大，企业发生债务危机的可能性越小。股东权益比率与资产负债比率具有相同的经济意义，两个指标相加等于1，它们可以相互补充。一般来说，股东资本大于借入资本较好，但也不能一概而论。从股东角度看，在通货膨胀加剧时期，企业多借债可以把损失和风险转嫁给债权人；在经济繁荣时期，企业多借债可以获得额外的利润；在经济萎缩时期，少借债可以减少利息负担和财务风险。一般而言，股东权益比率低，是高风险、高报酬的财务结构；股东权益比率高，是低风险、低报酬的财务结构。

3. 有形资产净值债务率

有形资产净值债务率是企业负债总额与有形资产净值比率。有形资产净值是股东权益减去无形资产净值，即股东具有所有权的有形资产的净值。其计算公式为：

$$有形资产净值债务率 = \frac{负债总额}{股东权益 - 无形资产净值}$$

该比率反映公司清算时债权人投入资本受到股东权益保护的程度，公式中扣除无形资产的原因是专利权、商标权等无形资产不一定得到偿债。

（三）经营效率分析

经营效率又称运营效率，是用来衡量企业在资产管理方面效率的财务比率。经营效率分析可以衡量企业是否实现了资源的优化配置。它将资产负债表与利润表有机结合起来，计算并分析企业资产的利用情况和周转速度，以揭示企业在配置各种资源过程中的效率。反映经营效率的指标主要有：存货周转率、应收账款周转率、流动资产周转率、总资产周转率、股东权益周转率等指标。

1. 存货周转率和存货周转天数

在流动资产中，存货所占的比重最大。存货的流动性影响企业的流动比率。存货的流动性，一般用存货的周转速度指标（即存货周转率或存货周转天数）来反映。存货周转率是衡量和评价企业购入存货、投入生产、销售收回等环节管理状况的综合性指标。

$$存货周转率 = \frac{销货成本}{平均存货}$$

$$存货周转天数 = \frac{360}{存货周转率}$$

式中，"销货成本"数据来自利润表，"平均存货"数据来自资产负债表中的"期初存货"与"期末存货"的平均数。一般来说，存货周转速度越快，存货转换为现金或应收账款的速度越快，企业管理的效率越高。但并非存货周转率越高越好，存货周转率过高，可能是原材料存货较少，生产中可能出现停工待料的局面，也可能是产成品库存不足、出现脱销的局面。两种局面都会影响企业的生产效率和市场竞争能力，所以库存要有一个适当的水平。

2. 应收账款周转率与应收账款周转天数

应收账款和存货一样，在流动资产中有着举足轻重的地位。及时收回应收账款，不仅能增强企业的短期偿还能力，也能反映企业管理应收账款方面的效率。反映应收账款周转速度的指标是应收账款周转率。应收账款周转天数表示企业从取得应收账款的权利到收回款项、转换为现金所需要的时间。

$$应收账款周转率 = \frac{销售收入}{平均应收账款}$$

$$应收账款周转天数 = \frac{360}{应收账款周转率}$$

式中，"平均应收账款"是指未扣除坏账准备的应收账款金额，是资产负债表中"应收账款余额"期初数与期末数的平均数。一般来说，应收账款周转率越高，说明应收账款的回收越快；否则，企业的运营资金会过多地滞留在应收账款上，影响正常的资金周转。投资者须将计算出的指标与该企业前期或行业平均水平或其他类似企业相比较，才能判断该指标的高低，并找出问题产生的原因。

3. 流动资产周转率

流动资产周转率是销售收入与全部流动资产平均余额的比值。其计算公式为：

$$流动资产周转率 = \frac{销售收入}{平均流动资产}$$

式中，"平均流动资产"是资产负债表中"流动资产"期初数与期末数的平均数。流动资产周转率反映了流动资产的周转速度；周转速度快，会相对节约流动资产，等于相对扩大资产投入，增强企业盈利能力；而延缓周转速度，需要补充流动资产参加周旋，形成资金浪费，降低企业盈利能力。

4. 总资产周转率

总资产周转率是销售收入与平均资产总额的比值。其计算公式为：

$$总资产周转率 = \frac{销售收入}{平均资产总额}$$

式中："平均资产总额"是年初资产总额和年末资产总额的平均数。总资产周转率反映了资产总额的周转速度，周转率越大，说明总资产周转越快，销售能力越强。

5. 主营业务收入增长率

$$主营业务收入增长率 = \frac{(本期主营业务收入 - 上期主营业务收入)}{上期主营业务收入} \times 100\%$$

主营业务收入增长率可以用来衡量公司的产品生命周期，判断公司所处的发展阶段，一般来说，如果主营业务收入增长率超过10%，则说明公司产品处于成长期；如果主营业务收入增长率在5%~10%，则说明公司产品已进入稳定期；如果该比率低于5%，则说明公司产品已进入衰退期，如果没有已开发好的新产品，则说明该公司将步入衰落。总之，各项资产的周转指标用于衡量企业运用资产赚取收入的能力，经常与反映盈利能力的指标结合在一起使用，可全面评价企业的盈利能力。

（四）盈利能力分析

盈利能力即是企业赚取利润的能力，盈利能力分析主要反映企业资产利用的结果。通过对企业长期趋势的分析，可以判断公司的投资价值。反映盈利能力的指标主要有销售毛利率、销售净利润、总资产收益率、净资产收益率和主营业务利润率等指标。

1. 销售毛利率

销售毛利率是毛利占销售收入的百分比，其中毛利是销售收入与销售成本的差，其计算公式为：

$$销售毛利率 = \frac{(销售收入 - 销售成本)}{销售收入} \times 100\%$$

销售毛利率表示每1元销售收入扣除销售成本后有多少钱可以用于各项费用和形成盈利。销售毛利率是企业销售净利率的基础，没有足够大的毛利率便不能盈利。

2. 销售净利率

销售净利率是指净利润占销售收入的百分比，其计算公式为：

$$销售净利润 = \frac{净利润}{销售收入} \times 100\%$$

"净利润"在我国会计制度中是指税后利润，反映每1元销售收入带来的净利润的多少，表示销售收入的收益水平。同一行业中，销售净利率越高的企业，盈利能力越强。

3. 总资产收益率

总资产收益率是净利润与平均资产总额的比率，其计算公式：

$$总资产收益率 = \frac{净利润}{平均资产总额} \times 100\%$$

式中，

$$平均资产总额 = \frac{(期初资产总额 + 期末资产总额)}{2}$$

总资产收益率是用来衡量企业利用资产实现利润的情况，反映每 1 元的资产能获得多少净利润。该指标值越高，表明资产的利用效率越高；否则，表明资产的利用效率偏低。

4. 净资产收益率

净资产收益率也叫净值报酬率或权益报酬率，是净利润与年末净资产的比率。其计算公式为：

$$净资产收益率 = \frac{净利润}{年末净资产} \times 100\%$$

年末净资产是指资产负债表中"股东权益合计"的期末数。如果考察的企业不是股份制公司，则该公式中的分母也可以使用"平均净资产"。该指标用来衡量企业利用股东资产实现利润的情况。该指标值越高，表明资产的利用效率越高，投资带来的收益越高。

5. 主营业务利润率

主营业务利润率是主营业务利润与主营业务收入的比率，其计算公式为：

$$主营业务利润率 = \frac{主营业务利润}{主营业务收入} \times 100\%$$

该指标反映公司的主营业务水平，只有当公司主营业务突出，而且主营业务利润率较高时，才能在竞争中占据优势地位。

（五）投资收益分析

投资收益的高低是投资者进行投资决策的主要依据。投资收益分析就是通过计算有关投资收益的指标，帮助投资者对不同上市公司股票的优劣做出评估和判断。反映投资收益的指标主要有普通股每股利润、每股净资产、股息发放率、市盈率和市净率等指标。

1. 普通股每股利润

普通股每股净收益又指每股税后利润，是指本年净收益与发行在外的年末普通股总数的比值，其计算公式为：

$$普通股每股利润 = \frac{年末净利润}{发行在外的年末普通股总数}$$

普通股每股利润是衡量上市公司盈利能力的财务指标，反映普通股的获利水平。在分析时，可以进行公司间的比较，以评价该公司相对的盈利能力，进行不同时期的比较，了解该公司盈利能力的变化趋势。但在使用每股收益指标分析投资收益时要注意以下问题：

第一，不同企业每股利润一般不完全具有可比性，即不同股票的每一股在经济上不等量，它们所含有的净资产和市值不同。比较不同公司的每股利润时，还要参考各公司的类型、规模、发展阶段、股票价格等。

第二，每股利润不反映股票所含有的风险。也就是说，每股利润多的企业，不一定风险小；每股利润少的企业，不一定风险大，这主要是由于不同类型企业每股利润的可比性不强。

第三，每股收益多，不一定分红多。企业分红多少取决于公司的股利分配政策。

2. 每股净资产

每股净资产是年末净资产（即年末股东权益）与发行在外的年末普通股总数的比值，也称为每股账面价值或每股权益。用公式表示为：

$$每股净资产 = \frac{年末净资产}{发行在外的年末普通股总数}$$

该指标反映每股普通股所代表的股东权益额，在理论上提供了股票的最低价值。在投资分析时只能有限地使用这个指标，因为它是用历史成本计量的，既不反映净资产的变现价值，也不反映净资产的产出能力。

3. 股息发放率

股息发放率又称股利支付率、派息率，是普通股每股股利与每股收益的比率。其计算公式为：

$$股息发放率 = \frac{每股股利}{每股收益} \times 100\%$$

该指标表明公司派发的普通股股利在其税后净收益中所占比重，反映了公司股利分配政策和支付股利的能力。公司要综合考虑经营扩张资金需求、财务风险高低、最佳资本结构来决定支付股利的比例。一般来说，处于成熟期的企业，收入比较稳定，往往有较高的派息率，而处于成长阶段的企业，派息率较低。

4. 市盈率

市盈率是普通股每股市价与每股收益的比率，亦称本益比。其计算公式为：

$$市盈率 = \frac{普通股每股市价}{每股收益} \times 100\%$$

式中，"普通股每股市价"是指每股普通股在证券市场上的买卖价格。该指标是衡量上市公司盈利能力的重要指标，反映投资者对每1元净利润所愿支付的价格，可以用来估计公司股票的投资报酬和风险。一般来说，市盈率越高，表明市场对公司的未来越看好。在市场确定的情况下，每股收益越高，市盈率越低，投资风险越小；反之亦然。在每股收益确定的情况下，市价越高，市盈率越高，风险越大；反之亦然。使用市盈率指标时应注意以下问题：

第一，该指标不能用于不同行业公司的比较。成长性好的新兴行业的市盈率普遍较高，而传统行业的市盈率普遍较低，这并不说明后者的股票没有投资价值。

第二，在每股收益很小或亏损时，由于市价不至于降为零，因此公司的市盈率会很高，但如此情形下的高市盈率是无任何意义的。

第三，市盈率的高低受市价的影响，而影响市价变动的因素很多（包括投机炒作等），因此观察市盈率的长期趋势很重要。

5. 市净率

市净率是每股市价与每股净资产的比值。其计算公式为：

$$市净率 = \frac{每股市价}{每股净资产}$$

市净率可用于评价股价相对于每股净资产而言是否被高估。市净率越小，说明股票的投资价值越高,股价的支撑越有保证;反之,则投资价值越低。

(六) 现金流量分析

1. 流动性分析

流动性是指资产迅速转变为现金的能力。反映流动性的指标主要有现金流动负债比、现金债务总额比以及现金到期债务比等指标。

(1) 现金流动负债比。

现金流动负债比是指经营活动中现金净流量与流动负债总额的比率,反映企业获取现金偿还短期债务的能力。其计算公式为:

$$现金流动负债比 = \frac{经营现金净流量}{流动负债总额} \times 100\%$$

现金流动负债比越大,表明企业偿还短期债务的能力越强。

(2) 现金债务总额比。

现金债务总额比是指经营活动中现金净流量与负债总额的比率,反映企业获取现金偿还全部债务的能力。其计算公式为:

$$现金债务总额比 = \frac{经营现金净流量}{债务总额} \times 100\%$$

(3) 现金到期债务比。

现金到期债务比是指经营活动中现金净流量与本期到期债务的比率。其计算公式为:

$$现金到期债务比 = \frac{经营现金净流量}{本期到期债务} \times 100\%$$

本期到期债务是指本期到期的长期债务和本期的应付票据。

上述指标越大,企业承担债务的能力越强。

2. 获取现金的能力分析

获取现金的能力是指经营现金净流入与投入资源的比率。投入的资源可以是销售收入总资产、净资产、普通股数等。

(1) 销售现金比率。

销售现金比率是经营活动净现金流量与销售收入的比率,反映每1元销售收入得到的净现金,其值越大越好。

(2) 普通股每股经营活动净现金流量。

普通股每股经营活动净现金流量是指经营活动净现金流量与发行在外的年末普通股总数的比值。该指标越大,说明公司支付股息的能力及资本支出的能力越强。

(3) 总资产现金比率。

总资产现金比率是经营活动净现金流量与资产总额的比率,反映企业资产产生现金的能力,其值越大越好。

3. 财务弹性分析

财务弹性是指公司适应环境变化与利用投资机会的能力。这种能力来源于现金流量与现金支付需要的比较。现金流量超过需求,则适应性强;反之则弱。常用的指标为现金满足投资比率和现金股利保障倍数。其计算公式为:

$$现金满足投资比率 = \frac{近5年经营现金净流量}{近5年资本支出 + 存货增加 + 现金股利}$$

$$现金股利保障倍数 = \frac{经营现金净流量}{每股现金股利}$$

现金满足投资比率越大，说明资金自给率越高；达到1时，说明企业可以用经营活动中获取的现金满足投资所需的资金；若小于1，则说明企业是靠外部融资来补充的。现金股利保障倍数越大，说明企业支付现金股利的能力越强。

4. 收益质量分析

收益质量分析主要分析会计收益与现金流量的比例关系，其主要财务指标是营运指数。营运指数是经营现金净流量与经营所得现金的比率。如果该指数小于1，则说明收益质量不好，其公式为：

$$营运指数 = \frac{经营现金净流量}{经营所得现金}$$

$$经营现金净流量 = 经营所得现金 - 经营性营运资产净增加$$

$$经营所得现金 = 净利润 - 非经营收益 + 非付现费用$$

三、公司竞争能力分析

（一）公司市场状况分析

1. 公司竞争地位

在一个行业中，上市公司在行业中的地位决定该公司竞争能力的强弱。如果某公司为该行业的领导企业，则在价格上具有影响力，其产品在市场上占主导地位，则该公司的竞争能力较强；反之，企业的竞争能力较弱。对于竞争能力较强的企业，其股票价格相对稳定或稳定上扬。衡量公司行业竞争地位的主要指标是行业综合排序和产品的市场占有率。公司的行业综合排序是指在某个行业中，根据产品销售额、盈利水平等指标，将行业中各个公司进行综合排序后某公司在行业中的位置（行业协会往往进行这样的排序）。位于前列的公司，在行业中的竞争能力较强；位于后面的公司，在行业中的竞争能力较弱。行业龙头企业是指行业综合排序中处于第一或第二的企业。在选择上市公司时，稳健投资者常根据公司竞争地位进行选择，即选择龙头企业进行投资。

2. 公司产品的市场占有率

公司产品的市场占有率是衡量公司竞争地位的重要指标，如果企业产品在市场上供不应求，则产品的市场占有率就高，公司股价亦会不断上涨；如果公司产品销不出去，产品积压，将导致公司股价下降。对公司产品的市场占有率的分析通常从产品销售市场的地域分布和公司产品在同类产品市场上的占有率两个方面进行考察。如果公司产品销售市场是全国性的或是世界性的，则公司的竞争力就强；如果销售市场是地区性的，则其竞争能力一般较弱。如果公司的产品销售量占该类产品整个市场销售量的比例高，就表示公司的经营能力和竞争力较强。

产品的市场占有率是个动态的概念，不仅要分析当前的市场占有率，还要分析以前各年的市场占有率，了解市场占有率的变化趋势，并预测以后产品的市场占有率，进而判断企业的行业地位以及竞争优势。

3. 新产品研发能力

在科学技术迅速发展的今天，一个企业要想在行业中长期保持较强的竞争地位，就要不断推出新产品，而新产品的推出取决于其研发能力。研发能力主要有企业的研发费用投入比例、科技人员的储备、新产品推出的周期等多项衡量指标。

4. 产品的竞争能力

公司产品的竞争能力分析主要包括成本优势分析、技术优势分析、质量优势分析和品牌分析四个方面。

成本优势是指公司的产品依靠低成本获得高于同行业其他企业的盈利能力。在很多行业中，成本优势是决定竞争优势的关键因素。如果公司能创造和维持全面的成本领先地位，并创造出与竞争对手价值相等或价值相似的产品，那么它只要将价格控制在行业平均或接近平均的水平，就能获得优于平均水平的业绩能力。企业一般通过规模经济、专有技术、优势的原材料和低廉的劳动力以及优良的经营管理降低生产成本和管理费用，实现成本优势。企业取得了成本优势，便可在竞争中处于有利地位，提高其竞争能力。

技术优势是指公司拥有的比同行业其他竞争对手更强的技术实力及其研究与开发新产品的能力。这种能力主要体现在生产的技术水平、产品的技术含量和技术创新上。技术创新则不仅包括产品技术创新，还包括创新人才。具有技术优势的上市公司往往具有更大的发展潜力，因而具有更强的竞争能力。

质量优势是指公司的产品以高于其他公司同类产品的质量赢得市场，从而取得竞争优势。消费者在进行购买选择时，产品的质量始终是影响他们购买倾向的一个重要因素。如果一个公司在与竞争对手成本相等或成本相近的情况下，其产品的质量超过竞争对手，则该公司往往在该行业中占据领先地位。公司只有不断提高产品的质量，才能提升公司产品竞争力。

品牌是一个商品的名称和商标的总称，是生产商为其产品规划的商业名称。品牌的基本功能是将生产商的产品与竞争公司的同类产品区别开来。一个品牌不仅是一种产品的标识，而且是产品质量、性能等的综合体现。当产品发展到成熟阶段时，品牌就成为企业竞争力的一个重要因素，具有创造市场、巩固市场的功能。在选择上市公司时，也可根据公司产品的品牌进行选择，即选择知名品牌的上市企业进行投资。

（二）公司经营管理能力分析

上市公司经营管理水平的好坏，直接影响企业的盈利能力，因而对公司股票在二级市场上的表现影响巨大。经营管理好的上市公司，盈利能力一般较强，这种公司的股票容易受到投资者的青睐和追捧；反之，经营管理差的上市公司，盈利能力一般也较差，投资者则认为投资这种公司的风险较大，股票价格将下跌。公司经营能力分析的内容繁多，也比较复杂，一般包括公司管理人员、业务人员的素质和能力分析，公司管理风格及管理理念分析，公司法人治理结构分析等多个方面。

1. 公司管理人员的素质和能力分析

在现代企业里，管理人员不仅担负着对企业生产经营活动进行计划、组织、指挥、控制等管理职能，而且从不同角度和方面负责或参与对各类非管理人员的选择、使用与培训工作。因此，管理人员的素质是决定企业能否取得成功的重要因素。管理人员的素质是指从事企业管理工作的人员应当具备的基本品质、学识、素养和能力。一般来说，公司的管理人员应该具有的素质包括：具有从事管理工作的愿望，有较强的专业技术能力、良好的道德品质修养、较强的人际协调能力以及综合分析能力和决策能力等。在公司管理人员中，最高层管理人员（董事长、总经理）的素质和能力对一个企业的经营管理水平具有重要的影响，因此在选择上市公司时可根据具有较高管理水平或知名度的上市公司董事长进行选择。公司管理人员的稳定性也是判断上市公司经营管理水平的指标之一。如果一个公司的管理人员特别是高级管理人员频繁更替，则该公司经营管理水平就值得怀疑，投资该公司要特别小心。

2. 公司业务人员的素质和能力分析

一个企业是一个团队，要完成企业的发展战略目标，企业的所有职员都应具有相应的素质。公司业务人员也不例外，公司业务人员的素质同样也对公司的发展起重要的作用。一般来说，公司业务人员具有的素质包括：熟悉自己从事的业务、必要的专业技术能力、对公司的忠诚度、对本职工作的责任感、具有团队合作精神等。对公司业务人员的素质进行分析，可以判断该公司的持久力和创新力。另外，公司业务人员的稳定性也是判断上市公司经营管理水平的指标之一。如果公司的业务人员特别是主要的业务人员不断流失，则说明该公司经营管理水平较低，投资该公司同样要特别小心。

3. 公司管理风格及管理理念分析

管理风格是公司在管理过程中所一贯坚持的原则、目标及方式等方面的总称。经营理念是公司发展一贯坚持的一种核心思想，是公司员工坚守的基本信条，也是公司制定战略目标及实施战术的前提条件和基本依据。一种适应社会经济发展、不断创新的管理风格及经营理念是公司成功的前提和保障，也是公司经营管理能力的重要体现。

一般来说，公司的管理风格和经营理念有稳健型和创新型两种。稳健型公司的特点是在管理风格和经营理念上以稳健原则为核心，一般不会轻易改变已形成的管理和经营模式。稳健型的公司发展一般较为平稳，大起大落的情况较少。大型企业一般奉行稳健型管理原则。创新型公司的特点是在管理风格和经营理念上以创新为核心，公司在经营活动中的开拓能力强。创新型公司依靠自己的开拓创造，有可能在行业中率先崛起，获得超常规的发展。但创新并不意味着公司的发展一定能够获得成功，有时实行的一些冒进式的发展战略也有可能迅速导致公司的失败。创新型原则一般适应于小型公司或经营不善的公司，这些公司需要不断创新，增加利润增长点，使公司盈利不断增加。具有稳健型管理风格和经营理念的公司，其股票价格变化不大；而奉行创新型管理风格和经营理念的公司，其股票价格往往变化很大。

分析公司的管理风格可以跳过现有的财务指标来预测公司是否具有可持续发展的能力；而分析公司的经营理念则可据以判断公司管理层制定何种公司发展战略。

4. 公司法人治理结构分析

公司法人治理结构有狭义与广义之分。狭义的法人治理结构是指有关公司董事长的功能、结构和股东的权利等方面的制度安排；广义的法人治理结构是指有关企业控制权与剩余索取分配机制的一整套法律、文化和制度安排，包括人力资源管理、收益分配与激励机制、财务制度内部管理等。良好的法人管理结构是公司实现其战略目标及实施战术的基本前提条件，也是公司经营管理能力的重要体现。健全的公司法人治理机制包括以下几个方面的内容：

第一，股权结构。股权结构是公司法人治理结构的基础，公司应具有规范的股权结构，它主要指股权的集中度适中，既不存在"一股独大"的问题，也不过度分散，使机构投资者、战略投资者在公司治理中能够发挥积极作用；同时，股权应具有普遍的流通性。

第二，董事会决策机构。董事会是公司的决策机构，既要赋予董事会充分合理的权利，加强董事会的独立性，有利于董事会对公司的经营决策做出独立判断，又要建立对董事会的约束机制，使其能够代表全体股东的利益，引导公司走向良性发展道路。

第三，监事会的独立性和监督责任。应该加强监事会的地位与作用，增强监督制度的独立性与监督力度，同时也应当加大监事会的监督责任。

第四，优秀的经理层。公司应具有优秀的经理层，这是保证公司治理结构规范化、高效化的人才基础。

第五，相关利益者的共同治理。相关利益者包括员工、债权人、供应商和客户等主要利益相关者，他们共同参与公司的治理，可以有效地建立公司外部治理结构，以弥补公司内部治理机制的不足。

案例思考

同仁堂公司分析报告

一、公司简介

同仁堂是我国最大的中成药生产经营企业，在中药行业中久负盛名。中华人民共和国成立40多年来，同仁堂继续创建了同仁堂中药提炼厂、同仁堂药酒厂、同仁堂制药二厂、同仁堂饮片厂等企业。1992年，以同仁堂产品为龙头、以北京中药为主体组建的中国北京同仁堂集团公司正式成立，并且成为集"产供销、科工贸、资产经营为一体"的北京计划单列的现代化大型企业集团。公司主要产品均为治疗性中成药，知名产品有：牛黄清心丸、安宫牛黄丸、大活络丹、国公酒等，历来以"配方独特、选料上乘、工艺精湛、疗效显著"而驰名中外。公司"十大王牌"和"十大名药"等因历史悠久、疗效显著而多次被评为国优、市优产品。

二、公司近况

2012年公司实现销售收入、净利润分别为75.04亿元、5.70亿元，同比增长分别为22.85%、30.13%（扣除非经常性损益后净利润为5.54亿元，同比增长35.45%）；公司综合毛利率为41%，同比增长2.91；销售费用、管理费用分别为14.03亿元、6.76亿元，同比增长分别为34%、26%，低于净利润增速；经营性现金流8.94亿元，同比增长60.39%；政府补助收入2 800万元，同比增长150%。子公司表现良好。2012年同仁堂科技实现收入24.26亿元，同比增长28.77%；净利润4.00亿元，同比增长41.95%；同仁堂商业实现收入34.67亿元，同比增长35.76%；净利润2.06亿元，同比增长60.91%；子公司经营仍存在较大的提升空间。

三、发展前景

同仁堂品牌积淀深厚，发展战略独特，同时具备丰富的产品资源，有42个品种进入基本药物目录，将受益于医保覆盖增加带来的需求增长。加之国家对其有利政策以及医药行业良好的发展前景，该公司未来具备业绩增速提升的坚实基础，发展潜力很大。运用综合估值，该股的估值区间为40.78~44.85元，该股票目前的价格在22元左右，股价暂处于低估区，预计股票价格会进一步上涨。同时要注意的是，该品牌价值受制于体制弊端，一直未能充分发挥，公司为此进行了长期逐进式改革。一季度营销推动带来的向好变化体现了内在潜力，未来上升空间取决于体制方面的改革制度。

四、主要财务状况分析

1. 同仁堂主要财务数据（见表6-5）

第六章 证券投资基本分析

表6-5 同仁堂主要财务数据　　　　　　　　　　　　单位：元

项目	2012年	2011年	2010年
总资产	926 574.47	7 329 899 385.53	6 101 466 006.6
净资产	9 978 833 688.65	3 476 849 965.80	3 247 587 669.74
现金流量净额	873 968 414.52	544 905 320.56	565 509 799.08
营业收入	7 504 031 977.53	6 108 383 711.48	4 942 744 267.43
净利润	570 056 218.42	438 066 654.62	340 442 814.12
扣除非经常性损益的净利润	553 506 023.02	408 641 874.66	332 143 552.49
加权平均净资产收益率	15.56	13.03	10.79
基本每股收益（元/股）	0.438	0.336	0.261
稀释每股收益（元/股）	0.438	0.366	0.261

从主要财务数据可以看出，同仁堂的总资产、净资产、营业收入、净利润在近三年来不断上升，2012年净利润较2011年攀升了30.13%。此外，每股收益亦逐年增加，2011—2012年增加了30.36%。净利润与每股收益的逐年增加说明同仁堂运营情况良好，盈利能力不错，具有较好的发展潜力。

2. 盈利能力分析（见表6-6）

表6-6 同仁堂主要盈利情况　　　　　　　　　　　　单位：%

项目	2012年	2011年	2010年
净资产收益率	15.29	13.03	10.28
总资产报酬率	12.84	12.09	10.92
投入资本回报率	12.74	12.29	10.26
销售净利率	11.71	8.48	8.73
销售毛利率	43.91	41.00	41.45
营业成本率	56.09	59.00	58.55
营业费用率	15.56	13.03	10.79
管理费用率	43.91	41.00	41.45
财务费用率	0.11	0.04	0.11
营业利润率	13.98	12.93	12.32
流动资产利润率	7.05	7.36	6.89

从表6-6中可以看出，同仁堂的净资产收益率一直呈现上升的态势，2010—2012年，净资产收益率上涨了5%，说明企业资本运营的综合效益的提高以及对企业投资人和债权人权益的保障程度的提升，企业自有资金的获利能力是在不断上涨的。资本投入回报率也逐渐增加，说明公司成本控制得当，企业资本得到了充分的利用。此外，销售毛利率是企业获利

的基础，2012年，公司销售毛利率为43.91%，较2011年的41.00%提升了将近3%，这说明企业抵补各项期间费用的能力不断增强，获利能力有所提高，发展趋势良好，不会出现亏损局面。再看销售净利率，2010—2012年销售净利率呈上升又下降的波动趋势，说明销售收入的收益水平不稳定，其成本费用控制能力有待加强。这一点也可以从管理费用与财务费用上看出来，2010—2012年，同仁堂的管理费用与财务费用先减后增，说明企业在成本控制上还需进行完善与整改。综合上述，该企业盈利能力是不错的，而且是在不断提高的，但同时也是不稳定的。

3. 偿还能力分析（见表6-7）

表6-7 同仁堂偿还能力指标　　　　　　　　　　　　单位：%

项目	2012年	2011年	2010年
流动比率	278.85	245.87	305.43
速动比率	148.85	105.89	158.89
现金比率	125.57	85.91	124.23
现金自给率	109.02	35.85	94.125
资产负债率	42.03	34.36	27.43
产权比率	102.13	72.45	51.54

从公司的短期偿还能力指标来看，公司的流动比率始终保持大于2的水平，且速动比率保持大于1的水平，可见该公司资金流动性较好，流动资产偿还流动负债的能力较强。从长期偿还能力来看，与一般公认标准（40%~60%）相比，同仁堂的资产负债率虽有所增长却始终保持低于公认标准，说明企业的偿还能力较强但有削弱趋势，能够保证债权人的权益。产权比率也在增加，说明归属母公司的净资产在增加。

4. 运营能力分析（见表6-8）

表6-8 同仁堂运营能力指标　　　　　　　　　　　　单位：次

项目	2012年	2011年	2010年
存货周转率	1.23	1.33	1.37
流动资产周转率	1.07	1.12	1.08
固定资产周转率	7.62	6.57	5.30
运营资产周转率	144.82	173.04	148.68
应付账款周转率	3.27	3.91	3.93
应收账款周转率	24.30	20.03	16.18

公司存货周转率虽然在逐年减小，但是越来越接近最佳存货周转率1:1，说明企业存货管理得当，存货量正好满足企业销售需求，资金回笼也及时，不会出现资金短缺的情况。公司应收账款周转率24.3，与同行业相比较高，表明企业应收账款回收速度快、管理效率高、资产流动性强。同时，应付账款周转率也高于同行业，说明同仁堂的偿债能力较强。

五、结论

通过分析可知，虽然当下宏观经济并不景气，股票大盘亦不喜人，但是医药行业面临巨大的发展机遇，中国的医药市场还有很大的潜力，同仁堂作为医药行业的龙头企业，运营状况良好，盈利与偿还能力表现优秀，将有更多的机会和能力做大做强。因此，建议买进同仁堂股票并长期持有。

（资料来源：《证券投资学》，浙江大学出版社，2013年第二版，戴志敏编著）

技能训练

一、单选题

1. 如果GDP一定时期以来呈负增长，则当负增长速度逐渐减缓并呈现向正增长转变的趋势时，证券市场走势将（　　）。
   A. 由上升转为下跌　　　　　　B. 由下跌转为上升
   C. 继续下跌　　　　　　　　　D. 没有变化

2. 如果通货膨胀是温和的而且是在经济的可容忍范围之内，经济通常会持续增长，则此时对股票价格及债券价格的影响是（　　）。
   A. 股票价格下跌，债券价格下跌　　B. 股票价格上涨，债券价格上涨
   C. 股票价格下跌，债券价格上涨　　D. 股票价格上涨，债券价格下跌

3. 当中央银行提高法定存款准备金率时，市场货币流通量会相应（　　）。
   A. 增加　　　　　　　　　　　B. 不变
   C. 减少　　　　　　　　　　　D. 不确定

4. 当中央银行认为应该增加货币供应量时，会通过（　　）进行公开市场业务操作。
   A. 在金融市场上买进有价证券　　B. 出售所持有的有价证券
   C. 提高市场利率　　　　　　　D. 降低存款准备金率

5. 行业发展到一定阶段、市场需求已经饱和、产能已经趋于过剩的产业，如果没有新的技术对行业产品进行革新，有可能被其他产业所取代或淘汰，这种产业属于（　　）。
   A. 夕阳产业　　　　　　　　　B. 朝阳产业
   C. 新兴产业　　　　　　　　　D. 战略产业

6. 行业的增长速度保持在一个适度的水平，行业利润达到了很高的水平，开始出现寡头垄断性企业，风险较低。这种行业处于生命周期的（　　）。
   A. 初创期　　　B. 成长期　　　C. 成熟期　　　D. 衰退期

二、多选题

1. 一般性货币政策工具主要有（　　）。
   A. 法定存款准备金率　　　　　B. 再贴现政策
   C. 公开市场业务　　　　　　　D. 政府购买

2. 按行业与经济周期的关系，行业分为（　　）。
   A. 垄断型行业　　　　　　　　B. 增长型行业
   C. 周期型行业　　　　　　　　D. 防守型行业

3. 在分析行业景气变化时，通常会关注（　　）。
   A. 供需　　　B. 价格　　　C. 供应　　　D. 产业政策

4. 行业基本上可分为四种市场结构，它们是（　　）。
   A. 完全竞争　　　　　　　　　B. 垄断竞争（不完全竞争）

  C. 行政垄断   D. 寡头垄断
  E. 完全垄断

5. 下列指标中反映公司盈利能力指标的有（　　）。
  A. 销售毛利率   B. 销售净利率
  C. 总资产收益率   D. 净资产收益率
  E. 主营业务利润率

6. 行业发展的生命周期包括（　　）。
  A. 初创期   B. 成长期   C. 成熟期   D. 衰退期

7. 下面属于扩张性财政政策手段的有（　　）。
  A. 降低税率   B. 扩大财政支出
  C. 减少税收   D. 加大财政赤字

技能训练答案

一、单选题
1. B   2. D   3. C   4. A   5. A   6. C

二、多选题
1. ABC   2. BCD   3. ABCD   4. ABDE   5. ABCDE   6. ABCD   7. ABCD

第七章

证券投资技术分析

本章导语

证券投资技术分析理论较多,主要涉及K线理论、切线理论、形态理论、量价关系理论及技术分析指标。在实际应用中,技术分析能够作为证券价格变动关系的重要参考。有时候,技术分析理论及各种指标会在应用时遇到一些反常情况,比如假突破、假信号等,这就要求投资者系统学习技术分析方法的同时,要加强实践锻炼,同时把技术分析与基本分析相结合,提高分析成功率。

学习目标

(1) 掌握证券投资分析作用、理论基础、特点和应注意的问题。
(2) 掌握K线理论中K线的画法和基本形状、含义、组合形态。
(3) 掌握切线理论中的趋势与趋势线、支撑线与压力线、趋势线与轨道线、黄金分割线和百分比线、扇形原理、速度线和甘氏线。
(4) 掌握形态理论中形态分析、头肩顶与头肩底、双重顶与双重底、圆弧顶等形态。
(5) 掌握量价关系理论、古典量价关系理论、成交量与价格趋势的关系。
(6) 掌握技术指标的含义与本质、技术指标法与其他技术分析法的关系、技术指标的分类。

案例导入

一个佛教故事　看懂了就知道如何避免赔钱

佛下山游说佛法,在一家店铺里看到一尊释迦牟尼像,青铜所铸,形体逼真,神态安然,佛大悦。若能带回寺里,开启其佛光,以便供奉,真乃一件幸事,可店铺老板要价5 000元,分文不能少,加上见佛如此钟爱它,更加咬定原价不放。佛回到寺里对众僧谈起此事,众僧很着急,问佛打算以多少钱买下它。佛说："500元足矣。"众僧唏嘘不止："那怎么可能?"佛说："天理犹存，当有办法，万丈红尘，芸芸众生，欲壑难填，得不偿失啊!我佛慈悲，普度众生，当让他仅仅赚到这500元!""怎样普度他呢?"众僧不解地问。"让他忏悔。"佛笑答。众僧更不解了。佛说："只管按我的吩咐去做就行了。"第一个弟子下山去店铺里和老板砍价，弟子咬定4 500元，未果回山。第二天，第二个弟子下山去和老板砍价，咬定4 000元不放，亦未果回山。就这样，直到最后一个弟子在第九天下山时所给的价已经低到了200元。眼见着一个个买主一天天下去、一个比一个价给得低，老板很是着急，每一天他都后悔不如以前一天的价格卖给前一个人了，他深深地怨责自己太贪。到第十天时，他在心里说，今天若再有人来，无论给多少钱我也要立即出手。第十天，佛亲自下山，说要出500元买下它，老板高兴得不得了——竟然反弹到了500元!当即出手，高兴之余另赠佛龛台一具。佛得到了那尊铜像，谢绝了龛台，单掌作揖笑曰："欲望无边，凡事有度，一切适可而止!"

（资料来源：外汇通 http：//www.forex.com.cn/html/c577/2013-05/308530_1.htm）

第一节　证券投资技术分析概述

证券投资技术分析是指人们通过各种专业性分析方法，对影响证券价值或价格的各种信息进行综合分析以判断证券价值或价格及其变动的行为，是证券投资过程中不可或缺的一个重要环节。

一、技术分析的理论基础

（一）技术分析的含义

1. 什么叫技术分析

技术分析是通过对市场过去和现在的行为运用数学和逻辑的方法进行归纳与总结，概括出一些典型的具有变化规律的行为，并据此预测证券市场趋势的技术方法。技术分析法不仅应用于证券市场，还广泛应用于外汇、期货和其他金融市场。

2. 技术分析与基本分析的区别

技术分析方法和基本分析方法的主要区别是：

①技术分析是对股票价格变动趋势的分析，其目的是预测股价变动的方向和幅度；基本分析是对股票价值的分析，其目的是判断股票价格相对于价值的高低。

②技术分析根据历史资料分析股票价格的未来变化，有人曾讥讽技术分析是"看着后视镜往前开车"；基本分析是根据预期现金流和贴现率分析绝对股票的价值。

③技术分析侧重于短期分析和个股分析；基本分析着重于长期分析和大势分析。

二、技术分析的基本假设和要素

1. 技术分析的三个基本假定

技术分析方法能否正确预测未来的市场行为，依赖于三个基本假设：

（1）市场行为包容一切信息。

这一假定的基本思想是，证券的每一个影响因素都完全、充分反映在证券价格之中。仅仅对证券价格的高低和变化进行分析就足以包括对影响证券市场的所有因素的分析，而没有必要知晓究竟是什么因素在影响证券价格。这一点是技术分析方法成立的基础。

（2）价格变动沿趋势变动。

这一假定的基本思想是，证券价格的变动是有一定规律性的，即具有保持原来运动方向的惯性，而证券价格的变动方向是由供需关系决定的。当供求关系确定时，证券价格的变动趋势是由这段时间内的供需关系决定的。这个假设也符合经济学中的供需关系理论，应该说是技术分析最核心的假设条件。

（3）历史会重演。

这一假设的含义是投资者过去的经验是他制定投资策略的参考，技术分析认为，根据历史资料概括出来的规律已经包含了未来证券市场的一切变动趋势，可以根据历史预测未来。这一假定也有一定的合理性，因为投资者的心理因素会影响投资行为，进而影响证券价格。

2. 技术分析的基本要素

技术分析的要素：价与量。价格技术分析的主要基础指标有开盘价、收盘价、最高价、最低价、成交量和持仓量。随着时间的变化，走势会不断发生变化，这就是价、量关系的变化。价、量是技术分析的基本要素，一切技术分析方法都是以价、量关系为研究对象的，目的就是分析、预测未来的价格趋势，为投资决策提供服务。

三、技术分析的特点和应注意的问题

（一）证券投资技术分析的特点

①证券投资具有高度的"市场化"。
②证券投资是对预期会带来收益的有价证券的风险投资。
③投资和投机是证券投资活动中不可缺少的两种行为。
④二级市场的证券投资不会增加社会资本总量，而是在持有者之间进行再分配。

（二）技术分析应注意的问题

证券分析师进行证券投资分析时，应当注意每种方法的适用范围及各种方法的结合使用。基本分析法的优点是能够从经济和金融层面揭示证券价格决定的基本因素及这些因素对价格的影响方式和影响程度，使投资人的投资决策依据性较强。缺点主要是对基本面数据的真实、完整性具有较强的依赖，对短期价格走势的预测能力较弱，适合立足中长期选择投资标的。

技术分析法直接选取公开的市场数据，采用图表等方法对市场走势做出直观的解释。它缺乏牢固的经济金融理论基础，对证券价格行为模式的判断有很大的随意性，更适合于短期买卖时机的把握。

量化分析法较多采用复杂的数学模型和计算机数值进行模拟，能够提供较为精细化的分析结论。但它对使用者的定量分析技术有较高的要求，不易为普通公众所接受。此外，量化分析法所采用的各种数学模型本身存在模型风险，而且所涉及的系数难以确定，一旦外部环境发生较大变化，原有模型稳定性就会受到影响。此外，量化分析法往往需要和程序化交易技术相结合，对交易系统的速度和市场数据的精准度有较高的要求，这也在一定程度上限制了其应用范围，较适合最优投资组合的构建和风险管理。

行为分析法的优点是能够使投资者在证券投资过程中保持正确的观察视角，特别是在市场重大转折点的心理分析上，往往具有很好的效果。巴菲特的名言"在别人贪婪的时候恐

惧，在别人恐惧的时候贪婪"也暗合了行为分析的思想。行为分析的缺点是该方法基于人的不同理性行为和心理假设，很难得到一个统一的结论用于指导投资者的行为。该方法并不常用，而是在上述分析方法无法解释时，才凸显其重要性。

事实上，并不存在完美的证券分析法，任何投资分析理论或分析方法都有其适用的前提和假设。投资分析是一种兼有科学性和艺术性的专业活动，对分析人员的知识、技能和经验都提出了很高的要求。

第二节 K线理论

一、K线的画法和基本形状

K线也称日本线，起源于日本幕府时代，被当时日本米市的商人用来记录米市的行情与价格波动，后因其细腻独到的标画方式而被引入股市及期货市场。目前，这种图形分析法在我国以至整个东南亚地区均尤为流行。由于这种方法绘制出来的图形状颇似一根根蜡烛，再加上这些蜡烛有黑白之分，因而也叫阴阳线图。实际上，在日本"K"并不是写成K字，而是"罫"（日本读音kei），K线的读音为"罫线"，K线图称为"罫线图"，西方以英文第一个字"K"直译为"K"线，由此发展而来。

K线是一条柱状的线条，由影线和实体组成。影线在实体上方的部分叫上影线，在下方的部分叫下影线。实体分为阳线和阴线两种，又称红（阳）线和绿（阴）线。K线的绘制比较简单，由开盘价、收盘价、最高价和最低价四种价格组成。日开盘价是指每个交易日的第一笔成交价格，这是传统的开盘价定义。为了克服机构专家利用通信方式的优势，人为地造出一个不合实际的开盘价的弊端，目前中国市场采用集合竞价的方式产生开盘价，这在一定程度上弥补了传统意义上的开盘价的缺陷。

日最高价和日最低价是每个交易日成交股票的最高成交价格。它们反映当日股票价格上下波动幅度的大小。最高价格和最低价格如果相差很大，则说明当日证券市场交易活跃，买卖双方竞争激烈。但是，同传统的开盘价一样，最高价、最低价也容易受到机构专家的故意做市，造出一个脱离实际的最高价和最低价。

日收盘价是指每个交易日的最后一笔成交价格，是多空双方经过一天的争斗最终达成的共识，也是供需双方当日最后的暂时平衡点，具有指明目前价格的非常重要的功能。同样，为了克服人为造出一个不切实际的收盘价的弊端，目前中国市场的收盘价计算按证券最后一笔交易前一分钟或三分钟（沪市为一分钟，深市为三分钟）的所有交易的成交量的加权平均数确定。

开盘价与收盘价构成了K线的实体，而最高价与最低价则分别组成K线的上影线和下影线。K线实体的长短决定于开盘价与收盘价的价距，影线的长短取决于最高价或最低价离K线实体远近，最高价离K线实体越远，则上影线越长；最低价距离实体越远，则下影线越长。K线实体的阴阳要视开盘价与收盘价的关系而定。收盘价高于开盘价的K线称为阳线，表示市场处于涨势；收盘价低于开盘价的K线称为阴线，表示市场处于跌势。

K线记录的是某一股票一天的价格变动情况。将每天的K线按时间顺序排列在一起，就构成了这只股票的日 K 线图,反映了这只股票自上市以来每天价格的变动情况。看见了日 K 线图,就会对过去和现在有一个大致的了解。K 线的两种常见形状如图 7-1 所示。

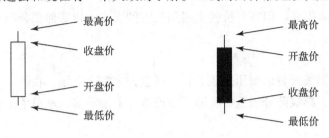

图 7-1　K 线的两种常见形状

在图 7-1 中,中间的矩形称为实体,向上、向下伸出的两条细线分别称为上、下影线。左图中,收盘价高于开盘价,则实体为阳线或红线;右图中,收盘价低于开盘价,则实体为阴线或绿线。每个交易日的 K 线连续不断地连接下去,就构成股票价格每一天交易情况的 K 线图。

二、单根 K 线及含义

(一) 长红线或大阳线

此种图形表示最高价与收盘价相同,最低价与开盘价一样,上下没有影线,如图 7-2 (a) 所示。从一开盘,买方就积极进攻,中间也可能出现买方与卖方的斗争,但买方发挥最大力量,买方始终占优势,使股价一路上扬,直至收盘。股价涨势强劲,呈现高潮,买方疯狂涌进。看到买气的旺盛,持股者不愿抛售,出现供不应求的状况。

(二) 长绿线或大阴线

这种图形表示最高价与开盘价相同,最低价与收盘价一样,上下没有影线,如图 7-2 (b) 所示。从一开始,卖方就占据优势,股市处于低潮,持股者疯狂抛出,造成恐慌心理。市场呈一面倒,直到收盘,股价始终下跌,表示强烈的跌势。

(三) 先跌后涨形

这是一种带下影线的红实体,如图 7-2 (c) 所示。最高价与收盘价相同,开盘后,卖气较足,价格下跌,但在低价位上得到买方的支撑,卖方受挫,价格向上推过开盘价,一路上扬,直至收盘,收在最高价上。总体来讲,出现先跌后涨型,表示买方力量较大,但依实体部分与下影线长短不同,买方与卖方力量对比不同。

1. 实体部分比下影线长

价值下跌不多,即受到买方支撑,价格上推。高于开盘价之后,还大幅度推进,买方实力很强。

2. 实体部分与下影线相等

买卖双方交战激烈,但大体上,买方占主导地位,对买方有利。

3. 实体部分比下影线短

买卖双方在低价位上发生激战。遇买方支撑逐步将价位上推,但图形上面实体部分较小,说明买方所占据的优势不太大,如卖方次日全力反攻,则买方的实体很容易被攻占。

（四）下降抵抗形

这是一种带下影线的绿实体，开盘价是最高价，如图7-2（d）所示。一开盘卖方力量就特别大，价位一直下跌。但在低价位上遇到买方的支撑。依实体部分与下影线的长短不同也可分为三种情况：

1. 实体部分比下影线长

实体部分比下影线长表示卖压比较大，一开盘，大幅度下压，在低点遇到买方抵抗，买方与卖方发生激战。影线部分较短，说明买方把价位上推不多。从总体上看，卖方占了比较大的优势。

2. 实体部分与下影线同长

实体部分与下影线同长表示卖方把价值下压后，买方的抵抗也在增加，但可以看出，卖方仍占优势。

3. 实体部分比下影线短

实体部分比下影线短表示卖方把价位一路压低，在低价位上，遇到买方顽强抵抗并组织反击，逐渐把价位上推，最后虽以绿棒收盘，但可以看出卖方只占极少的优势，后市很可能买方会全力反攻，把小绿实体全部吃掉。

（五）上升阻力形

这是一种带上影线的红实体，开盘价即最低价，如图7-2（e）所示。开盘买方强盛，价位一路上步，但在高价位遇卖方压力，使股价上升受阻。卖方与买方交战结果为买方略胜一筹。具体情况仍应观察实体与上影线的长短。

1. 红实体比黑影线长

红实体比绿影线长表示买方在高价位时遇到阻力，部分多头获利回吐，但买方仍是市场的主导力量，后市继续看涨。

2. 实体与影线同长

实体与影线同长表示买方把价位上推，但卖方压力也在增加。两者交战结果，卖方把价值压回一半，买方虽占优势，但显然其优势不大。

3. 实体比影线短

在高价值遇卖方的压力，卖方全面反击，买方受到严重考验。短线投资者纷纷获利回吐，交战结束后，卖方已收回大部分失地。买方一块小小的堡垒（实体部分）将很快被消灭，这种K线如出现在高价区，则后市看跌。

（六）先涨后跌形

这是一种带上影线的绿实体，收盘价即是最低价，如图7-2（f）所示。一开盘，买方与多方进行交战。买方占上风，价格一路上升。但在高价位遇卖压阻力，卖方组织力量反攻，买方节节败退，最后在最低价收盘。卖方占优势，并充分发挥力量，使买方陷入"套牢"的困境。具体情况仍有以下三种：

1. 绿实体比上影线长

绿实体比上影线长表示买方把价值上推不多，即遇到卖方强有力的反击，把价位压破开盘价后乘胜追击，再把价位下拉很大的一段。卖方力量特别强大，局势对卖方有利。

2. 绿实体与上影线相等

绿实体与上影线相等表示买方把价位上推；但卖方力量更强，占据主动地位。卖方具有优势。

3. 绿实体比上影线短

绿实体比上影线短表示卖方虽将价格下压，但优势较少。下一交易日，买方力量可能再次反攻，绿实体很可能被攻占。

（七）反转试探形

这是一种上下都带影线的红实体，如图7-2（g）所示。开盘后价值下跌，遇买方支撑，双方争斗之后，买方增强，价格一路上推。临收盘前，部分获利回吐，在最高价之下收盘。这是一种反转信号，若在大涨之后出现，表示高档震荡；若成交量大增，则后市可能会下跌；若在大跌后出现，则后市可能会反弹。其依上下影线及实体的不同又可分为多种情况：

1. 上影线长于下影线之红实体

影线部分长于红实体表示买方力量受挫折；红实体长于影线部分表示买方虽受挫折，但仍占优势。

2. 下影线长于上影线之红实体

红实体长于影线部分表示买方虽受挫折，但仍居于主动地位；影线部分长于红实体表示买方尚需接受考验。

（八）弹升试探形

这是一种上下都带影线的黑实体，如图7-2（h）所示。股价在开盘后逐波上行，但随着卖方力量的增加，买方不愿追逐高价，卖方逐渐占据主动，股价逆转，在开盘价之下交易，股价下跌。在低价位遇买方支撑，买气转强，不至于以最低价收盘。有时股价在上半场以低于开盘价成交，下半场买意增强，股价回至高于开盘价成交，临收盘前卖方又占优势，而以低于开盘价之价格收盘。这些都是一种反转试探，如在大跌之后出现，则表示低档承接，行情可能反弹。如大涨之后出现，则后市可能下跌。

（九）十字形

这是一种只有上下影线，没有实体的图形，如图7-2（i）所示。其表示在交易中，股价出现高于或低于开盘价成交，但收盘价与开盘价相等。买方与卖方几乎势均力敌。其中，上影线越长，表示卖压越重；下影线越长，表示买方旺盛。上下影线看似等长的十字线，可称为转机线，在高价值或低价位，意味着将出现反转。

（十）"T"形

"T"形又称多胜线，开盘价与收盘价相同，当日交易以开盘价以下之价位成交，又以当日最高价（即开盘价）收盘，如图7-2（j）所示。卖方虽强，但买方实力更大，局势对买方有利，如此图形出现在低价区，则行情可能会回升。

（十一）倒"T"形

倒"T"形又称空胜线，开盘价与收盘价相同，如图7-2（k）所示。全天交易都在开盘价以上之价位成交，并以当日最低价（即开盘价）收盘，表示买方虽强，但卖方更强，买方无力再挺升，总体看卖方稍占优势，如在高价区，行情可能会下跌。

（十二）"一"字形

"一"字形即开盘价、收盘价、最高价、最低价在同一价位，如图7-2（l）所示。当一股票有重大利好或利空消息时，开盘即封在涨停或跌停的位置，全天都在停板价格成交收盘。2005年之后的中国A股市场上，ST股票经常走出这种图形。

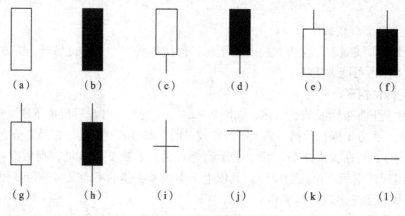

图 7-2 K 线的常见形态

三、K 线组合形态

多种股票技术分析工具中，K 线形态最能反映主控资金的操作心理，是职业投资者进行潜力股套利与判断大盘转折的常用工具；在大盘与个股出现一个长期单边走势（可能连续下跌、连续上涨、连续横盘）后发生一个或者两个经典的 K 线组合，是波段操作的最重要信号提示。此时要注意是否有反转形态出现。

1. 锤子线和上吊线

此类图线具有明显的特点，它们的下影线较长，而实体较小，并且在其全天价格区间里，实体处于接近顶端的位置上。这两种 K 线中如果出现在下降趋势中，那么它就是下降趋势即将结束的信号，在这种情况下此种 K 线称为锤子线［见图 7-3（a）］；如果出现在上冲行情之后，就表明之前的市场上行或许已结束，那么这种 K 线称为上吊线［见图 7-3（b）］。

判别 K 线图是否为锤子线和上吊线主要有以下三个依据：

①实体处于整个价格区间的上端，而实体本身的颜色是无所谓的。

②下影线的长度至少达到实体高度的 2 倍。

③在这类 K 线中，应当没有上影线，即使有上影线，其长度也是极短的。

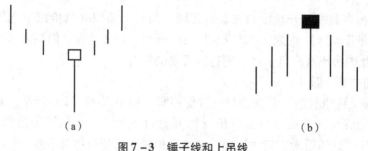

图 7-3 锤子线和上吊线
（a）锤子线；（b）上吊线

2. 吞没图形

下例［见图 7-4（a）］是看涨吞没形态，在图 7-4 中市场本来处于下降趋势，但是后来出现了一根坚挺的红色实体，这根红色实体将它前面的那根绿实体吞没了。这就构成了底部反转的信号。

下例［见图7-4（b）］是看跌吞没形态，在图7-4中市场原本正向着更高的价位趋势，但是当前一根红色实体被后一个绿色实体吞没，这就构成了顶部反转的信号。

判别K线组合是否为看涨吞没或看跌吞没主要有以下三个依据：
①在吞没形态之前，市场必须处在清晰可辨的上升趋势或下降趋势。
②吞没形态必须由2条K线组成，其中第二根K线的实体必须覆盖第一根K线的实体。
③吞没形态的第二个实体与第一个实体的颜色相反。（例如第一条K线的实体必须非常小，小得几乎构成了一根十字线）

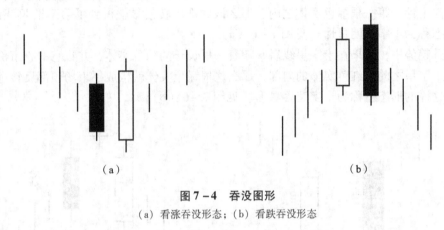

图7-4 吞没图形
(a) 看涨吞没形态；(b) 看跌吞没形态

3. 乌云盖顶和刺透形态

图7-5（a）是刺透形态，在这一形态中，第一根K线具有绿色实体，而第二根K线则具有长长的红色实体，在红色K线这一天，市场的开市价曾急剧地下跌至前一个绿色K线的最低价之下，但是不久市场又将价格推升回来，形成了一根相对较长的红色实体，并且收市价已经向上超越了前一天的绿色实体的中点。这构成了底部反转信号。

图7-5（b）是乌云盖顶形态，在这一形态中，第一天是一根坚挺的红色实体，第二天的开市价超过了第一天的最高价，但是市场却收市在接近当日的最低价的水平，并且收市明显地向下扎入第一天的红色实体的内部。这构成了顶部反转信号。

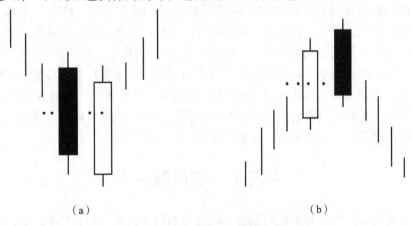

图7-5 刺透形态和乌云盖顶形态
(a) 刺透形态；(b) 乌云盖顶形态

刺透形态与乌云盖顶运用中需要注意一点：

乌云盖顶中第二天的绿色实体不一定要穿过第一天的红色实体，但是在刺透形态中第二天的红线实体必须刺过第一天绿色实体的中心。

4. 十字启明星型和十字黄昏星形

如果在上升趋势中出现了一根十字线，并且这根十字线与前一个实体之间形成了向上的价格跳空，或者在下降趋势中出现了一根十字线，并且这根十字线与前一个实体之间形成了向下的价格跳空，那么这根十字线就称为十字星线。具体而言，在下降趋势中，如果在一根黑色实体之后，跟随着一条十字星线，第三根K线是一根坚挺的红色K线，并且它的收市价显著地向上穿入第一根绿色实体之内，那么该底部反转信号就得到了第三根K线的验证，这样的形态称为十字启明星形［见图7-6（a）］。

在上升趋势中，如果在十字星线后跟随着一根长长的绿色实体，并且它的收市价深深地向下扎入十字星之前的红色实体的内部，那么这根绿色实体就构成了市场顶部反转过程的验证信号，这样的形态就称为十字黄昏星形［见图7-6（b）］。

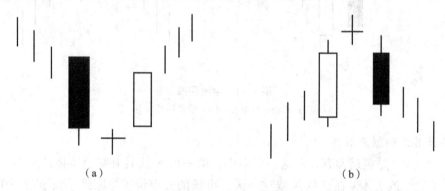

图7-6　十字启明星型和十字黄昏星型

（a）十字启明星型；（b）十字黄昏星型

四、应用K线组合应注意的问题

无论是一根K线还是多根K线，都是对多空双方的争斗做出的一个描述，并且它们的组合得到的结论都是相对的。对具体进行股票买卖的投资者而言，结论只是起一种建议作用。也就是说，结论要涨不一定就涨，而是指今后上涨的概率较大。应用时，有时会发现运用不同种类的组合会得到不同的结论。有时一种组合会得到明天会下跌的结论，但是此日股价没有下跌，而是出现与事实相反的结果。这个时候的一个重要原则是尽量使用根数多的K线组合的结论，将新的K线加起来重新进行分析判断。一般来说，多根K线组合得到的结果不大容易与事实相反。线组合形态有着极其丰富的内容，投资者应当在进一步学习的基础上，在实践中不断探索，总结规律，才能熟能生巧、运用自如。

第三节　切线理论

股票价格的变动一般都有一定的趋势，但在长期的下跌或上涨趋势中，股票市场会有短暂的调整或盘旋，因此投资者在进行投资操作中应把握长期趋势，同时不应被短暂的回调或反弹所迷惑,并且也应该准确地把握大势的反转。切线理论就是帮助投资者识别股票市场大势变动方向的理论方法。

一、趋势

(一) 趋势与趋势方向

1. 趋势的含义

趋势是指股票价格的波动方向,或者说是股票市场运动的方向,若确定一段上升或下降的趋势,则股票的波动必然朝着这个方向运动。在上升的行情中,虽然也时有下降,但不影响上升的大方向;同样,下降行情中也时有上升,但不断出现的新低,使下降趋势不变。一般来说,市场变化不是朝着一个方向直来直去,中间有曲折,从图形上看就是一条曲折蜿蜒的折线,每个折点处形成一个峰或谷。从这些峰和谷的相对高度,可以看出趋势的方向。

2. 趋势方向

趋势的方向是指趋势的发展方向,有三类:上升方向、下降方向和水平方向(无趋势方向)。如果图形中每个后面的峰和谷都高于前面的峰和谷,则趋势就是上升方向,也就是说底部逐步在抬高。如果图形中每个后面的峰和谷都低于前面的峰和谷,则趋势就是下降方向,也就是说,顶部逐步在下降,亦即一顶比一顶低。如果图形中每个后面的峰和谷与前面的峰和谷相比,没有明显的高低之分,则这时的趋势就是水平方向。水平方向趋势是被大多数投资者忽视的一种方向,这种方向在市场中是常见的。水平方向本身也是极为重要的,因为大多数的技术分析,在对处于水平方向的市场进行分析时,都容易出错。这是因为市场处于均衡状态时,下一步朝哪个方向走是没有规律的,而对这样的对象去预测它朝何方向运动是极为困难的,也是不明智的。图7-7所示为趋势的三种方向。

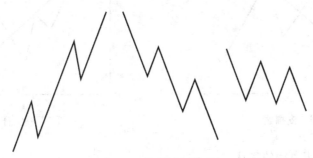

图7-7 趋势的三种方向

(二) 趋势的类型

按道氏理论,趋势分为三种类型:

1. 主要趋势

主要趋势是趋势的主要方向,是投资者极力要弄清楚的目标。只有了解了主要趋势才能做到顺势而为。主要趋势是价格波动的大方向,一般持续的时间比较长。这是技术分析的第二个假设所叙述的。

2. 次要趋势

次要趋势是在进行主要趋势的过程中进行的调整。我们知道,趋势不会一成不变地直来直去,总要有局部调整和回撤的过程,次要趋势正是完成这一使命的。

3. 短暂趋势

短暂趋势是在次要趋势的过程中所进行的调整。短暂趋势与次要趋势的关系就如同次要趋势与主要趋势的关系。这三种类型趋势的最大区别是时间长短和波动幅度大小上的差异。

以上三种类型的趋势可以解释绝大多数的行情。

二、支撑线与压力线

(一) 支撑线和压力线的含义

支撑线又称抵抗线,是指当股票价格下跌到某个价位时,会出现买方增加、卖方减少的状况,从而使股票的价格停止下跌,甚至有可能回升。支撑线的作用就是阻止股票价格的进一步下跌。阻止股票价格下跌的价格就是支撑线所在的位置。

压力线又称阻力线,是指当股票价格上涨到某个价位时,会出现卖方增加、买方减少的状况,从而使股票的价格停止上涨,甚至出现回落。压力线就是起阻止股票价格继续上升的作用。阻止股票价格上升的价格就是压力线所在的位置。

支撑线和压力线的作用就是阻止或暂时阻止股票价格朝同一个方向继续运动。我们知道股票价格的变动是有趋势的,要维持这种趋势,保持原来的运动方向,就必须冲破阻止其继续前进的障碍,也就是说,只有突破支撑线和压力线的阻碍,股票价格的变动才能沿着原来的趋势继续运行下去。比如说,要维持下跌行情,就必须突破支撑线的阻力,股价继续下行;要维持上升行情,就必须突破上升压力线的阻力和抗干扰,股价继续上行。支撑线如图7-8所示;压力线如图7-9所示。

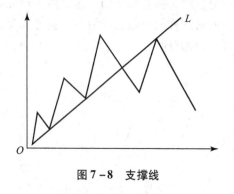
图7-8 支撑线

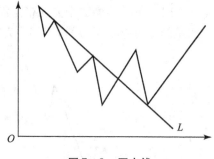
图7-9 压力线

(二) 支撑线与压力线的确认

每一条支撑线和压力线的确认都是人为的,主要根据股价变动所画出的图表来确认。一般来说,支撑线或压力线的重要性由三个方面的因素决定:一是股价在这个区域停留时间的长短;二是与这个区域的股价相伴随的成交量的大小;三是这个支撑线区域或压力区域产生的时间距离当前时刻的远近。通过股价的变动,我们会发现,原来确认的支撑线或压力线可能并不真正具有支撑或压力的作用,比如说,不完全符合上面所描述的三条,这时,就有一个对支撑线和压力线进行调整的问题,这就是支撑线和压力线的修正。

(三) 支撑线与压力线的突破及相互转变

股价的变动是有趋势的,要维持这种趋势,保持原来的变动方向,就必须冲破阻止其继续向前的障碍。支撑线和压力线迟早会被突破。同时,支撑线和压力线又有彻底阻止股价按原方向变动的可能。支撑线和压力线之所以能起支撑和压力作用,很大程度上是心理方面的原因,历史会重复也是一个重要因素。在上升趋势中,如果未创出新高,即未突破压力线,这个上升趋势就已经处于非常关键的位置，且其后股价又向下突破了这个上升趋势的支撑线，那么就发出了趋势有变的强烈信号，通常这意味着这一轮的上升趋势已经结束，下一步的走向是下跌。同样，在下降趋势中未创新低，即未突破支撑线，这个下降趋势就已经处于非常关键的位置，且其后股价向上突破了这个下降趋势的压力线，那么这就发出了下降趋势即将要结束的强烈信号。

支撑线和压力线也可能相互转换，一个支撑线如果被跌破，那么这个支撑线将成为压力线；同理，一个压力线如果被突破，则这个压力线将成为支撑线。支撑线和压力线相互转换的重要依据是被突破，可以从三个方面判断是否被突破：幅度原则、时间原则和收盘价原则。

三、趋势线与轨道线

（一）趋势线

证券价格的变化是有一定的趋势的，也就是说是有方向的，并且这种趋势或方向可以用直线表示出来，这样的直线就是趋势线。反映股票价格向上波动发展的直线就是上升趋势线；反映股票价格向下波动发展的直线就是下降趋势线。由于股票价格的波动可以分为长期趋势、中期趋势和短期趋势三种，因此表示价格的趋势线也就有长期趋势线、中期趋势线和短期趋势线三种。

一般来说，趋势线有以下两种作用：

①趋势线可以对今后价格的变化起约束作用，使价格的变化总保持在这条趋势线上。

②如果在股票价格的运行中趋势线被突破，就说明股票价格有强烈的反转信号。越重要的趋势线被突破，股票价格被反转的信号也就越强烈。趋势线在被突破后将起相反的作用。

（二）轨道线

轨道线又称通道线或者管道线，该线是基于趋势线的一种方法。在已经得到了基本的趋势线以后，可以通过第一个峰和谷做出一条平行于趋势线的直线，这条平行线就是轨道线。

轨道线和趋势线是相互合作的一对直线，很显然，轨道线是在趋势线的基础上画出的，有了趋势线，才有轨道线。趋势线的重要性要大于轨道线，同时轨道线是不能脱离趋势线而单独存在的。趋势线与轨道线如图7-10所示。

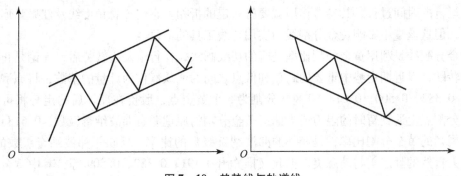

图7-10 趋势线与轨道线

四、黄金分割线和百分比线

（一）黄金分割线

黄金分割线和百分比线是两类非常重要的切线，并在实际操作中得到了广泛的应用。这两条直线的共同特点是：它们都是水平的直线，并且只注重于支撑线和压力线的价位，而对于什么时间达到什么样的价位并不关心。

黄金分割线是依据0.618这一黄金分割率的原理计算出来的点位，这些点位在股票价格的上升和下跌的过程中表现出极强的支撑和压力效能，其计算方法是依据上升或下跌幅度的0.618及其黄金比率的倍率来确定压力和支撑的点位。而百分比线在考虑问题时的出发点是一些整数位的分界点和人们的心理因素。

当股票价格持续上涨到一定的程度时，肯定会受到压力，当遇到压力后，价格就会往下撤。因此在价格下撤的过程中，下撤的位置是很重要的，黄金分割线和百分比线为股票价格的下撤提供了好几个价位。（见图7-11）

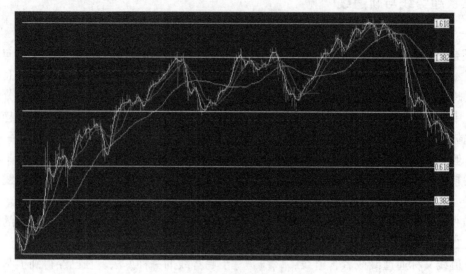

图7-11 黄金分割线的应用

实际操作中主要运用黄金分割来揭示上涨行情的调整支撑位或下跌行情中的反弹压力位。不过，黄金分割线没有考虑到时间变化对股价的影响，所揭示出来的支撑位与压力位较为固定，投资者不知道什么时候会到达支撑位与压力位。因此，如果指数或股价在顶部或底部横盘运行的时间过长，其参考作用就要打一定的折扣。它与江恩角度线及江恩弧形相比略有逊色，但这丝毫不影响黄金分割线为实用切线工具的地位。

黄金分割线是利用黄金分割比率进行的切线画法，在行情发生转势后，无论是止跌转升或止升转跌，以近期走势中重要的高点和低点之间的涨跌额作为计量的基数，将原涨跌幅按0.191、0.382、0.500、0.618、0.809分割为5个黄金点，股价在反转后的走势将可能在这些黄金分割点上遇到暂时的阻力或支撑。黄金分割的原理源自弗波纳奇级数，0.618 033 9……是众所周知的黄金分割比率，是相邻的弗波纳奇级数的比率，反映了弗波纳奇级数的增长，反映了大自然的静态美与动态美。据此又推算出0.191、0.382、0.809等，其中黄金分割线中运用最经典的数字为0.382、0.618，极易产生支撑与压力。

（二）百分比线

百分比线是利用百分比率的原理进行的分析，可使股价前一次的涨跌过程更加直观。百分比线是将上一次行情中重要的高点和低点之间的涨跌幅按1/8、2/8、1/3、3/8、4/8、5/8、2/3、6/8、7/8、8/8的比率生成百分比线。在各比率中，4/8最为重要，1/3、3/8及

5/8、2/3 四条距离较近的比率也十分重要,往往起到重要的支撑与压力位作用。实际上,上述 5 条百分比线的位置与黄金分割线的位置基本上是相互重合或接近的。

  百分比线考虑问题的出发点是人们的心理因素和一些整数的分界点。当股价持续向上,涨到一定程度时,肯定会遇到压力,遇到压力后,就要向下回撤,回撤的位置很重要。黄金分割提供了几个价位,百分比线也提供了几个价位。以这次上涨开始的最低点和开始向下回撤的最高点两者之间的差,分别乘上几个特别的百分比数,就可以得到未来支撑位可能出现的位置。设低点是 10 元,高点是 22 元。这些百分比数一共 10 个,它们是:12.5%、25.0%、33.0%、37.5%、50.0%、62.5%、67.0%、75.0%、87.5% 和 100.0%。

  按上面所述方法我们将得到如下 10 个价位。这里的百分比线中,红色的这两条线(33.0%,67.0%)最为重要。在很大程度上,回撤是人们的一种心理倾向。如果没有回落到以下,就好像没有回落够似的;如果已经回落了,人们自然会认为已经回落够了,因为传统的定胜负的方法是三打二胜利,就是常说的二分法。(见图 7-12)

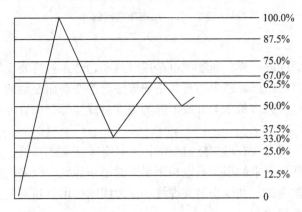

图 7-12 百分比线的应用

  上面所列的 10 个特殊的数字都可以用百分比表示。之所以用上面的分数表示,是为了突出整数的习惯。这 10 个数字中有些很接近。对于下降行情中的向上反弹,百分比线同样也适用。其方法与上升情况完全相同。

五、扇形原理、速度线和甘氏线

(一)扇形原理

  扇形原理是依据三次突破趋势将反转的原则来判断股价变动趋势的理论。在上升趋势中,先以两个低点画出上升趋势线,如果价格向下回落,跌破了刚画的上升趋势线,则以新出现的低点与原来的第一个低点相连接,画出第二条上升趋势线。再往下,如果第二条趋势线又被向下突破,则同前面一样,用新的低点,与最初的低点相连接,画出第三条上升趋势线。依次变得越来越平缓的这三条直线形如张开的扇子,扇形线和扇形原理由此而得名。对于下降趋势也可以如法炮制,只是方向正好相反。

  趋势线在明确趋势反转方面有明显的不足,可操作性比较差。扇形线避免了趋势线的不足,初看起来,扇形线很像趋势线在进行调整。从某种意义上讲,扇形线丰富了趋势线的内容,为我们提供了进行具体操作的指导。

  要改变原来的趋势,必须突破层层阻力。稍微的突破或短暂的突破都不能被认为是反转的开始，必须消除所有的阻止反转的力量，才能确认反转的来临。有很多判断反转的方法，扇形原理只是从一个特殊的角度来考虑反转的问题。实际应用时，宜结合多种方法来判断反转是否来临，单纯一种方法是容易出现问题的。扇形原理依据三次突破的原理减少了出现误判的可能，使结论更加可靠。（见图7-13）

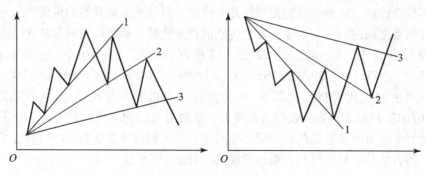

图7-13 扇形原理图解

（二）速度线

同扇形原理考虑的问题一样，速度线也是用以判断趋势是否将要反转的。不过，速度线给出的是固定的直线，而扇形原理中的直线是随着股价的变动而变动的。另外，速度线又具有一些百分比线的思想。它将每个上升或下降的幅度分成三等分进行处理，所以，有时我们又把速度线称为三分法。

与别的切线不同，速度线有可能随时变动，一旦有了新高或新低，速度线将随之发生变动，尤其是新高和新低离原来的高点低点相距很近时更是如此，原来的速度线可以说一点用也没有。速度线一经被突破，其原来的支撑线和压力线的作用将相互交换位置，这也是符合支撑线和压力线的一般规律的。

速度线的画法：

①找到一个上升或下降过程的最高点和最低点（这一点同百分比线相同），然后，将最高点和最低点的垂直距离三等分。

②连接最高点（在下降趋势中）与0.33分界点和0.67分界点，或最低点（在上升趋势中）与0.33和0.67分界点，得到两条直线。这两条直线就是速度线。（见图7-14）

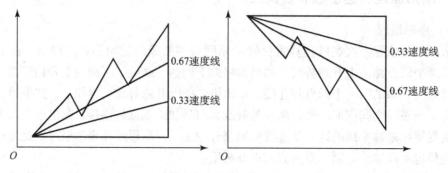

图7-14 速度线的画法

速度线最为重要的功能是判断一个趋势是被暂时突破还是长久突破（转势）。其基本的思想叙述如下：

一是在上升趋势的调整之中，如果向下折返的程度突破了位于上方 0.67 的速度线，则股价将试探下方的 0.33 速度线。如果速度线被突破，则股价将一泻而下，预示着一轮上升的结束，也就是转势。

二是在下降趋势的调整中，如果向上反弹的程度突破了位于下方的 0.67 速度线，则股价将试探上方的 0.33 速度线。如果 0.33 速度线被突破，则股价将一路上行，标志着一轮下降的结束，股价进入上升趋势。

（三）甘氏线

甘氏线（Gann Line）分上升甘氏线和下降甘氏线两种，是由 William D. Gann 创立的一套独特的理论。Gann 是一位具有传奇色彩的股票技术分析大师。甘氏线就是他将百分比原理和几何角度原理结合起来的产物。甘氏线是从一个点出发，依一定的角度，向后画出的多条直线，所以甘氏线又称为角度线。

图 7-15 所示为一个甘氏线各个角度的直线图。图中的每条直线都有一定的角度，这些角度的得到都与百分比线中的那些数字有关。每个角度的正切或余切分别等于百分比数中的某个分数（或者说是百分数）。

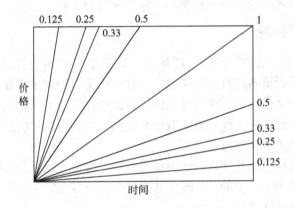

图 7-15　甘氏线各个角度的直线图

甘氏线中的每条直线都有支撑和压力的功能，但这里面最重要的是 45 度线、63.75 度线和 26.25 度线。这三条直线分别对应百分比线中的 50%、62.5% 和 37.5% 百分比线。其余的角度虽然在价格的波动中也能起一些支撑和压力作用，但重要性都不大，都很容易被突破。

甘氏线的具体应用（见图 7-16）：

第一步：先确定起始点，被选择的点同大多数别的选点方法一样，一定是显著的高点和低点，如果刚被选中的点马上被新的高点和低点取代，则甘氏线的选择也随之而变更。图 7-16 中我们选择以 2002 年 1 月 29 日的最低点为起始点。

第二步：确定起始点后，再找角度（即 45 度线），如果起始点是高点，则应画下降甘氏线；反之，如果起始点是低点，则应画上升甘氏线。这些线将在未来起支撑和压力作用。

甘氏线的作法是所有切线中最简单的，只需要一个点就可以。但是，甘氏线在理论上终究有些问题需要说明。

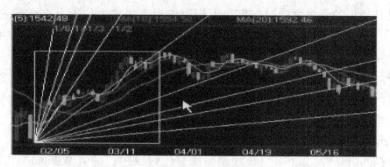

图7-16 甘氏线的具体应用

这个问题是甘氏线的角度线,如果绘图时采用的刻度不同,那么同样一些数字在不同刻度取法的图表中表现出来的图形模样就不同。

上述问题是甘氏理论需要进一步完善的地方。不过,这个问题对我们的妨碍并不大。这是因为:一是甘氏线提供了很多条,而不只是一条直线。东方不亮西方亮,几乎总有一条直线能起很重要的作用。二是甘氏线并不是孤立地起作用,它往往同百分比线等别的切线相结合使用,这样,可以改变总体的效果,避免一些明显的错误。

六、应用时注意问题

①切线理论是一种"趋势"理论。应用该理论能够很好地把握股票市场的整体趋势,有利于进行长期投资的投资者进行投资决策,但这一理论对短期投资没有指导意义。

②切线理论为投资者进行投资决策时提供了可能存在的压力线和支撑线,这些直线有很强的指导作用,但趋势线和压力线都有随时被突破的可能,因此在应用切线理论进行投资决策时,不能将它们看作万能的工具。

③切线理论中的黄金分割线和百分比线提供的一些价位点也只是具有参考作用,同时这些点是在一定的理论前提下提供的,与现实或多或少都是存在一定差距的,因此使用这些价位点进行分析时也要进行注意。

总之,切线理论不是一个万能的理论,投资者在进行分析时必须和其他的技术分析理论相结合才能得到合适的结果。

第四节 形态理论

价格形态分析是通过研究股价所走过的轨迹,分析和挖掘出曲线告诉我们的一些多空双方力量的对比结果,进而指导投资行为。我们可以把股价曲线的形态分成两大类型:反转突破形态和持续整理形态。

一、反转突破形态

反转突破形态描述了趋势方向的反转,是投资分析中应该重点关注的变化形态。反转变化形态主要有头肩顶(底)、双重顶(底)、三重顶(底)、圆弧顶(底)以及扩展形态等多种形态。

(一)头肩顶和头肩底

头肩形态是实际股价形态中出现最多的一种形态,也是最著名和最可靠的反转突破形态。在上升的过程中，形成了三个局部高点，这三个高点就是头肩顶中的"一头"和"两肩"。其中中间比较高的 C 点是一头，两边比较低的 A、E 是两肩。在实际运用中，两肩不一定要完全一样高，但肯定都低于"一头"，如图 7-17 所示。

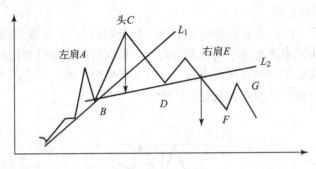

图 7-17 头肩顶

在股价的上升过程中，伴随着成交量的大增，由于部分投资者获利回吐，导致股价下跌，形成了左肩。这次回档在 B 点得到了支撑。然后股价继续上升，并且突破了左肩的位置，创出了新高。出现过高的股价使投资者产生了恐慌心理，竞相抛售，股价回跌到前一低点附近，且伴随比较大的成交量，这时头部完成。在 D 点获得支撑的股价继续上升，由于相对比较低的成交量，涨势不再凶猛，价位到达头部顶点之前即告回落，形成右肩。至此，头肩顶的形态形成了。连接图 7-17 中 B、D 两点，这条直线就是极为重要的颈线。在头肩顶形态中，它是支撑线，起支撑作用。

如果股价最后在颈线水平回升，而且回升的幅度高于头部，或者股价跌破颈线后又回升到颈线上方，那么这个头肩顶就是虚假的。至此，和大部分突破一样，这里颈线被突破也有一个被认可的问题。头肩顶形态中的目标跌幅为头部峰值到颈线的垂直距离。当颈线被突破之后，由颈线上被突破点向下延伸一个目标跌幅所产生的价位为目标价位，即新的支撑点。只有价格继续向下，突破目标价位，才能够确认头肩顶形态的有效突破。

头肩底是头肩顶的相反形态，是一个可靠的买进时机。这一形态的构成和分析方法，除了在成交量方面与头肩顶有所区别外，其余与头肩顶类似，只是方向相反而已，如图 7-18 所示。上升改成下降，高点改成低点，支撑改为压力。值得注意的是，头肩顶形态与头肩底形态在成交量配合方面的最大区别是：头肩顶形态完成后，向下突破颈线时，成交量不一定放大；而头肩底形态向上突破颈线，若没有较大的成交量出现，可靠性将大为降低，甚至可能出现假的头肩底形态。头肩形态可以延续不同的时间跨度，从几分钟到几年，甚至更长。

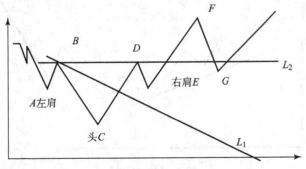

图 7-18 头肩底

同道氏理论和波浪理论所揭示的原理相同，不同周期的头肩形态之间可能存在嵌套关系，从而使头肩形态呈现更为复杂的结构。与一般的价格形态相同，头肩形态形成的时间长度越长，市场所积蓄的力量也越大，从而随后酝酿出的新一轮趋势延续的时间也越长。

（二）双重顶和双重底

双重顶（见图7-19）和双重底就是市场上众所周知的M头和W底，也是一种较为重要的反转形态，在实际中出现的频率也非常高。双重顶由两个高度相同的局部高点组成。理论上两个顶部的高度相等，但在现实中并不是这么严格要求的。不论两个顶部的相对高度如何，双重顶一旦被突破，其技术含义是相同的。

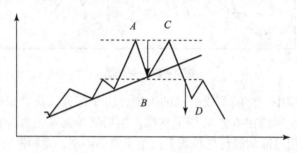

图7-19 双重顶

以双重顶为例，当股价上升到第一个峰顶A时，遇到大量的获利回吐，使股价在此遇到压力，受阻回档。在B点处获得了支撑，成交量随着股价的下跌而萎缩。股价再度上升到第二峰附近C点，成交量再度增加，但已不及第一峰。上升遇到阻力，接着股价掉头向下，这就形成了A和C两个顶的形状。

连接两峰A和C画一条水平线，通过两峰之间的低点画一条与AC平行的线，这就是颈线，M头形成以后，如果股价没有突破颈线，而是在两条平均线之间运动，那么将是我们下面介绍的持续整理状态，只有突破了颈线才是双重顶反转突破形态的真正出现。

突破颈线就是突破轨道线、突破支撑线，所以也有被认可的问题，前面介绍的有关支撑线、压力线被突破的确认原则在这里都适用。一般来说，从突破算起，股价将至少要跌到与形态高度相等的距离，即两条平行线之间的垂直距离。

对于双重底，有完全相似或者说完全相同的结果。只要将对双重顶的介绍反过来叙述就可以了。比如，向上说成向下，高点说成低点，支撑说成压力。但双重底的颈线突破时，必须有大成交量的配合，否则它的有效性将降低（见图7-20）。

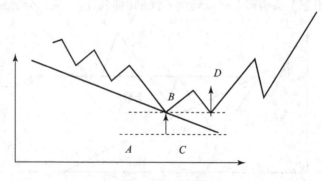

图7-20 双重底

（三）三重顶和三重底

三重顶（底）形态是双重顶（底）的扩展形式，也是头肩顶（底）的变形，由三个一样高或一样低的顶和底组成（见图 7-21）。完成形态所需时间较长，常出现在长期或中期的反转过程中。

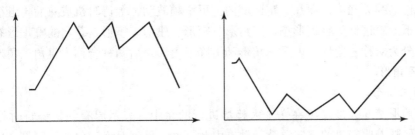

图 7-21　三重顶和三重底

三重顶的三个顶峰之间的时间跨度不一定要相等，三个顶点的股价水平也不一定要完全相同，但三个顶峰成交量有逐渐减少的趋势，当第三个顶峰成交量非常小时就出现了下跌的征兆。重要的是当股价跌破颈线，即跌破两个谷底的支撑价位时，三重顶形态才算完成。预计股价跌破后的最小跌幅为从顶部最高价至颈线的距离。

三重底是三重顶的相反形态，当它的第三个底部完成，股价向上突破颈线成交量增加相配合时，突破的有效性才能被确认。

（四）圆弧顶和圆弧底

将股价在一段时间的高点用曲线连起来，每一个局部的高点都被考虑到，我们有可能得到一条类似于圆弧的弧线，盖覆在股价之上。将每个局部的低点连在一起也能得到一条弧线，托在股价之下。圆弧形在实际中出现的机会较少，但是一旦出现就是绝对的机会，它的反转深度和高度是不可测的。

圆弧底的形态是股价缓慢地下跌，成交量也逐渐萎缩。价格调整得过于平缓，使投资者对价格的走势逐渐失去了兴趣，从而使价格的动能也逐渐减弱。当价格到达弧形底的底部时，成交量也达到了最低点。然后价格的温和上涨吸引了投资者再度进入市场进行交易，使得成交量逐渐放大。圆弧顶则是在股价走势的顶部走出一个圆弧形态，股价随之下跌反转（见图 7-22）。

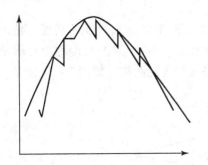 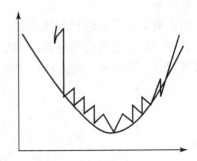

图 7-22　圆弧顶和圆弧底

在圆弧形中成交量显得非常重要。无论是圆弧顶还是圆弧底，在它们的形成过程中，成交量都是两头多、中间少。越靠近顶或底成交量越少，在顶或底时成交量达到最少。圆弧形成所花的时间越长,今后反转的力度就越强,就越值得我们去相信这个圆弧形。

二、持续整理形态

与反转突破形态不同,持续整理形态描述的是,在股价向一个方向经过一段时间的快速运行后,不再继续原趋势,而在一定区域内上下窄幅波动,等待时机成熟后再继续前进。这种运行所留下的轨迹称为整理形态。三角形、矩形、旗形、楔形是著名的整理形态。其中三角形又可以分为对称三角形、上升三角形和下降三角形,后两种合称为直角三角形。

(一) 三角形

1. 对称三角形

对称三角形情况大多发生在一个大趋势进行的途中,表示原有的趋势暂时处于修整阶段,之后还要随着原趋势的方向继续行动。由此可见,见到对称三角形,股价今后最有可能的走向是沿原有的趋势方向运动(见图7-23)。

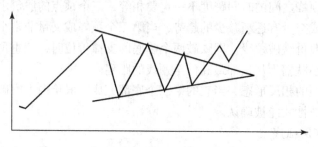

图7-23 三角形

在整理形态内,股价变动幅度逐渐减小,最高价逐渐降低,最低价渐次提高。在图7-23中就表现为上面的直线向下倾斜,下面的直线向上倾斜。在这里,上面的直线起到压力作用,下面的直线起到支撑作用。同时成交量也相应萎缩,形成一对称三角形形态。

股价形态并不改变原来的股价变动方向。如果原来是上升趋势,股价于三角形底部1/2~3/4处,以长阳线与大成交量配合突破是有效突破。如果原来是下降趋势,股价于三角形1/2~3/4处,以长阴线向下突破,突破后不久成交量放大为有效突破,表明股价还将继续下跌。如果股价盘整至超过三角形3/4处尚未突破,三角形盘整形态基本失效,则表示股价还将继续盘整。

对称三角形被突破后,也有测算功能。从C点向上带箭头直线的高度,是未来股价至少要达到的高度。箭头直线长度与AB连线长度相等。AB连线的长度称为对称三角形的高度。从突破点算起,股价至少要运动到与形态高度相等的距离,如图7-24所示。

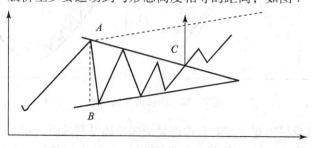

图7-24 三角形的测试功能

2. 直角三角形

在前面我们已经叙述，直角三角形可分为上升三角形和下降三角形，它们都是对称三角形的变形。只不过上升三角形的上方阻力线并非向下倾斜的，而是一条水平线，而下降三角形的下方支撑线并非向上倾斜的，也是一条水平线（见图 7-25）。

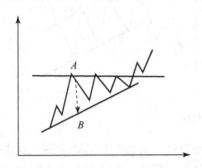 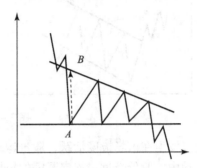

图 7-25　上升和下降三角

上面的直线起压力作用，下面的直线起支撑作用。在对称三角形中，压力和支撑都是逐渐加强的。一方是越压越低，另一方是越撑越高，看不出谁强谁弱。在上升三角形中就不同了，压力是水平的，始终都一样，没有变化，而支撑都是越撑越高。由此可见，上升三角形比对称三角形有更强烈的上升意识，多方比空方更为积极。通常以三角形的向上突破作为这个持续过程终止的标志。同样，上升三角形突破顶部的阻力线时，必须有大成交量的配合，否则为假突破。突破后的升幅量度方法与对称三角形相同。下降三角形与上升三角形正好相反，是看跌的形态。基本内容与上升三角形一样，只是方向相反。另外，下降三角形突破时不需要大的成交量的配合。

（二）矩形

矩形也是一种整理形态，它是一个过渡阶段，价格经过一段矩形调整后，会继续原来的趋势。在矩形形态的初期，多空双方全力投入，互相支撑着己方的心理价位。空方在股价上涨到某个价位就抛出，多方在股价下跌到某个价位就买入。随着阻力线和支撑线的逐渐形成，价格趋于横向运动，双方的热情逐渐减退，成交量减少，市场趋于平淡（见图 7-26）。

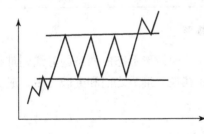 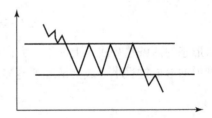

图 7-26　矩形

矩形的突破也有一个确认的问题。当股价向上突破时，必须有大成交量的配合方可确认，而向下突破则不必有成交量增加；当矩形突破后，其涨跌幅度通常等于矩形本身高度，这是矩形形态的测算功能。

（三）旗形

旗形是一个趋势的中继续修整过程，修整之后，还要保持原来的趋势方向。并且旗形的方向与原来的趋势方向相反。例如，如果原来的趋势方向是上升，则这两种形态的方向就是下降（见图7-27）。

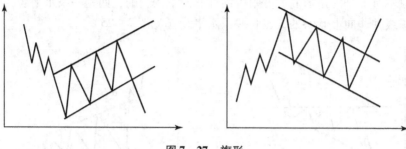

图7-27 旗形

旗形大多发生在市场极度活跃、股价运动几乎直线上升或下降的情况下。在市场急速而又大幅的波动中，股价经过一连串紧密的短期波动后，形成一个稍微与原来趋势呈相反方向倾斜的长方形，这就是旗形走势。

旗形的上下两条平行线起着压力和支撑作用，这一点有些像轨道线。这两条平行线的某一条被突破是旗形完成的标志。旗形被突破后，股价将至少要走到形态高度的距离。

（四）楔形

楔形也是上升或下降趋势中的一次调整，调整结束后，楔形会继续按照原来的趋势方向运动，楔形形态的方向同当前趋势的方向是相反的，出现在上升趋势中的楔形略微向下倾斜，反映了上升趋势的短暂调整，而出现在下降趋势中的楔形则略微向上倾斜，代表着下降趋势的短暂调整。楔形是股价经过一次上涨或下跌后产生的技术性反弹（见图7-28）。

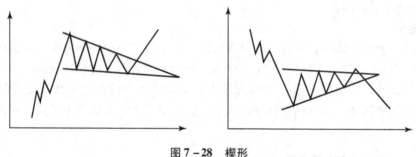

图7-28 楔形

三角形形态的两条趋势线一上一下，方向相反，而楔形形态的两条趋势线则具有相同的方向。在楔形的形成过程小，成交量逐渐萎缩，而在楔形形成之前和突破之后，成交量一般都比较大。

第五节 量价关系理论

一、量价关系理论概述

量价关系理论在技术分析中具有极重要的地位。成交量是股价上涨的原动力，市场价格的有效变动必须有成交量配合。成交量是测量证券市场行情变化的温度计，通过其增加或减少的速度可以推断多空战争的规模大小和指数或股价涨跌的幅度。然而到目前为止，人们并没有完全掌握量价之间的准确关系。这里仅就目前常用的量价关系理论进行介绍。

二、古典量价关系理论

古典量价关系理论也称为逆时钟曲线法（见图7-29），是最浅显、最易入门的量价关系理论。它是通过观测市场供需力量的强弱来判断未来走势方向的方法，其应用原则为：

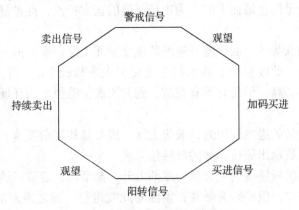

图7-29 成交量逆时钟

①阳转信号：股票经过一段跌势后，下跌幅度缩小，此跌趋稳；同时在低位盘旋时，成交量明显由萎缩转而递增，表示低档承接力转强，此为阳转信号。

②买进信号：成交量持续扩增，股价回升，逆时钟曲线由平向上时，为最佳买入时机。

③加码买进：当成交量增至某一高水准时，不再急剧增加，但股价仍继续上升，此时逢股价回档时，宜可加码买进。

④观望：股价继续上涨，但涨势趋缓，成交量未能跟上，走势开始有减退的迹象，此时价位已高，不宜再追高抢涨。

⑤警戒信号：股价在高位盘整，已难创新高，成交量明显减少，此为警戒信号。此时投资者应做好卖出准备，宜抛出部分持股。

⑥卖出信号：股价从高位滑落，成交量持续减少，逆时针曲线的走势由平转下时，进入空头市场，此时应卖出手中股票，甚至融券放空。

⑦持续卖出：股价跌势加剧，呈跳水状，同时成交量均匀分布，未见萎缩，此为出货行情，投资者应该果断抛货，不要心存侥幸。

⑧观望：成交量开始递增，股价虽继续下跌，但跌幅已小，表示谷底已近，此时多头不宜杀跌，空头也不宜肆意打压，应伺机回补。

逆时针曲线简单易懂，是了解价量关系的启蒙知识，但对于复杂的K线量价关系无法做出有效解释：如在高位时价跌量增，量价背离形态未能呈现出来，无法掌握最佳卖点；低位时的价稳量缩也无法呈现出来，不易把握最佳买点。另外，对于股价剧烈波动的市场，经常发生单日反转，若刻板应用，会有慢一拍的感觉，不易掌握良好的买卖点。尽管逆时针曲线有许多缺点，但仍有许多易于应用的正面价值，切勿陷入教条，须结合实际情况。

三、成交量与价格趋势的关系

技术分析方法认为，价格的涨、跌或平是股价变动的方向，成交量是对价格变动方向的认同，也可以认为是价格变动的力量。

关于量价关系的研究最早见于美国股市分析家葛兰碧所著的《股票市场指标》。葛兰碧认为成交量是股市的元气与动力，成交量的变动直接表现股市交易是否活跃、人气是否旺盛，而且体现了市场运作过程中供给与需求间的动态实况，没有成交量的发生，市场价格就不可能变动，也就无股价趋势可言，成交量的增加或萎缩都表现出一定的股价趋势。

①价格随着成交量的递增而上涨，为市场行情的正常特性，此种量增价升的关系，表示股价将继续上升。

②在一个波段的涨势中，股价随着递增的成交量而上涨，突破前一波的高峰，创下新高价，继续上扬。然而，此段股价上涨的整个成交量水准却低于前一个波段上涨的成交量水准。若此时股价创出新高，但量却没有突破，则此段股价涨势令人怀疑，同时也是股价趋势的潜在反转信号。

③股价随着成交量的递减而回升，股价上涨，成交量却逐渐萎缩。成交量是股价上升的原动力，原动力不足显示出股价趋势的反转信号。

④有时股价随着缓慢递增的成交量而逐渐上升，渐渐地，走势突然成为垂直上升的喷发行情，成交量急剧增加，股价跌升暴涨；紧随着此波走势，继之而来的是成交量大幅萎缩，同时股价急速下跌。这种现象表明涨势已到末期，上升乏力，显示出趋势有反转的迹象。反转所具有的意义将视前一波股价上涨幅度的大小及成交量增加的程度而言。

⑤股价走势因成交量的递增而上升，是十分正常的现象，并无特别暗示趋势反转的信号。

⑥在一个波段，长期下跌形成谷底后，股价回升，成交量并没有随着股价上升而递增，股价上涨愈加乏力，然后再度跌落至原先谷底附近，或高于谷底。第二谷底的成交量低于第一谷底，是股价将要上升的信号。

⑦股价往下跌落一段相当长的时间，市场出现恐慌性抛售，此时随着日益放大的成交量，股价大幅度下跌；继恐慌卖出之后，预期股价可能上涨，同时恐慌卖出所创的低价将不可能在极短的时间内突破。因此，大量恐慌性抛售之后，往往是（但并非一定是）空头市场的结束。

⑧股价下跌，向下突破股价形态、趋势线或移动平均线，同时出现了大成交量，这是股价下跌的信号，明确表示出下跌的趋势。

⑨在市场行情持续上涨数月之后，出现急剧增加的成交量，而股价却上涨无力，在高位整理，无法再大幅上升，显示出股价在高位大幅震荡，抛压沉重，上涨遇到了强阻力，此为股价下跌的先兆，但股价并不一定会下跌。股价连续下跌之后，在低位区域出现大成交量，而股价却没有进一步下跌，仅出现小幅度波动，此即表示进货，通常是上涨的前兆。

关于价量分析，技术分析方法还认为：

①成交量的大小是相对的，主要是相对于最近而言，没有绝对大小；

②成交量的变动在价格变动之前，所谓量在价先；

③技术分析方法常用成交金额来代替成交量，这两者并没有太大的区别，但市场热点过分集中在高价股或低价股上时应适当调整；

④成交价一般采用收盘价。

（一）涨跌停板制度下量价关系分析

①涨停量小，将继续上扬；跌停量小，将继续下跌。

②涨停中途被打开次数越多、时间越久、成交量越大，反转下跌的可能性就越大；反之亦然。

③涨停关门时间越早，次日涨势继续的可能性就越大；反之亦然。

④封住涨停板的买盘数量大小和后续继续上涨的概率正相关；反之亦然。

（二）价量关系补充——换手率

所谓换手率是指单位时间内某一股票累计成交量与可交易量之间的比率。其数值的大小，不仅说明交投的活跃程度，而且表明交易者之间换手的充分程度。

换手率对应的是统计的时间，换手率的高低要在相同的时间内进行对比，时间可以是1天、1周、1个月、1个季度、1年等，统计的时间越长，要求的换手率就越高；而单日换手率高还要看放量的位置，以及后续是否持续放量。

换手率在市场中是很重要的买卖参考指标，应该说这远比技术指标和技术图形来得更加可靠。如果从造假成本的角度去考虑，尽管交易印花税、交易佣金已大幅降低，但成交量越大所缴纳的费用就越高是不争的事实。

如果在K线图上的技术指标、图形、成交量三个要素当中选择，主力肯定是在最没有办法时才会用成交量来骗人。因此，研判成交量乃至换手率对于判断一只股票的未来发展是有很大帮助的。

一般来讲，换手率高的情况大致分为三种：

①相对高位成交量突然放大：主力派发的意愿是很明显的。然而，在高位放出成交量也是不容易的事，一般伴随着一些利好政策出台时，才会放出成交量，主力才能顺利完成派发，这种例子是很多的。

②新股：这是一个特殊的群体，上市之初换手率高是很自然的事，甚至会一度上演新股不败的神话。然而，随着市场的变化，那些过度炒高的新股上市后高开低走必然成为现实。显然已得不出换手率高一定能上涨的结论。

③底部放量：价位不高的股票，是我们应该关注的重点。换手率高，则其可信程度也较高，表明新资金介入的迹象较为明显，未来的上涨空间相对较大，越是底部换手率充分，上行中的抛压就越轻。此外，当市场处在趋势不明、个股涨跌不一的情况时，换手率高的个股有望成为强势股，强势股就代表了市场热点，因而有必要对它们重点地加以关注。

第六节　技术指标分析

在证券分析领域，技术指标分析法是技术分析方法中重要的分支。据统计，全世界各种各样的技术指标有上千种，它们都有自己的使用者，并在实际应用中取得了一定的效果。

一、技术指标的含义与本质

所谓技术指标，就是应用一定的数学公式，对原始数据进行加工处理，得出指标值，并将指标值绘成图表，从指标值的大小、指标值图表的形态、走势等方面对股市的变化趋势进行预测的方法。因此，技术指标法也称为数学方法。这里的原始数据是指开盘价、最高价、最低价、收盘价、成交量和成交额等。

二、技术指标法与其他技术分析法的关系

其他技术分析方法基本上都是定性分析方法，而且过分重视价格，对成交量重视不够。如果单纯从技术的角度看，没有成交量的信息，同样可以进行行情的分析与预测。然而没有成交量的分析，无疑丢掉了很重要的一类信息，分析结果的可信度将降低。由于技术指标种类繁多，因而考虑的方面就很多，人们能够想到的几乎都能在技术指标中得到体现。这些指标有的从价格角度入手，有的从成交量角度入手，多种指标的配合使用，可以对行情进行较好的分析与预测。这一点是别的技术分析方法无法比拟的。在进行技术指标的分析与判断时，也经常用到别的技术分析方法的基本结论。例如，在使用 RSI 等指标时，我们经常用到形态学中的头肩顶、颈线和双重顶之类的结果以及切线理论中支撑线和压力线的分析手法。所以，全面学习技术分析的各种方法是很重要的。

三、技术指标的分类

尽管技术指标有上千种，但可以从不同的角度对其进行不同的分类。本书以技术指标的功能为划分依据，将常用的技术指标分为趋势型指标、超买超卖型指标、人气型指标和大势型指标四类。

（一）趋势型指标

趋势型指标是用于判断证券价格变动趋势的指标，该类指标构造的基本思想是应用统计学中"平均价格"的概念和原理。根据道氏理论，证券市场的价格运动可以分为长期运动、中期运动和短期变动三种形式，其中长期运动和中期运动是两种主要的形式，其技术分析意义最大，而短期变动的影响相对较小。通过计算"平均价格"可消除短期变动和其他偶然因素对证券价格变动的影响，确认证券价格的变动趋势。常见的趋势指标有移动平均线（MA）、指数平滑异同移动平均线（MACD）等。

（二）超买超卖型指标

超买超卖型指标是根据当日收盘价相对一段时间内最高价和最低价的位置，判断市场价格走势的强弱和超买超卖现象，以此作为短期投资信号的一种技术指标。该类指标构造的原理是，若当天的价格处在一段时间内的全部价格范围内较高的位置，则说明市场处于超买状态，股价可能要回落；若当天的价格处在较低的位置，则股价可能要反弹。常见的超买超卖型指标有威廉指标、随机指标等。

（三）人气型指标

人气型指标是用以反映市场人气聚散程度的技术指标。该类指标构造的原理是，根据历史资料，计算出代表多空双方力量的指数值，然后通过多空双方力量的对比，判断市场的强弱和人气集散程度，以此做出投资决策的技术指标。常见的人气型指标有心理线指标（PSY）、能量潮指标（OBV）等。

（四）大势型指标

大势型指标是用以描述大盘走势的技术指标。一般来说，人们使用综合指数反映股市总体的升降趋势，但综合指数不可能面面俱到，总有不尽如人意的地方。大势型指标可以从某个角度弥补综合指数的不足，提前向我们发出信号。大势型指标构造的基本原理是通过计算每日上涨股票和下跌股票家数的累积情况的对比，反映市场人气衰盛和大势走向。常见的大

势指标有腾落指标（ADL）、涨跌比指标（ADR）及超买超卖指标（OBOS）等。大势型指标只适合于投资者研判大势，不可用于选股与研究个股。

技能训练

一、单选题

1. 当股票价格下跌到某个价位时，会出现买方增加、卖方减少的状况，从而使股票的价格停止下跌，甚至有可能回升，此价位一般称为（　　）。
    A. 支撑线　　　　B. 阻力线　　　　C. 上涨线　　　　D. 压力线
2. 古典量价关系理论是通过观测市场供需力量的强弱来判断未来走势方向的方法，也称为（　　）。
    A. 成交量判断法　　　　　　　　B. 逆时钟曲线法
    C. 技术分析法　　　　　　　　　D. 形态法
3. 证券价格的变化是有一定的趋势的，也就是说是有方向的，并且这种趋势或方向可以用直线表示出来，这样的直线就是（　　）。
    A. 黄金分割线　　　　　　　　　B. 轨道线
    C. 百分比线　　　　　　　　　　D. 趋势线
4. 就单根K线而言，反映多空双方争夺激烈且势均力敌的K线形状是（　　）。
    A. 带有较长下影线的阴线　　　　B. 光头光脚大阴线
    C. 光头光脚大阳线　　　　　　　D. 大十字星
5. 量价的基本关系是成交量与股价趋势（　　）。
    A. 同步同向　　B. 同步反向　　C. 异步同向　　D. 异步反向

二、多选题

1. 技术分析的基本假定包括（　　）。
    A. 政策不会影响市场　　　　　　B. 市场行为包容一切信息
    C. 价格变动沿趋势变动　　　　　D. 历史会重演
2. 反转突破形态描述了趋势方向的反转，是投资分析中应该重点关注的变化形态，反转变化形态主要有（　　）。
    A. 头肩顶（底）　　　　　　　　B. 双重顶（底）
    C. 三重顶（底）　　　　　　　　D. 圆弧顶（底）
3. 证券价格的变动趋势一般分成（　　）。
    A. 上升趋势　　　　　　　　　　B. 下降趋势
    C. 突破趋势　　　　　　　　　　D. 无趋势方向（水平方向）
4. 道氏理论将股价运行趋势按级别划分为（　　）。
    A. 主要趋势　　B. 次要趋势　　C. 短暂趋势　　D. 上升趋势
    E. 下降趋势
5. 整理形态的类型有很多，除了三角形外，还有（　　）等形态。
    A. 菱形　　　　B. 旗形　　　　C. 矩形　　　　D. 楔形

技能训练答案

一、单选题
1. A　2. B　3. D　4. D　5. A

二、多选题
1. BCD　2. ABCD　3. ABD　4. ABC　5. BCD

第八章

证券市场操作策略

本章导语

一个成功的证券投资者,要具备对市场的高度把握能力。除了掌握较强的理论知识以外,更要有敏锐的洞察力,及时发现好的投资机会,能够适时规避风险。精准地选股、灵活地操作和对市场风险的预判与规避,都是证券市场投资成功的关键。

学习目标

(1) 了解蓝筹股、成长股、低估值股等的概念,并掌握其选股策略。
(2) 了解系统风险与非系统风险,熟悉风险的类型及防范方法。
(3) 掌握牛市、熊市的操作策略及不同条件下的短线与中长线操作策略。
(4) 了解信息证券市场不对称下的表现、风险及防范。

案例导入

光大证券"乌龙指"事件

2013年8月16日上午11时05分,上证指数一改死寂沉沉的盘面,指数曲线直线拉起,三分钟内上证指数暴涨超过5%。因为这一天是周五加之是8月股指期货合约的交割日,一时间,场内"利好消息说"和"阴谋说"传得纷纷扬扬。"利好消息说"有传优先股政策实施的,有传蓝筹要实行T+0的,也有传降低印花税的。"阴谋说"有大资金企图干扰期指交割日结算价的等。几分钟后,有媒体指出,指数异动是由于光大证券乌龙指引起的,但市场并不相信,指数继续上涨。中午,光大证券董秘声称"乌龙指"子虚乌有,使该事件更加扑朔迷离,这严重干扰了市场部分人士的判断。午后开市,光大证券停牌,同时发布公告称,光大证券策略投资部门自营业务在使用其独立的套利系统时出现问题,公司正在进行相关核查和处置工作。至此,此次指数异常波动被确认为光大证券"乌龙指"所导致。投资者在得知真相后,人气涣散,指数逐级回落,至收盘,上证指数收跌0.64%。

此次乌龙指事件中共下单230亿，成交72亿元，涉及150多只股票。按照8月16日的收盘价，上述交易的当日盯市损失约为1.94亿元。承担此次乌龙指事件后，将对光大证券8月业绩产生巨大影响。公开资料显示，光大证券7月实现营业收入2.15亿元，净利润0.45亿元。8月16日，中金所盘后持仓数据显示，光大期货席位大幅增空7 023手，减多50手，涉及金额达48亿元左右。2013年8月16日上午11点06分左右，上证指数瞬间飙升逾100点，最高冲至2 198.85点。沪深300成分股中，总共71只股票瞬间触及涨停，且全部集中在上海交易所市场。其中沪深300权重比例位居前二的民生银行、招商银行均瞬间触及涨停。从立时冲击涨停的71只股票来看，主要集中在金融、交运设备、公用事业等低估值、高股息率板块，其中22只金融股触及涨停。需注意的是，沪市银行板块中，除建设银行未触及涨停外，其余均触及涨停。事件发生后，南方基金、泰达宏利基金、申万菱信基金纷纷表示对自己旗下基金持有的光大证券股票估值进行下调，下调幅度超过10%。光大证券18日发布公告，详细披露"8·16"事件过程及原因，称当日盯市损失约为1.94亿元，并可能因此事件面临监管部门的警示或处罚，公司将全面检讨交易系统管理。

触发原因是系统缺陷。策略投资部使用的套利策略系统出现了问题，该系统包含订单生成系统和订单执行系统两个部分。核查中发现，订单执行系统针对高频交易在市价委托，对可用资金额度未能进行有效校验控制，而订单生成系统存在的缺陷，会导致特定情况下生成预期外的订单。由于订单生成系统存在的缺陷，在11时05分08秒之后的2秒内，瞬间重复生成26 082笔预期外的市价委托订单；由于订单执行系统存在的缺陷，上述预期外的巨量市价委托订单被直接发送至交易所。问题出自系统的订单重下功能，具体错误是：11点2分，第三次180ETF套利下单，交易员发现有24个个股申报不成功，就想使用"重下"的新功能，于是程序员在旁边指导着操作了一番，没想到这个功能没实盘验证过，程序把买入24个成分股，写成了买入24组180ETF成分股，结果生成巨量订单。

深层次原因。该策略投资部门系统完全独立于公司其他系统，甚至未置于公司风控系统监控下，因此深层次原因是多级风控体系都未发生作用。交易员级：对于交易品种、开盘限额、止损限额三种风控，后两种都没发挥作用。部门级：部门实盘限额2亿元，当日操作限额8 000万元，都没发挥作用。公司级：公司监控系统没有发现234亿元巨额订单，同时，或者动用了公司其他部门的资金来补充所需头寸来完成订单生成和执行，或者根本没有头寸控制机制。交易所：上交所对股市异常波动没有自动反应机制，对券商资金越过权限的使用没有风控，对个股的瞬间波动没有熔断机制。（上交所声称只能对卖出证券进行前端控制）

传统证券交易中的风控系统交易响应最快以秒计，但也远远不能适应高频套利交易的要求，例如本事件中每个下单指令生成为4.6毫秒，传统IT技术开发的风控系统将带来巨大延迟，严重影响下单速度，这可能也是各环节风控全部"被失效"的真实原因。

（资料来源：网易财经http：//money.163.com/13/0822/15/96T4KGD800254V4E.html）

第一节　选股策略

一、蓝筹股及其选择

蓝筹股是指具有稳定的盈余记录，能定期分派较优厚的股息，被公认为业绩优良的公司的普通股票,又称为"绩优股"。

如何选择蓝筹股呢?股票成为蓝筹股的基本支持条件有:

①萧条时期,公司能够制订出保证公司发展的计划与措施。

②繁荣时期,公司能发挥最大能力创造利润。

③通胀时期,公司实际的盈余能保持不变或有所增加。

蓝筹股一般都出现在国家的支柱产业中,蓝筹公司也大都是行业龙头企业。对蓝筹股的认识不能仅仅局限在"股"字上,它承载的是"产业与民生"甚至"国家的光荣与梦想"。有些公司经营得很好,业绩也很优良,比如"小商品城",但是从其所处的行业属性来看,绝对称不上蓝筹股。而像"长江电力""中国国航"这样的上市公司处在电力、航天这些国计民生的支柱产业中,就具备蓝筹公司的特质。蓝筹公司也一定担当着产业领袖的角色,是产业价值链和产业配套分工体系的主干和统摄力量,不仅在规模上,在技术水平、管理水平上都是这个行业的代表。

大的公司不一定是好的公司,但规模大却是成为蓝筹公司的必要条件。蓝筹公司在资本市场上受到大宗资本和主流资本的长期关注和青睐,以资产规模、营业收入和公司市值等指标来衡量,企业规模是巨大的。例如,就市值论,2004年2月道指30成分股公司总市值3万多亿美元,平均市值超过1千亿美元,差不多相当于芬兰这类中等国家一年的国内生产总值;就资产论,花旗集团、JP摩根、GE、GM等公司都高达几千亿美元,花旗集团竟达1万多亿美元;就营业收入论,道指30成分股公司2002年的销售收入约1.8万亿美元,超过同年中国国内生产总值1.25万亿美元。所以,说蓝筹股公司富可敌国一点也不夸张。

蓝筹股并非一成不变。随着公司经营状况的改变及经济地位的升降,蓝筹股的排名也会变更。据美国著名的《福布斯》杂志统计,1917年的100家最大公司中,目前只有43家公司股票仍在蓝筹股之列,而当初"最蓝"、行业最兴旺的铁路股票,如今完全丧失了入选蓝筹股的资格和实力。在香港股市中,最有名的蓝筹股当属全球最大商业银行之一的"汇丰控股"。有华资背景的"长江实业"和中资背景的"中信泰富"等,也属蓝筹股之列。中国大陆的股票市场虽然历史较短,但发展十分迅速,也逐渐出现了一些蓝筹股。

二、成长股及其选择

所谓成长股,是指发行股票时规模并不大,但公司的业务蒸蒸日上,管理良好,利润丰厚,产品在市场上有竞争力的公司的股票。优秀的成长型企业一般具有如下特征:成长型公司的利润应在每个经济周期的高涨期间都达到新的高峰,而且一次比一次高;产品开发与市场开发的能力强;行业内的竞争不激烈;拥有优秀的管理班子;成长型公司的资金,多用于建造厂房、添置设备、增加雇员、加强科研,将经营利润投资于公司的未来发展,但往往派发很少的股息或根本不派息。

选择成长股应考虑以下因素:

1. 企业规模较小

小规模企业对企业成长动因的反应较强烈,资本、产量、市场等要素的上升空间大,因而成长条件较优越。从历史上看,任何伟大的公司都是从小市值公司成长而来的。苹果(AAPLE)1980年12月12日登陆纳斯达克时发行460万股,当日收盘价29美元,总市值仅为13 340万美元,现在已经成为了美国股市第一大市值公司,而微软、贵州茅台等上市后，市值也是从一个"小孩"快速长大为巨人的。从投资角度出发，投资者选取总市值（非流通市值）相对较小，且总市值在100亿元以下的成长性小公司为宜。

2. 行业具有成长性

有行业背景支持的成长股，可靠性程度较高。成长性行业主要有：

①优先开发产业，即国家政策重点扶持的行业，包括产业发展链上的薄弱行业、经济发展中的领头行业和支柱行业等。

②朝阳行业，即在开发新产品、新市场的竞争中处于兴盛状态的行业，技术高新、知识密集是其特征，如微电子及计算机、激光、新材料、生物工程、邮电通信等。

3. 具有较高的竞争壁垒

竞争壁垒，俗称"护城河"，可以为企业带来高于市场的超额利润，还能以较小的有形资产发挥出较大的收益。最重要的是，它可以阻止竞争对手的进入，从而享受高溢价，一般可参考公司的毛利率及净利率。以医药行业为例，很明显医药行业的竞争壁垒偏低，而生物制药和中成药的毛利润率比较高，尤其是有重磅药的公司市场议价能力最强，竞争壁垒最高，这是由生物制药的研发所决定的。

4. 净利润显著持续成长

评价成长股的主要指标应为利润总额的增长率而不是每股收益的增长水平，因为后者会因为年终派送红股而被摊薄。

5. 具备一定的创新能力

一般来说，能够持续增长的公司研发能力都比较强，其研发费用投入占公司营业收入的比例都非常高，只有不断创新才能不断增加新的盈利点，在美国，很多科技股（苹果除外）的研发费用占营业收入的比重都比较高。不过，值得一提的是，医药公司研发支出的沉没成本比较高，研发失败风险很大，如A股上市公司重庆啤酒就在研发乙肝疫苗上折戟了。

6. 管理层必须诚信，最好是实施股权激励

管理层是否诚信，需要听其言、观其行，多去参加股东大会，以获取一手信息。实施股权激励对于公司经营管理层来说是一副"金手铐"，它通过授予经营者一部分股权，使经营者能够以股东身份参与企业决策、分享利润、承担风险，从而将公司的业绩增长与高管个人的利益捆绑在一起，避免上市公司一些短期的行为，激发公司经营层高管的工作热情。据统计，对最近几年国内排名靠前基金经理持仓研究，发现很多机构重仓品种都是有股权激励的。

三、低估值股、黑马股及其选择

所谓的低估值，简单而言，就是"三低"，市盈率低、市净率低、股价低。此类股票因低于市场整体市盈率或行业市盈率而被低估，其预期价格应该高于现有股价，买入也会很安全，一般为中长线投资者首选。

黑马股是指价格可能脱离过去的价位而在短期内大幅上涨的股票。首先，能成为黑马的个股在启动前经常会遇到各种各样的利空。利空主要表现在：上市公司的经营恶化，有重大诉讼事项，被监管部门谴责和调查，以及在弱市中大比率扩容等。虽然利空的形式多种多样，但是，在一点上是共同的：就是利空消息容易导致投资者对公司的前景产生悲观情绪，有的甚至引发投资者的绝望心理而不计成本地抛售股票。其次，黑马形成前的走势也让投资大众对它不抱希望。因为走势非常难看，通常是长长的连续性阴线击穿各种技术支撑位，走

势形态上也会显示出严重的破位状况,各种常用技术指标也表露出弱势格局,因此投资者感到后市的下跌空间巨大,心理趋于恐慌,从而动摇投资者的持股信心。最后,能成为黑马的个股在筑底阶段会有不自然的放量现象,量能的有效放大显示出有增量资金在积极介入。因为,散户资金不会在基本面利空和技术面走坏的双重打击下蜂拥建仓的,所以,这时的放量说明了有部分恐慌盘在不计成本地出逃,而放量时股价保持不跌常常说明有主流资金正在趁机建仓。因此,这一特征反映出该股未来很有可能成为黑马。投资者对这一特征应该重点加以关注。

黑马股启动前三大要素:

①市场的浮动筹码减少,股价的振幅趋窄,如果主力某天休息,则盘口的交易非常清淡,启动之前往往有连续多个交易日的阶段性的量交易过程。

②股价的30日均线连续多个交易日走平或者开始缓慢上移,30日均线代表着市场30天的平均成本,如果一个股票的30日均线走平则意味着多空双方进入平衡阶段,30天之前买进股票的投资者已经处于保本状态,只要股价向上攻击,投资者就迅速进入盈利状态,由于市场平均成本处于解套状态,该股向上的套牢盘压力比较轻,并且刚启动时市场平均成本处于微利状态,相应的兑现压力也比较轻,因此行情启动之初主力运作将相对轻松。

③周线指标及月线指标全部处于低位,日线指标处于低位并不能有效说明什么,主力依靠资金实力可以比较轻松地将日线指标尤其是广大投资者都熟悉的技术指标如KDJ、RSI等指标做到低位,只有周线指标与日线指标同时处于低位,该股才真正具备黑马个股的潜在素质。

第二节　投资风险的识别

风险是指社会经济活动中各种无法预知的不确定因素给人们带来的各种可能的损失。投资者在进行投资时,只能根据经验和所掌握的资料对未来形势进行分析判断和预测,形成对收益的预期。但受未来不确定性因素的影响,实际的收益可能会偏离预期,使投资者无法实现预期的收益甚至会面临亏损的危险。

一、正确认识投资风险

在证券投资中,收益和风险往往是一对矛盾,人们在主观上都希望获取最大化的收益,投资决策的核心就是如何在两者之间进行权衡,以实现投资者效用的最大化。根据风险能否分散,证券投资风险可分为系统性风险和非系统性风险。

(一) 系统性风险

系统性风险是指由于某种全局性的因素变化给证券市场整体带来的风险,也称为不可回避风险或不可分散风险,包括购买力风险、利率风险、汇率风险、宏观经济风险、社会与政治风险等。

1. 购买力风险

购买力风险又称通货膨胀风险,是指由于通货膨胀引起的投资者实际收益水平下降的可能性。在通货膨胀条件下,随着商品价格的上涨,证券价格也会随之上涨,投资者的货币收入有所增加,但由于货币购买力下降,投资者的实际收益可能没有提高甚至有所下降。

$$\text{实际收益率} = \text{名义收益率} - \text{通货膨胀率}$$

只有通过实际收益率才能衡量出资产的真正变动。当名义收益率高于通货膨胀率时，实际收益率为正值，资产的购买力增强；反之，当名义收益率低于通货膨胀率时，实际收益率为负值，资产的购买力下降，投资者受到损失。最容易受其损害的是固定收益证券，如优先股、债券等，因为它们的名义收益率是固定的，因而发生通货膨胀时，真实收益就会下降。

2. 利率风险

利率风险是指由于利率水平变动给投资者收益造成的影响。一般来说，证券的理论价格与利率成反比，即利率上升，证券价格下降；利率下降，证券价格上升。主要原因有两方面：一是人们持有金融资产的目的是获取收益，通常情况下，银行储蓄存款的安全性要远远高于证券投资。因此，一旦银行存款利率上升，就会有部分资金从证券市场流出，从而使证券投资需求下降，证券价格下跌。二是银行贷款利率上升后，信贷市场资金偏紧，企业筹资成本提高，进而削弱企业的盈利能力，造成该企业证券市场价格的下跌。

债券是利息率固定的收益证券，对利率变动最为敏感。对债券而言，利率风险包括价格变动风险和息票率风险。

股票受利率风险的影响相对较小，因为除利率之外影响企业预期利润的因素还有很多。在企业发行的股票中，普通股和优先股所受到的利率风险的影响也有较大差别。由于优先股的股息同债券利息一样，在发行时就已确定，因此虽然优先股股息也会受企业预期利润的影响，但它受到利率风险的影响要大于普通股。

3. 汇率风险

汇率风险是由外国货币与本国货币之间的汇率变动所造成的证券投资收益的变动。两国货币之间的汇率主要由两国货币的相对购买力来决定，因而可以反映两国物价的相对变化。通货膨胀率、国际收支情况、利率水平、金融政策以及政治、军事等因素都会影响国际间汇率的波动。汇率与证券投资风险的关系主要体现在两方面：一是本国货币升值，有利于以进口原材料为主的生产经营企业，不利于产品出口型的企业，因此使投资者看好前者，看淡后者，从而引发证券价格的涨跌。二是对于货币可自由兑换的国家来说，汇率的变动也可能引起资本的输入与输出，从而影响国内货币资金和证券市场的供求状况。

4. 宏观经济风险

宏观经济风险是指由于宏观经济因素变化、经济政策变化、经济周期的波动，以及国际经济环境等的变化给证券投资者带来的不确定性收益或损失。如经济体制的改革、加入世贸组织、人民币可自由兑换等，都会使证券市场产生波动，进而使投资者的损益发生变化。

5. 社会与政治风险

稳定的社会、政治环境是经济正常发展的基本保证，对证券投资者来说也不例外。倘若一国政治局势出现大的变化，如政府更迭、政局不稳、国内出现动乱、对外政治关系发生危机等，都会在证券市场上产生反响。此外，政界人士参与证券投机活动和证券从业人员内幕交易一类的政治、社会丑闻，也会对证券市场的稳定构成很大威胁。

（二）非系统性风险

非系统性风险是指由某种特殊因素导致的、只影响部分或个别证券投资损益的风险。非系统性风险只对个别公司或行业的证券产生影响，与市场总价格的变动不存在系统性、全局性的联系。为防范非系统性风险的发生，一般可采取组合投资的方法进行防范，因此非系统性风险也称为可分散风险。非系统性风险的来源主要有以下几种：

1. 经营风险

经营风险是指公司经营不善导致损失的风险。公司经营情况的好坏，直接影响投资收益。经营管理不善，不仅能导致投资者无法获取投资收益，甚至有可能使投资者的本金受损失。构成经营风险的主要因素是公司本身的管理水平、技术水平、经营方向、产品结构等。经营风险主要是盈利变化所产生的影响，对不同证券的影响程度有所不同。经营风险是普通股的主要风险，公司盈利的变化既影响普通股的股息收入，也影响股票价格。经营风险对优先股的影响小些，对公司债券的影响很小，信用评级高的公司债券受盈利水平变化的影响相对较小，信用评级低的公司债券受盈利水平变化的影响较大。

2. 财务风险

财务风险是指公司资金困难引起的风险。一个上市公司财务风险的大小，可以通过该公司资产负债率的多少来反映。企业资产负债率高，则风险大；反之，风险则小。借贷资金的利息是固定的，无论公司盈利如何，都要支付固定的利息；而证券投资的利息可能是不确定的，一般要视公司盈利情况来确定。因此，债务负担重的公司比起没有借贷资金的公司，其风险更大。

3. 信用风险

信用风险也称违约风险，指不能按时向证券持有人支付本息而给投资者造成损失的可能性。债券、普通股、优先股都可能有信用风险，但各自的程度有所不同。信用风险是债券的主要风险，债券的信用风险从低到高依次排列为政府债券、金融债券、公司债券。股票没有还本要求，普通股股息也不固定，但仍有信用风险。优先股股息有缓付或少付甚至不付的可能，若公司不能按期偿付债务，就会立即影响到股票市场价格，特别是当公司破产时，该公司的股票价格会接近零。

4. 道德风险

这里的道德风险是指上市公司管理者的道德风险。上市公司的股东和管理者是一种委托代理关系。由于管理者和股东追求的目标不同，尤其是在双方信息不对称的情况下，管理者的行为可能会对股东的利益造成损害。

二、证券投资风险的衡量

风险的大小是投资者考虑的重要因素。为了在证券投资中比较风险的大小，保证投资者的收益，需要对投资风险加以衡量。

（一）**债券投资风险的衡量**

债券投资者一般都希望在风险可控的情况下，能获得稳定的收益。一般而言，政府公债常常被认为是最安全的投资对象，特别是中央政府债券，基本认为是无风险的。在公司债券中，信用评级高的公司债券风险较小，信用评级低的公司债券风险较大，但可获得较高收益。就债券期限长短而论，短期债券风险较小，长期债券风险较大。

（二）**股票投资风险的衡量**

股票投资风险可用股票年度价差率和贝塔系数值来表示。

1. 股票年度价差率

一般来讲，股票差价率越大，说明股票的波动幅度越大，股票的投资风险也越大。例如，统计资料表明：在某段时间内，甲公司股票年度差价最低为26%，最高为54%，平均值为40%；同期，乙公司股票年度价差率最低为37%，最高为153%，平均值为95%。显然，甲公司股票波动小于乙公司，前者的投资风险低于后者。价差率既可以用年衡量，也可用月、周来衡量。激进的投资者往往比较喜欢波动幅度大的股票，如果选择波段的底部买入，则可以取得较好的收益，但是一旦对股票的趋势判断错误，受到的损失也会比较大。

$$股票年度价差率 = \frac{年度最高价 - 年度最低价}{(年度最高价 + 年度最低价)/2} \times 100\%$$

2. 贝塔系数

贝塔系数也被称为 β 系数，用以度量一种证券或一个证券投资组合相对总体市场的波动性。贝塔系数为1，意味着某股票或组合的变动同整个股票市场的变动是一致的；贝塔系数小于1，表明某股票或组合的变动小于整个股票市场的变动；贝塔系数大于1，则表明某股票或组合的变动大于整个股票市场的变动。股票的贝塔系数越大，风险也越大，这说明该股票比整个股市上升或下跌得快，在股市上升的情况下，能获得额外利润，而在股价下跌的情况下，则损失重大。那些具有较小贝塔系数的股票，在股价上升时，其上升幅度较股市整体上升幅度要小，而在股价下跌时，其下降幅度也小于股市的整体下跌幅度。

三、证券投资风险的防范

证券投资的风险是客观存在的，是投资者必须面对的现实，只要参与投资，就必然会伴随着风险。因此，对待风险要有一个正确的态度，必须树立较强的风险意识，加强防范和化解风险，力求以较小的风险获得较大的收益。

1. 树立良好的投资心态和投资习惯

在股市走势难定，利多、利空纠缠之时，投资人应采用恰当策略来应对。股票投资采用何种方式，因投资人的性格与空闲时间而定。一般而言，不以赚取短期差价为主要目的，而是想获得公司红利或参加公司经营者，多采用长期投资方式。有固定职业者，没有太多时间关注股票市场，而又有相当积蓄及投资经验的，适合采用中期投资方式。时间较空闲，有丰富经验、市场感觉灵敏的投资者可采用短线交易的方式。但要避免过度地、频繁地操作，要脚踏实地地从事证券投资。过度操作和沉迷于短线，对于任何投资策略都是致命伤，太多的交易会被短暂的市场波动上搓下洗，很难积累利润。过多的买进卖出，不仅仅使交易费用上升，还容易引起趋势方向判断的失误，选股上也会顾此失彼，最终导致心态的失衡和投资的失利。

实现持股与持币动态良性的平衡，是投资立于不败之地的基本功。证券市场的调整下跌并不可怕，下跌是风险释放的过程，下跌过后将出现逢低买入的良机。可怕的是投资者不懂得管理投资，满仓或空仓均是在单边市背景下不理性的操作习惯，会面临后继无着，无力自救的危局。

定时画出投资收益曲线：收益的变化也如股票 K 线的变化，不会一路飙升，也不会一路走低，在适当的时机，应做好清理投资思路、整合持仓、确定下一步操作方针的工作。投资者可以根据自身的偏好选择合适的投资品种。股票、基金、债券具有不同的收益和对应不同的风险水平，尽量以投资组合的方式参与证券市场，而不要将所有资金集中于单个股票，但也不要盲目过多选股，选股贵在精而不在多。同时，要树立正确的投资收益预期和止损标准。

投资策略应保持连续性，需要投资者有连贯的操作思路、保存交易记录，定期回顾总结经验教训，设好止损、止盈价位，以便养成良好的操作节奏和习惯。

2. 认清投资环境，把握投资时机

股市与经济环境、政治环境息息相关，经济衰退，股市萎缩、股价下跌；反之，经济复苏，股市繁荣、股价上涨，政治环境亦复如此。这也就是说在投资前应先认清投资的环境，避免逆势买卖。买卖前应该花点时间去问"为什么"，探究个股和大盘波动的理由，这些资讯应该在投资决定、采取行动之前就搜集好，搜集的资讯将成为拟定有效投资策略的依据，而不是在做出了操作之后，再去找相关信息。投资证券市场，买卖股票操作不能盲目而动，投入资金入市必要的功课有很多，但概括起来，完成一项投资的路径应是清晰的：把握经济局势——认清投资对象——了解证券行情——谨慎选择证券——窥探市场心理——做出最终投资决定。

参加股票投资，期待着股价的上升，但是买进了价格正在上升的股票只完成了投资的一半，只有在适当的时机将股票卖出，把现金收回，投资收益才真正实现。选择好的卖点根本在于克制贪心，确定适当的目标心理价格。可选综合策略：当股价上升到一定幅度，可逐步分批卖出，升幅越大，卖出比例越大，直至全部卖出，达到收益和风险的平衡。出现价格走势与判断相反时，要勇于承认错误，快刀斩乱麻止损，总结教训，重新明确投资方向，但要注意适当的时机，牛市行情里慎用。止损出局后也要有好的投资方向，避免后悔重新追入。以补仓作为摊低成本的方式，能以更低的价格买入同种证券，恢复趋势后更快达到盈利目标，但要注意时间、火候和市场趋势的变化，熊市里慎用。不断的补仓从表面看降低了持仓成本，但增加了投入，如果处于下跌的趋势，则只会将浮动亏损增厚，并且不利于投资方向的纠错。

3. 结合技术分析，正确预判趋势

从本质上讲，股票仅仅是一种凭证，其作用是证明持有人的财产权利，当持有股票后，股东不但可参加股东大会，对股份公司的经营决策施加影响，还能享受分红和派息的权利，获得相应的经济利益。上市公司的盈利能力，所对应的净资产大小，以及未来这种盈利能力和资产变化的趋势预期，反映了股票的内在价值。股价不可能长期脱离内在价值，价格过度的超越价值必不会长久，也是风险积聚之源，需要投资者提前做出预判，对于经验不是很足的新入市投资者，火中取栗的操作行为应该尽量避免。投资者要用动态的眼光看待指数的高低，股价走势如果已经大幅透支了上市公司未来业绩的增长，那么此时的风险就要引起警惕。系统性风险无法回避，如突发事件、政策、经济、军事变化带来投资者心理的波动无法提前预知，但有时证券市场过热后的系统性风险，可以通过确认一些重要信号提前有所警示，如开始密集出台一些政策抑制投机，新闻媒体普遍开始谈论股市泡沫等，都预示着股市总体上处于顶部的迹象。

投资者对于技术指标的含义，有必要做一定的了解和学习，指标分析并不是万能的，在一定阶段可能会失效。但技术分析可以帮投资者了解市场的买卖力量对比、风险收益的平衡，对于把握趋势有较强的帮助。技术分析三要素：历史会重演，但不会简单重复；走势反映了信息的变化；趋势是连续的。

4. 构建投资组合

一般而言，要想在证券市场获得高收益，必须承担较高的风险，证券市场最终会对额外的风险给予报酬，如果过多追求金融资产的安全性，就只能得到较低的收益。因此，管理投资组合的前提，是确定你的收益目标和风险水平，股票、基金、债券、货币，风险由大到小，收益水平也由高到低。

对于系统风险，一般可以采取在现货市场和期货市场进行对冲的方式来防范。对于非系统风险，可以采用分散投资的方式来防范，即将投资分散于不同种类、不同行业、不同公司以及不同时间的证券，通过投资的分散化组合达到防范风险的目的。面对跌宕不定、变幻莫测的证券市场，投资者切忌"把所有的鸡蛋放在一个篮子里"。防范投资风险行之有效的手段是同时投资种类不同的证券，这样其中某些证券价格下降造成的损失可由一些证券价格上涨获得的收益予以补偿。

证券投资组合化就是选择几种不同的证券进行投资，形成证券资产的组合。在实际投资活动中，要恰当地选择投资对象，建立适宜的证券投资组合，尽量规避投资风险，力求获得较高收益。对各种不同证券风险特征的了解和掌握，是投资者建立适宜的证券投资组合的首要环节。只有了解和熟悉各种证券的风险和特征，才能恰当地选择投资对象，建立合理的证券投资组合，防范风险，获得较高的收益。

要根据资金实力进行投资选择，投资者的资金实力是建立证券投资组合的物质前提。从理论上分析，投资组合中证券种类越多，分散、降低风险的效果越明显，但在实际中，投资组合的建立受到资金实力的限制，同时，资金实力也制约着投资者的风险承受能力。如果投资者资金实力较雄厚，则风险承受能力较强，在建立证券投资组合时，可以选择购买多种股票。建立投资组合是为了分散、降低投资风险，保持较高的收益水平，而风险与收益具有同步增减的关系，因此投资者在建立投资组合前，应设计一个适合自身的风险和收益目标。在设计这一目标时，一方面要了解不同证券的风险和收益差别；另一方面要正确估计自身的资金实力和风险承受能力。投资者的风险承受能力除了受资金实力的制约以外，还受投资者对风险好恶程度的制约。投资者应对自身的风险偏好进行分析，使选择的证券组合适合于自己的风险偏好。

投资组合建立以后，由于各方面情况的变化，该证券组合的适应性也会发生变化，随着时间的推移和各种影响因素的变化，经常不断地修正已建立的投资组合，及时调换组合中证券的种类及价值比例。修正投资组合的方法一般分为事先调整和事后调整两种。事先调整是指投资者根据对未来股价走势的预测和判断，在股价变动之前进行调整，然后在股价变化的过程中获取利益或避免损失。事后调整是指股市行情发生了变化，投资者根据变化后的股价高低和股票价值的比例进行调整。修正投资组合不只为了获得高收益，还为了使证券组合的风险保持在一个适宜的水平上。

（1）资产类型分散组合。

资产类型分散是指对不同的资产类型投资时，资金要在股票、债券、基金及其他证券之间进行分配，构成一个投资组合。不同类型的资产在投资组合中所占的比例要根据投资者的风险偏好及市场环境来确定，从而能在一定程度上分散风险。比如，股票市场高涨时期，投资组合的比例就可以更多地倾向股票和偏股型基金；而当股票市场低迷时，投资组合中债券的比例要适当提高。

（2）行业分散组合。

行业分散是指在不同行业中进行分散投资。不同的行业对经济周期的不同阶段有着不同的表现，其股价也会发生相应的变化。比如，金融服务业在经济周期的复苏阶段的初期通常发展迅速，银行类的股票在这个时候通常会表现比较好，而矿业类股票通常在经济周期的复苏阶段的末期股价增长较快。

（3）公司分散组合。

公司分散是指在相同行业的不同公司之间进行投资。因为即使是同一个行业也会因为各个公司的经营管理不同而使公司之间的盈利不尽相同，此时这个公司表现好一些，彼时另一个公司发展得快一些，所以在不同公司之间进行分散投资可以很好地防范由于经营不善等导致的投资风险。

（4）投资风格分散组合。

投资风格分散是指在不同的投资管理风格之间进行分散。有两种相对的投资管理风格，一种叫主动型，另一种叫被动型。主动管理型的目标是通过证券的选择和投资时间的选择来获得超过一个特定的指数或业绩回报。而被动型投资不期望通过积极的投资组合管理来获得超过市场的回报。两个被最广泛认可的被动投资策略就是指数型投资和购买以后长期持有。投资者可以将自己的资金分成主动和被动两部分进行分散投资。一般而言，市场行情好的时候，多数投资者更倾向于被动投资，获得与市场一样的回报；而当市场行情低迷的时候，投资者需要改变投资策略，尽量选择低风险的证券，比如把更多的资金投资到债券市场，以获取稳定的收益。

第三节　牛市与熊市操作策略

一、正确判断市场的行情

对证券市场行情的判断正确与否会决定投资的成败，判断股票行情的方法有很多种，具体要因人而异。

（一）从主力资金流向判断证券市场行情

主力资金是指在证券市场中能够影响市场甚至控制中短期走势的资金。主力资金对证券市场走势的影响十分大，特别是在股票市场中，主力资金的流入、流出直接影响着个股的涨跌和板块的轮动。要想在股市中获得收益，就要搞清楚主力资金的动向，是净流入还是净流出，一般净流入量的多少对股价的涨跌幅度有着直接的影响，具有正向相关性。那么，在实际投资中该如何根据成交量的变化，正确判断出主力的进出方向呢？或者说，如何根据成交量的变化，准确判断出主力是在进货、出货还是在洗盘呢？

一般来说，当主力尚未准备拉抬股价时，股价的表现往往很沉闷，成交量的变化也很小。此时研究成交量没有实际意义，也不好断定主力的意图。但是，一旦主力放量拉升股价时，其行踪就会暴露。我们把连续放量拉升的股票称为强势股，此时研究成交量的变化，就具有非常重要的实际意义了。如果能够准确地捕捉到主力的洗盘迹象，并果断介入，往往能在较短的时间内获取理想的收益。实践证明，根据成交量变化的特征，可以对强势股的主力是不是在洗盘，做出一个较为准确的判断。

①由于主力的积极介入，原本沉闷的股票在成交量的明显放大推动下变得活跃起来，出现了价升量增的态势。然后，主力为了给以后的大幅拉升扫平障碍，不得不将短线获利盘强行洗去，这一洗盘行为，在K线图上往往表现为阴阳相间的震荡。同时，由于主力的目的

是要一般投资者出局,因此股价的K线形态有时会呈明显的"头部形态"。

②在主力洗盘阶段,K线组合往往是大阴不断,并且收阴的次数多,且每次收阴时都伴有巨大的成交量,好像主力正在大肆出货。其实,仔细观察一下就会发现,当出现以上巨量大阴时,股价很少跌破10日移动平均线,短期移动平均线对股价构成强大支撑,主力低位回补的迹象一目了然。

③在主力洗盘时,作为研判成交量变化的主要指标OBV(量能指标)、均量线等,也会出现一些明显的特征,主要表现为:当出现以上大阴巨量时,股价的5日、10日均量线始终保持向上运行,说明主力一直在增仓,股票交投活跃,后市看好。另外,成交量的量化指标OBV在股价高位震荡期间,始终保持向上,即使瞬间回落,也会迅速拉起,并能够创出近期的新高。这说明单从量能的角度看,股价已具备上涨的条件。

(二) 利用买卖档判断主力的动向

普通投资者如何在个股股价运行时根据买一、买二、买三、买四、买五和卖一、卖二、卖三、卖四、卖五判断主力的动向呢?

①当某只股票在某日正常平稳运行之时,股价突然被盘中出现的上千手的大抛单砸至跌停板或跌停板附近,随后又被快速拉起。或者股价被盘中突然出现的上千手的大买单拉升然后又快速归位,出现这些情况一般表明有主力在其中试盘,主力向下砸盘,是在试探基础的牢固程度。该股如果在低位运行,并且一段时期内总收上影线,则主力向上拉升的可能性大;反之,如果高位运行的个股在一段时期内总收下影线,则主力出逃的可能性大。

②当某只股票长期在低迷状况中运行,某日股价有所异动,而在卖盘上挂出巨大抛单(每笔经常上百、上千手),但买单比较少时,如果有资金进场将挂在卖一、卖二、卖三、卖四、卖五档的压单吃掉,则可视为主力建仓动作。此时的压单并不一定是有人在抛空,有可能是主力自己的筹码,主力在造量,在吸引投资者注意。如果持续出现卖单挂出便被吃掉的情况,那便可反映出主力的实力。但是投资者要注意,如果想介入,千万不要跟风追买盘,待到大抛单不见了,股价在盘中回调时再介入,避免当日追高被套。主力有时卖单挂出大单,也是为了吓走那些持股者。无论如何,在低位出现上述情况时,介入一般风险不大,主力向上拉升意图明显,短线虽有被浅套可能,但终能有所收益。相反,如果在个股被炒高之后,盘中常见巨大抛单,卖盘一、二、三、四、五档总有成百上千手压单,而买盘不济,此时便要注意风险了,一般此时退出,可有效地避险。

③某只个股经过连续下跌,出现了经常性的护盘动作,比如在买一、二、三、四、五档常见大手笔买单挂出,这可看作主力的护盘动作。但这不意味着该股后市止跌了,因为在市场中,股价护是护不住的,主力护盘,证明其实力欠缺或时机不成熟,否则可以推升股价。此时,该股股价往往还有下降空间。但投资者可留意该股,如果股价处于低位,一旦市场转强,则这种股票也会突然暴发,一鸣惊人。

(三) 通过换手率判断证券市场行情

所谓换手率,是指单位时间内,某一证券累计成交量与股票流通数量之间的比率。其数值越大,不仅说明交投的活跃,还表明交易者之间换手的充分程度。准确区分出换手率高是因为主力要出货,还是主力准备拉抬是很重要的。

一般来讲,换手率高的情况大致分为三种:一是相对高位成交量突然放大。此时主力派发的意愿是很明显的，然而，在高位放出量来也不是容易的事儿，一般伴随有一些利好出台时，才会放出成交量，主力才能顺利完成派发。二是新股或次新股。这是一个特殊的群体，上市之初换手率高是很自然的事儿，也可能一度上演过新股不败的神话。然而，随着市场的变化，新股上市后高开低走也可能成为现实，此时显然已得不出换手率高一定能上涨的结论。三是底部放量，价位不高的强势股。其换手率高的可信程度较高，表明新资金介入的迹象较为明显，未来的上涨空间相对较大，越是底部换手充分，上行中的抛压越轻。此外，如果市场的特点是局部反弹行情，换手率高也有望成为强势股，强势股代表了市场的热点，因而有必要对它们进行重点关注。

1. 换手率高低的判断

换手率高的股票表明资金进入量相对较多，属热门股；反之，换手率低的股票资金进入量相对少，属冷门股。

换手率的高低是一个相对的数值，在不同时期内其标准是不同的，一般熊市日平均换手率可定为2%左右。大于2%，可视为换手率高的股票，小于2%则为换手率低的股票，换手率高的股票涨幅（或抗跌能力）大于换手率低的股票。个股而言，换手率的高低与其价格成正比，股价随换手率提高上涨，随换手率降低而下降。

2. 利用换手率选股

一是选择换手率较高的股票。我国目前的股市仍是投机性较强的市场，个股涨幅的真正保证是主力资金的进入程度。股票充分换手，平均换手率在行情发动阶段达到10%以上，股票价格才能不断上扬。而换手率低的股票，由于没有资金做保证，成为市场的冷落对象，股价难以迅速提高。二是选择出众多机构持有的、市场普遍看好的、换手率高的股票。被众多机构相中的股票一般代表市场的一种动向，若投资者与主力不谋而合，往往能降低风险，提高资金回报。而单个机构拥有的股票，其控股能力强，易于受到拉抬或打压，风险较大。如果投资者能适时追入换手率高的股票，只要买入价不是在个股上扬超过30%的情形下，一般都会有丰厚的利润，操作起来既轻松，实际风险又不大。三是选择一段时间内而不是几天之内换手率较高的股票。有的股票可能借助某些市场消息，几天之内换手率较高，但难以维持长久，多有借消息出货的迹象，买入这类股票的风险较大。因此，操作中应选择一段时间内换手率较高而有增加趋势的股票，这类股票发动行情时涨幅要高于大盘。

（四）综合运用 KDJ 指标的判断行情

KDJ 指标虽说在股市中，是投资者比较常用的一种指标，但也会出现运用它观察行情不准确的现象，发生这种事情是因为 KDJ 指标过于敏感，那么如何能克服这些现象而能准确运用呢？

1. 数浪法

KDJ 指标和数浪相结合，是一种常用的方法。在 K 线图上，我们可以经常清晰地分辨上升形态的一浪、三浪和五浪。股价盘底结束，K 线图开始上升，往往在上升第一子浪时，KDJ 指标即发出死亡交叉的出货信号，这时候，我们可以少考虑这个卖出信号，因为它很可能是一个错误信号或是一个骗线信号。当股指运行到第三子浪时，我们将加大对卖出信号的重视程度，当股指运动到明显的第五子浪时，这时如 KDJ 指标给出卖出信号，我们将坚决出货。此时 KDJ 指标给出的信号通常是非常准确的信号，当股指刚刚结束上升开始下跌时，在下跌的第一子浪，少考虑 KDJ 指标的买进信号，当股指下跌了第三子浪或第五子浪时，才考虑KDJ指标的买入信号，尤其是下跌五子浪后的KDJ指标给出的买进信号较准确。

2. 放大法

因为KDJ指标非常敏感，因此经常给出一些错误信息，这些信号容易误导投资者，让其认为产生进货信号或出货信号，因此操作而失误。如果我们放大一级来确认这个信号的可靠性，将会有较好的效果。如在日K线图上产生KDJ指标的低位黄金交叉，我们可以把它放大到周线图上去看。如果在周线图上也是在低位产生黄金交叉，那么我们将认为这个信号可靠性强，可以大胆去操作；如果周线图上显示的是在下跌途中，那么日线图上的黄金交叉可靠性不强，有可能是庄家的骗线手法，这时候我们可以采用观望的方法。

3. 趋势线法

在股指或股价进入一个极强的市场或极弱的市场时，股指会形成单边上升走势和单边下跌走势；在单边下跌走势中，KDJ指标会多次发出买入信号或低位钝化，投资者按买入信号操作后，将被过早套牢，有的在极低的价位进货，结果股价继续下跌，低了还可以再低。要有效解决这个问题，可以在K线图上加一条下降趋势线，在股指和股价没有打破下跌趋势线形成反转信号前，KDJ发出的任何一次买入信号，都将不考虑，只有当股指和股价打破下降趋势线后，再开始考虑KDJ指标的买入信号；在单边上升的走势中，市场走势极强，股指会经常在高位发出卖出信号，按此信号操作者将丢失一大段行情。我们也可以在日K线上加一条上升趋势线，在股价或股指未打破上升趋势线前，不考虑KDJ指标给出的卖出信号，当股指和股价一旦打破上升趋势线，KDJ给出的卖出信号，应坚决执行。

4. 形态法

由于KDJ指标的敏感，它给出的指标经常超前，因此我们可以通过KDJ指标的形态来帮助找出正确的买点和卖点，KDJ指标在低位形成W底、三重底和头肩底形态时再进货；在较强的市场里，KDJ指标在高位形成M头和头肩顶时，出货的信号可靠性将加强。

二、牛市操作技巧

多头市场基本的投资策略是持股，只要没有确认市场趋势已经脱离多头状态，就不要抛出股票。并且每一次回落到支撑位都是宝贵的买入机会，上升就无需理会。不要以为股价升了很多就可以抛掉股票。强势中股价升了可以再升，只要趋势不破坏就应一直持有。

如果在升势的中间抛出有一些获利的股票，除非不再买入或者换股，否则一般来说都会减少一部分应得的利润。从本质上说，在整个多头行情的上升过程中，这种在中间抛掉股票之后又不得不用高一点的成本补回的错误操作是上升行情的重要推动力。

在强势运行的整个过程中，选股也是至关重要的操作环节。一般来说，强势的起始阶段应当是优质股率先上升。如果优质股表现不佳，具有投机题材的低价小股轮番跳升，则意味着当前的行情很有可能是一段投机性升势。在这种情况下，应当随时做好出货离场的准备。不过，有时候大的多头行情也可能由投机题材引发，但接下来一线优质股必须要能够及时跟上。然后再一路带头向上拉升，并由此给二、三线股腾出上升空间。

如果一线股和二线优质股的升势一直靠低价位投机股的上升推动，并且成交量过多地分布在投机股上，则这种升势也难以持久。在操作中要注意这些重要的行情迹象，不可被一时繁荣热闹的市场表现冲昏头脑。在多头市场的中间阶段，升势最凌厉的股票一般以股本较小的二线优质股为多,特别是有利好题材的小盘绩优股,在多头行情中总有机会当上一轮明星。因此,多头行情进入主升段之后,宜购入并持有这一类的小盘绩优股。不过,即使是这一类股票,也应当尽量选择受比价关系制约较小的股票。有的股票虽然确实盘小绩优,但其前后比价关系比较固定,升起来也常常不够凌厉。多头行情的最后阶段往往是疯狂的投机热潮,三线低价股乱跳是主要的行情特征。这个阶段当然可以参与这种投机游戏,但千万不可追入已被炒得热火朝天的三线股。另外,这个阶段应随时考虑抛股套现,离开市场。

当股价不断升高,成交量不断增加的走势持续了一段时间之后,就需要随时注意升势到顶的一些预兆了,典型的顶部征兆除投机潮大起、一线股比指数升得慢很多之外,还有就是成交量持续保持在高额状态,但大市的上升已出现了停顿,这期间尤其需要留意日线图的形态,如果图表上有走出典型的反转形态如"M头"、头肩顶的迹象,就应当特别小心了,万万不可被市场气氛迷惑。

当然,在升势的全过程中,股价会出现几次回落调整。区分回落调整与升势见顶有一定难度,正常的强势调整一般是跌幅有限,并且成交量在调整期间会减少。另外,调整主要体现在短时间内升幅很大的股票上,升幅小的优质股一般不会回落太多,回落调整所经历的时间不会太长,如果长时间地走高位横盘行情,说明市场上追高资金太少,后市可能会向下发展。

一般来说,在强势刚刚形成不久的期间不必太担心股价会跌下去,跌势经常是在市场上绝大多数的人都处于获利状态的时候出现,并且一经出现跌势,最初的下跌是很猛的,但随之而来的则是一个极好的短线反弹机会,反弹做完之后就真正不可恋战了。

"牛市"思路:

思路一,"牛市"行情一旦爆发,大资金蜂拥而入时,必须敢于重仓跟进,若仍采用三分之一仓位或半仓操作,获得肯定有限。

思路二,一旦重仓介入,就要坚定持股,不要稍有震荡或稍有获利,即抛股走人,要摆脱熊市中的"五分钱万岁"的思维。

思路三,"牛市"操作,强者恒强,不一定非要等待回档再介入,而是顺应时势,该追的坚决追,该观望时则观望,比如遇到龙头股回调时,在支撑点附近要敢于进入。

思路四,"牛市"操作,技术指标大多处于"失灵"状态。涨了还涨,连涨多个涨停板的情况并不少见。

思路五,"牛市"操作,散户要以"我是主力"的角色换位,来揣摸预测大资金的动向。不能仍站在小散户的立场上,为打一点差价而忙碌。

思路六,"牛市"操作,个股都有机会,不可见异思迁,频追热点,结果顾此失彼,赚指数不赚钱。

思路七,"牛市"操作,人气是股价的翅膀,人气越旺,股价越高,若分析太理性,常用市盈率做选股标准,往往抓不到"大黑马"。

思路八,"牛市"操作,热点多,转换快,一天有几十只个股涨停是正常现象,领涨股不翻番,坚决不松手。

思路九,"牛市"操作升幅大而快,"一天等于两个月",不轻言见顶,不轻言调整。

以上所述九点操作思路,其间的具体进出仍须在盘面变化中决定。投资者只有真正转变熊市思维定式,综合考虑,才能灵活运用。

三、熊市操作技巧

在熊市中股价的总体趋势是向下的，因此主导策略应是现金为王，看准反弹做个短线，并尽快平仓离场。千万不要以为股价出现反弹就会升到哪里去，能搏到一点短线差价就宜及时收手。不要怕买不到股票，也不要以为股价跌了这么多，已经很便宜了，认为买了套住也不怕，这些想法都是要不得的。长期弱势所能达到的低价往往在我们想象之外，股价跌了可以再跌。因此，抢反弹一定要在看准的有效支撑位附近买入，看不准时宁可错失短线机会，也不宜在跌势未尽时束手被套。

另外，进行短线操作，不能不仔细研究K线图，K线图是一种记录股价走势的特殊语言，每一条日K线相当于一个短语，描述了当天的股价变化情况，由许多条K线构成的图形则相当于一个语句。

精通K线的人会从图表上读到"看涨语句""看跌语句"及"不明朗语句"，在读到"看涨语句"时进入，读到"看跌语句"及"不明朗语句"时在场外观望，必能在跌势中保存实力，同时又能赚一点短线差价，除K线图外其他的技术分析工具也需参考。

股市是一个风险市场，因此入市者应对所面临的风险进行细致的推敲，并预先想好对策。做到这一点才能在亏损时不慌不乱。股价不会永远上升，也不会永远下跌，股市最悲惨之际就是最佳入货时机，因此不要因亏损而乱了方寸，应审时度势，在跌势中保存实力，股价见底时大胆出击。即使偶尔看错趋势，也要及时纠正，顺势而为，为将来在逆境中保存有生力量。

如何操作弱市股票？

一旦市场形成下跌趋势，股票价位、大盘指数会持续下跌，成为典型的弱市市场。许多投资者的股票会被套牢。因此，如何在弱市中操作股票，已经成为广大投资者十分关注的一个突出问题。

一般认为，在弱市中也可以赚钱，在弱市战胜市场的关键就是如何操作弱市中的股票。一是要忍痛"割肉"，意思就是说，在高位买入的股票，一旦遇到弱市，就应当果断地、速战速决地极早地将它抛出，如果股票继续下跌，就可少亏一部分；二是可采用逐次平均买进法，多至六次，少至三次。以三次为例，每次各投资三分之一，算出均价，在股价反弹后上升到你购入的平均价，并除去各种费用后抛出，就可获取利润；也可采用加倍买入摊平法，就是在第一次用三分之一资金买进后，如继续下跌，则第二次用三分之二的资金投入，以求摊平成本。如资金宽裕，也可用三段加倍买进平摊法，即将资金分成八等份，第一次至第三次分别投入八分之一、八分之三和八分之四的资金，这个办法在第三次买进后，股票价位回升到第二次买进的价位，再除去各种费用后抛出，亦有利可图。总而言之，弱市之中操作股票并不可怕，关键是投资者要精心设计，用心去做，不能将手头的资金一次用光。

淡季操作注意分寸。

成交量的增减显示股市行情枯荣。只有交易热闹时进场，才更有希望获得短期的差价收益。如要着眼于长期投资，则不宜在交易热闹时进场，因为此时多为股价走高的阶段，如进场建仓，成本可能偏高，即使所购的股票为业绩优良的投资股，能够获得不错的分红收益，但较高的成本还是会使投资回报率下降。

如果长期投资者在交易清淡时进场建仓，或许在短期内不能获得差价收益，但从长期发展的角度来看，由于投资成本低廉，与将来得到的收益相比，投资回报率还是可以令人满意的。因此，交易清淡时，短线投资者应袖手旁观，而对于长线投资者来说，则是入市建仓的大好时机。

主张长线投资者在交易清淡时进场收购，并不是说在交易开始清淡的时候，就立即买进。一般来讲，淡季的末期才是最佳的买入时机，问题的难度在于很少部分人能够确切知道到底什么时候才是淡季的尾声。也许在长期投资者认为已经到了淡季尾声而入市，行情却继续疲软了相当一段时间；也许认为应该再慎一慎的时候，行情突然好转而痛失良机。所以，有些投资者，尤其是大户投资者，在淡季入市时，采取了逐次向下买进的做法，即先买进一半或三分之一，之后不论行情涨跌都再加码买进，这样即使是在淡季进场，也不会错失入市良机，可收到摊平成本的效果。

第四节　短线与中长线操作策略

一、短线与中、长线的选择

所谓短线、中线和长线不仅仅是交易者通过经验而界定的持仓时间长或短，更主要的，它是行情研判的重要性的体现。比如，在外汇市场上有人几分钟进出；有人则不同，无所谓时间长短，按照行情自身趋势研判即主要依靠技术分析来研判行情走势的操盘。短线交易，只要你顺势而为，K线回头就卖出，短的往往一两分钟，这样做，很容易赚到小钱，也基本不会亏大钱，但是过度的短线交易会使交易者连续不断的高负荷买卖而形成疲惫感和最终依赖于心理波动的影响而不是技术分析的操盘方式，导致交易到最后往往亏多赚少。在证券交易中，短线、中线或长线的分别，往往依赖于交易者看的时间图跨度。趋势是在时间里形成的，交易者不要只是认为持仓时间才是判断短、中、长线的标准，也不要轻易地认为频繁出现的技术特征就是频繁的交易依据，有些特征是要放弃的，它对趋势无关紧要。因为时间图不同，所以技术分析的研判也是不一样的，短的时间图结合趋势会带来更多可供分辨的买卖点。另外，时间和趋势的结合要做好把握，短线做成了长线，趋势做成了随机波动，都会减少投资回报。

短线操作对技术的要求更高，很多投资者寄托在技术分析的研判上所进行的短线交易实际上经常是源于心理波动的交易。有的时候，确实受到一些技术面的影响而表现出来足以证明交易者在按技术分析交易，实际上，很多时候，短线交易者更容易陷入盲动中去，似乎每个微小波动似乎都有理由。当然，对那些明显的用技术分析来说明的波动，如通道中的低买高卖，短线的交易是有意义的。很多时候，众多投资者做多了短线，但回头看看，发现一天乃至几天后其实大势仍是一个趋势，从来没回头，即使中间的回调行情，回调价差也是有限的，但因为交易次数多了，难免要做对头行情，这样很可能造成赔多赚少，还不如一次性买了放着不动赚得多。短线投资从本质上看属于投机行为，短线投资所冒的风险较大，当然，如果每次交易的成功率都较高，则累积收益很可观。对做短线者来说，公司业绩好坏、市盈率高低是不重要的，重要的是证券价格是否有相当幅度的频繁涨落，从而有利可图。许多投资者在从事股票交易时，并无投资偏好之分，更无自身的风格特长，认为无论什么方法，只要能赚钱就行，这本身就说明此类投资者缺乏股市中的"术"，没有形成一定的风格。更多的则是盈利了做短线，受套了做长线，前者赚取的蝇头小利，却远远弥补不了后者的损失。

所以，只有充分地研判什么是趋势，了解怎样界定趋势的标准的时候，才能明白自己在做什么样的操盘策略。把持仓时间放在趋势里，把交易放在趋势的延伸和回调的确认里，交易才不至于迷茫。时间图的运用和趋势的认识研判是密不可分的，在此基础上的交易，才是分辨自己短、中、长线的标准。在有风险控制手段的前提下，短线的积少成多，在一轮行情中也能取得超额收益。而在选对股票的前提下，长线能取得非常稳健的高收益。对于普通投资者而言，选择短线还是中、长线，首先要把握好以下几点：

1. 时间条件

普通的上班族，平日里多忙于工作事务，很少有时间看盘，显然无法跟踪短期内快速的盘面变化，因而更适合中、长线投资。而对于时间自由充分、能保证看盘的投资者来说，则要根据个人的投资风格与特点来进行选择。

2. 行情走势

对证券行情的正确研判是投资的必要前提。在行情向好，大趋势向上的时候，绝大多数投资标的都会有一番较好的上涨行情，此时选择中、长线投资为宜。短线投资者很容易产生误判而错失了行情，一旦卖出标的股，再找机会买回来就不容易了。在行情低迷的时候，短线投资则是较为理想的选择。此时，多数投资标的走势是向下的，中、长线投资很可能会有较大亏损，而短线则快进快出，见好就收，反倒能起到既有收益又能控制风险的目的。对于大多数的人（包括机构）来说，在牛市中、短线交易所得会输于指数的涨幅，绝大多数短线交易者必然会输给大部分时间持股不动的中、长线交易者。

3. 投资理念

遵循价值投资理念的投资者，一般会选择中、长线投资。比如，按照传统观念，股票的投资价值是由上市公司的基本面决定的。因此，如果某股业绩优良，成长性好，二级市场股票价格出现被低估的现象，则该股票就有了投资价值。除此之外，股票的炒作，只能归在投机之列。抱有投机目的的人，通常不会选择中、长线持有，因为投机者通常不会花大量时间研究企业的基本面与成长性，也不太关注国家政策的导向，只要发现有投机机会就会买进，这种投机性的行为通常都是短期的。

二、短线交易策略

（一）短线操作技巧

很多股市实战证明，如果操作得当，通过股票短线操作能够获取投资盈利，不少情况下股票短线操作投资盈利还比较可观。要想在短线操作中获取盈利，以下一些技巧必须引起投资者的注意。

①不能墨守成规。证券市场如棋局常创新，是变化最大、最快的场所，不停地求变创新才能适应股市的变化，尤其是证券短线操作更是如此，去年的热点往往是今年的冷门，今年的冷门可能会转变成为明年的热点。

②不能迷信技术分析。技术至尊是不少投资者的通病，其实，按技术分析方法交易绝对不能包赚不赔，要知道技术分析仅仅是一种手段与工具，有其局限性。盲目迷信证券技术分析有时不但不能为投资带来盈利，甚至会由于庄家主力利用技术分析的缺陷进行反向操作而

使普通投资者误入歧途。

③不能轻易满仓。不少投资者特别是沪、深股市中很多投资者习惯于满仓操作，这将导致这些投资者在真正的获利机会来临时没有足够的资金进行操作，只得望洋兴叹，一次一次地错过机会，使自己处于被动的境地。

④不能听信内幕消息。目前，仍有相当一部分的中、小投资者在营业部里操作交易，这其中有一些人的操作依据的消息来源是道听途说的所谓内幕消息，但是这些内幕消息虚假成分居多，即便确有其事，但因消息往往带有滞后性，等传到普通炒股者耳中股价早已一飞冲天，这个时候再去追涨就很可能被套在高位。

⑤不轻易买已经炒高的股票。已经炒高的股票短期已有风险，再去追高，轻则导致暂时套牢，重则成为最后买单的不幸者。

⑥不能忘记短平快原则。抛售时出手要快，参与操作心态要平，持股时间要短。因为不会保证每次短线操作都能获得成功，所以投资者要设立止损位，跌破止损位坚决斩仓，不能恋战，不能久拖不决。某些投资者抱着短线获利的目标参与炒作，结果或由于贪念，标的价格已经涨了还要求涨得更高，错失逢高派发落袋为安的良机；或由于判断失误购买不涨反跌的标的，由于不及时止损而越套越深。短线不成变中线，中线不成变长线，长线套牢再等解套就难了。

⑦以平常心正确对待股票短线操作，不能怀着暴富心理介入，这样即使赚不到很多钱但也肯定不会亏掉很多钱。证券短线操作以博取短时间内股价价差为目的，提高资金的利用率，创造出更为理想的投资盈利。多数投资者受市场盈利效应影响进入市场，但是等到开始交易时却会忽然发现原来并不这么简单，危机四伏不说，还随时面临着蚀本的风险。所以说，作为普通投资者，要时刻保持良好的心态，把风险控制放在第一位，盈利放在第二位。

⑧在大盘短期升势确立、热点板块强势突出、个股涨升意愿强烈的情况下买入领涨标的，这样短线获利会比较轻松。一般情况下，大家会由于市场涨声一片而刻意寻找所谓的价值低估标的作为短线介入对象，这样购买滞涨标的期待市场主力发现其投资价值，风险会较小，但获利能力会减少。

⑨当手中持有的股票成为股评家隆重推荐的对象时，这里应该考虑短线抛售而不是加仓购买。由于这时候股价很可能已经面临短期拐点，推荐的股票大多已经有了一定的涨幅或者属于当天涨幅榜上的强势品种。据统计表明，被股评家推荐的股票大多在次日上涨，再次日回落。这倒不是说股评家都是黑嘴，而是由于股评家经常会无形中被个股主力巧妙利用，这时候听从股评家买入的散户就很可能成为"接棒者"。

⑩上升趋势中，股票上涨没有停板不能急于抛售，相反，若股票牢牢封死涨停，则应该考虑次日逢高抛售；若次日股票继续涨停，则应该考虑再次日抛售……以此类推。这样做的好处是能够最大限度地提高短线盈利，回避股价短线回落所带来的风险。

⑪不能在止跌迹象不明显时大举入场抢反弹。众所周知，所谓的阶段性头部以及所谓的中期底部都是相对而言。简单地说，绝大多数投资者基本不可能卖在顶尖上也不会买在地面上。

⑫在短线操作过程中应该学会休息。首先是牛市时购买证券后等待上涨，减少短线操作。同时，在市场行情火爆的时候，在市场评论人士一片看好的时候，也往往是行情见顶或

接近见顶的时候，这时候要开始制订并着手实施资金撤离计划，随着行情的不断高涨，逐步抛售离场。

(二) 短线买入点的把握

1. 成交量

俗话说"量为价先导"，量是价的先行者，股价的上涨，一定要有量的配合。成交量的放大，意味着换手率的提高，平均持仓成本的上升，上档抛压因此减轻，股价才会持续上涨。有时，在庄家筹码锁定良好的情况下，股价也可能缩量上攻，但缩量上攻的局面不会持续太久，否则平均持仓成本无法提高，抛压大增，股票缺乏持续上升动能。因此，短线操作一定要选择带量的股票，对底部放量的股票尤其应加以关注。

2. 图形

短线操作，除了应高度重视成交量外，还应留意图形的变化。有几种图形值得高度关注，比如W底、头肩底、圆弧底、平台、上升通道等。W底、头肩底、圆弧底放量突破颈线位时，应是买入时机。这里有两点需要注意，一是必须放量突破方为有效突破。没有成交量配合的突破是假突破，股价往往会迅速回归启动位。二是在低价位的突破可靠性更高，高位放量突破很可能是庄家营造的"多头陷阱"，引诱散户跟风，从而达到出货目的。许多时候，突破颈线位时，往往有个回抽确认，这时也可作为建仓良机。股价平台整理，波幅越来越小，特别是低位连收几根十字星或几根小阳线时，股价往往会选择向上突破。采取上升通道的股票，可在股价触及下轨时买入，特别是下轨是十日、三十日均线时，在股价触及上轨时卖出。此外，还有旗形整理、箱形整理两大重要图形，其操作诀窍与W底差不多，这里不再赘述。

3. 技术指标

证券市场的各种技术指标很多，它们的功能各有侧重，投资者不可能面面俱到，只需熟悉其中几种便可。常用的技术指标有KDJ、RSI等。一般而言，K值在低位（20%左右）2次上穿D值时，是较佳的买入时机，在高位（80%以上）2次下穿D值时，形成死叉，是较佳的卖出时机。RSI指标在0~20时，股票处于超卖，可建仓，在80~100时属超买，可平仓。值得指出的是，技术指标最大的不足是滞后性，用它作唯一的参照标准往往会带来较大误差。一些强势股，指标高位钝化，但股价仍继续飙升，许多弱势股，指标已处低位，但股价仍阴跌不止。而且庄家会利用技术指标骗钱，往往吸货时指标做得一塌糊涂，出货时指标近乎完美，利用指标进行骗钱几乎是庄家通用的做市手法，因此，在应用技术指标时，一定要综合各方面情况尤其是量价关系进行深入分析。

4. 均线

短线操作一般要参照五日、十日、三十日三条均线。五日均线上穿了十日、三十日均线，十日均线上穿三十日均线，称作金叉，是买进时机；反之，则称作死叉，是卖出时机。三条均线都向上排列称为多头排列，是强势股的表现，股价缩量回抽五日、十日、三十日均线是买入时机（注意：一定要是缩量回抽）。究竟应在回抽哪一条均线时买入，应视个股和大盘走势而定；三条均线都向下排列称为空头排列，是弱势的表现，此时不宜介入。

(三) 短线卖出法则

有句话说，会买的是徒弟，会卖的才是师傅，特别是对于短线交易来说，选择在恰当的时机卖出是非常重要的，一旦时机把握不好，很容易被套。短线操作，股价暴涨暴跌，短线高手不仅要学会获利了结，还应学会一样重要的东西：割肉。"留得青山在，不怕没柴烧"，当判断失误，买入了下跌的股票，应果断卖出，防止深套。"失之桑榆，收之东隅"，只要善于总结判断失误的原因，也算是对割肉的一种补偿。短线操作，一定要快进快出，并要设好止损位，具体设定值视个人情况而定，可5%，也可10%，股价跌破止损位，一定要果断卖出，不要再抱幻想，即便是股价还有上涨可能，也应回避风险出局，严格按照止损位操作。

①当平均线从上升逐渐转为盘整格局或下跌，而价格向下跌破平均线时，为卖出信号。此法则实际上是一个强势变化，由强转弱的"拐点"出现是重要卖出的信号。一般而言，首次向下跌破可以忽略不计，但当信号连续发出，指标多次提示高位钝化及背离时，一般此卖出信号将较为可靠，应充分重视。如果把握好此卖出信号，虽然没卖在头部，但却可避开一轮主跌浪。

②若价格突然暴涨，突破平均线，且远离平均线，则有可能回跌，亦为卖出信号。这是一条应对超强势股的短线卖出法则。在实际的运用中，如果某股直线快速连续上拉，可以配合股价与五日均线的正向乖离率和换手率来观察，当正向乖离率过大，同时换手率放大时，应该在连续上拉后及时离场。即使后面再有反扑、反抽，也应放弃。因为主升浪已告一段落，接下来将是较长时间的震荡和整理。

③当价格虽然向上突破平均线，但又立刻回跌至平均线以下时，此时平均线仍然保持持续下跌势态，为卖出信号。这类个股往往是一些已经走完主升浪，配合图形上来看，前一波高点出现时一般都有巨量放出，后期下跌后一直在震荡整理。当价格再度上升，如无巨量配合，将很难超越前波行情，只是一次反抽浪。此后当股价接近平均线时，可以依据此法则卖出。或者当股价越来越接近前高，但量能却未放大时，可以考虑卖出。

④当价格趋势线走在平均线下，价格上升却并未突破平均线且立刻反转下跌，亦是卖出信号。这个法则适用于下降通道的单边下跌的个股，比较适合于主升浪、次升浪全部结束，转向单边回落的个股。目前比较适用于一部分中小市值的个股，由强转弱后，前期未来得及出局，但跌势已经形成。

三、中、长线交易策略

中、长线交易，是建立在对行情的研判上和基本面的深入分析上的交易。短线交易看起来可以拉长价差，实际上，若经常操作失误，则赚的没有赔掉的多。中、长线交易看起来愚钝，但若有稳定的交易，把握好趋势，则会有较好的收益。中、长线交易者更能从容面对行情，对已有仓位的把握能力也具心理稳定性。

中线或长线也没有一定的时间约束。不同的交易者界定不同，有人以数月为长线，那少数的月份交易即为中线，数周乃至数天即为短线。以外汇交易为例，所做的只是一两天之中的波段运动或更久的趋势运动，不是以时间长度为实际测量持仓的标准，而是以行情自身的趋势（包括期间的回调）作为根本的交易依据。

中、长线交易同样需要技术分析能力。在K线图上，长时间跨度的图表往往更能表现出趋势的清晰走势特征，这个时候技术分析的能力就体现出来了。而且，在中、长线交易上，对基本面的把握能力对交易者来说也是不可缺少的。从这点来说，中、长线交易是更为高级的交易策略过程，对交易者要求也更高，盈利情况也会更好。

中、长线主要借助价值投资者的思路来选股，旨在选出成长具有较大确定性、具有相对估值优势、抗跌性较好的个股。塑造组合中相对稳定、具有安全边际的部分供投资者在巨幅震荡的市场中操作。这种方法选出的个股涨跌幅并不会很大，但波段操作得当可在风险较小的情况下，获取较高的收益。熟悉沪深股市历史的人能发现，在沪深股市中，除了从基本面可以分析出该股票有无投资价值外，至少还可以从其他几个方面分析出它有无投资价值。

第一，小盘低价股是沪深股市中具有较好投资回报的一个板块。一般来说，小盘股的弹性大、灵活性强，给股东带来的投资收益要比仅仅因公司基本面趋好带来的投资收益高得多。纵观中国股市历史，超级大牛股几乎全部出自中小盘股，大象蓝筹股多被基金重仓把守，是机构用来调整指数的，不论是大反弹，还是大牛市，至多是稍微跑赢大盘而已，难以出现"超级大黑马"，因此中、长线选股选择"小盘"，而不选"大盘"，至多选择中盘股。在沪深股市中有很多企业自股票上市以来10多年中，股价涨了几十倍上百倍，但查看其历年来公司的经营状况，其业绩的增长幅度往往不如股价的涨幅大。

第二，具有政策支持的股票具有较高的投资价值。政府对宏观面的把握，主要是根据社会发展所处的不同阶段，提出不同的目标，来促进行业的发展。股票市场是国民经济的晴雨表，它的反应是非常灵敏的，往往在大众的思想还没有转弯的时候，主力的专门研究部门，都提前洞察有关政策信息，提前预判，始终把行业发展转换的主动权掌握在自己的手里。近几年受到政策支持而表现好的行业如新材料、新能源、环保、铁路交通、军工生产、医药等都得到快速发展。而高耗能、科技含量低、重复建设多、环境污染大的行业，则受到政策限制造成行业景气度下降，相关的股票遭到主力的抛弃，表现持续低迷。可以说，股票在多数情况下，只要行业受到政策的支持，就会显现出投资价值。政策扶持的力度越大，它的投资价值就越大。

第三，选择"成长"，不选"业绩"。中、长线选股不是为了短期获利，而是为了中、长期获利，因此没必要在乎目前业绩情况，而要注重公司发展前景，即成长性，因此选择的长线股要么是有高技术，前景看好，要么是有重整、重组、资产注入、借壳等预期，能够"脱胎换骨"，要么行业处于上升周期，发展前景远大，未来公司业绩能够出现爆发性成长，而目前业绩情况可以"视而不见"。因此，长线选股重未来成长，轻当前业绩。要注重挑选一些细分行业龙头公司。投资者都知道行业的龙头公司是好公司，但一来这些公司盘子都比较大，股本扩张能力有限，二来这些公司树大招风，早已被大资金所关注，股价往往会提前透支几年，很难买在较低的价位。但如果是细分行业就不一样了，这样的龙头公司很多都具备股本扩展的基本条件。

第四，诞生于经济发达地区和经济活跃地区的股票也具有较大的投资价值。从沪深股市历年的资料统计中发现，上海、北京、深圳、海南等地股票价格的涨幅，比其他地区同类质地股票的价格要高出一截。其中，上海本地股表现得特别明显。这就告诉我们，在分析股票的投资价值时，也要看它的出生地，出生地好，股票内在价值就高一些；反之就会低一些。这正如买房要看地段一样，地段好的房子价格高，地段差的房子价格低。

第五节 证券市场信息不对称

一、证券市场信息及信息不对称

证券市场信息是指证券管理部门、证券交易所、上市公司及其他机构按照法定程序发布的有关证券的发行、交易及其相关活动的信息，以及证券经营机构、证券咨询机构等依法向公众提供预测证券市场走势等可能影响证券市场价格的分析报告、评论等。证券市场的信息通道主要包括如下几个方面：一是证券交易中介系统，它主要是以交易所系统为中心的证券商信息网络。交易所系统作为信息通道主要反映证交所上市的证券交易信息。证券商作为信息通道，一方面提供交易所实时行情报道，同时向所属投资者提供有关咨询、技术解盘等服务。二是新闻媒体，包括电台、电视台、报纸、杂志等，它们构成一个多时效、多层次、多形式的信息传输网，使信息能得到及时、快捷、广泛的传播。三是其他传播渠道。如证券咨询研究机构设立的信息网络，各地开设的声讯信箱，各地举办的不定期的讲习班、俱乐部等正式或非正式的信息通道。经过多年的摸索与发展，我国的证券市场得到了迅猛发展。但不可否认的是，其中仍然存在着许多不规范的并且会阻碍证券市场良性发展的因素。比如各种市场操纵、内幕交易、证券欺诈、虚假陈述等不正当行为还时有发生。目前，在众多的不规范因素中，证券市场信息不对称表现得较为突出。

信息不对称通常表现为交易一方拥有较多的甚至完全的信息，而另一方只拥有较少的信息，从而可能导致信息弱势方交易决策失误，或者信息优势方做出不利于信息弱势方的行为。我国证券市场的信息不对称主要表现在如下的几个方面：

一是政府与上市公司之间的信息不对称。在公司上市、新股发行的过程中，无论是在以前的审批制还是2001年开始实行的核准制下，政府由于对经营状况、财务状况、产品销售状况等方面的信息不可能像上市公司自身那样了如指掌，因此两者之间的信息不对称问题是客观存在的。而上市公司往往会利用这种信息的不对称，主观上故意隐藏信息甚至编造虚假信息，通过虚构业务或者关联方交易来粉饰业绩，包装上市或是规避政府监管。

二是上市公司与投资者之间的信息不对称性。发行者作为市场的信息源，对自身经营、财务状况、信用能力、实际盈利水平等影响证券质量的信息有着最真切、最充分的了解。投资者作为证券的购买方拥有的信息主要来源于发行者对外公布的各种资料和报告。但是情况往往是，公开的信息可能有部分的虚假成分，不少公司为了实现股票发行、上市或为了保住配股、上市资格，在中介机构的参与下进行虚假包装、操纵利润、掩盖亏损。同时，公开信息还表现为数量上不充分，时间上不及时。从一些公开的报道中可以看出，我国上市公司在其经营管理方面仍存在较多的不愿意公开的事实，造成大量的信息未被投资者获知。特别是，为了掩盖经营管理中存在的问题而故意隐瞒或延迟披露重要信息的情况还相当普遍。

三是机构投资者与个人投资者之间信息的不对称性。一方面，机构投资者比个人投资者更容易获得信息。这主要是因为机构投资者持股量大，拥有雄厚的资金实力且与发行人联系密切。最重要的是，不少机构投资者试图隐藏、垄断获取的信息或向市场提供虚假的信息。另一方面，机构投资者比个人投资者更会处理信息，拥有理财专家是其优势的明显表现。

四是投资者与政府之间的信息不对称。投资者与政府之间不存在直接的利害关系，但是在我国现有的证券市场上，政府行为会间接地影响投资者的投资行为和投资结果。我国的证券市场是一个比较典型的政策市场，当政府认为股价不正常时，会通过出台相应政策来调节股市。而在证券市场上多数是中小投资者，他们不容易在政策出台之前探查到政府的意图，在一定程度上也难以对政策造成的影响提前做出判断，因而容易在信息劣势的情况下做出不利自己的逆向选择。

二、信息不对称对证券市场的影响

证券市场的信息不对称，导致证券市场的信息渠道不畅通。传媒方面，获取证券信息来源渠道比较狭窄，间接信息较多，有的传媒提供各类市场传闻或一些尚未证实的消息。有的传媒制作证券节目从经济利益考虑，聘用无证券咨询资格的人士进行股评时有发生，对证券信息把关不严，甚至是"庄托"的股评也上了节目、栏目。咨询机构方面，一些股评人士利用传媒，打着为客户提供咨询的幌子，暗中与上市公司或其他机构勾结拉抬股价，从中牟取暴利，股评人士在媒体上信口开河，不负责任的推荐股票屡见不鲜。监管方面，互联网传播证券信息的管理还不完善，导致谣言时常充斥市场。同时，证券咨询业的监管力量不足，难以对所有传媒进行有效监管，更无法对媒体进行有效的约束和制裁。

1. 政府与上市公司之间的信息不对称带来的影响

其主要表现为低质量的公司可能骗取上市资格。核准制的目的是在信息公开的基础上，防止不符合要求的发展偏弱公司进入证券市场。而这种不符合要求的公司往往利用政府的信息劣势，以及监管上的漏洞，不惜代价对公司形象加以包装，粉饰财务报告，虚增利润，最终骗取上市资格。近年来，在一级市场上的作假案已充分证实了这种信息不对称带来的风险。

2. 上市公司与投资者之间的信息不对称带来的影响

其主要表现为投资者容易被欺骗蒙受损失。如上文所说，低质量的公司可能通过包装、粉饰骗取上市资格，这不仅给政府带来损失，扰乱了证券市场的秩序，而且对于完全不知情的投资者也是危害巨大。同样，当股票在二级市场上流通之后，某些公司也可能通过提供滞后或不连续的信息甚至操纵利润、粉饰财务报告，对某些财务数据和指标重新整合，来蒙骗投资者。对于不可能了解这些内幕的投资者，只能被动承担风险。

3. 机构投资者与个人投资者之间信息不对称带来的影响

投资机构往往掌握着上市公司的内幕消息，并且拥有资金优势，在新股发行时，成为主要中签者。而散户对报纸、电视等媒体，以及所谓的小道消息获取的信息，难以分辨其真假，只能盲目追随大的投资机构，最终很可能成为价格操纵的牺牲品。

三、信息不对称下证券市场风险的防范

一是政府方应当加大政策的透明度，使广大的中小投资者尽可能了解政府的意图，加深对政策的理解，并减少人为的股市波动。应进一步完善上市公司信息披露制度，建立证券资信评级制度，监督证券管理机构、信用评级机构，以及会计师事务所和律师事务所的评估工作，对上市公司及其监管部门加大奖惩力度。二是上市公司必须认识到只有通过诚实守信、

合法经营、公布客观公正的信息，才能在激烈的竞争中站稳脚跟，吸引更多的投资者，在稳定中谋求长期的发展。在中国经济高速发展的今天，依靠隐瞒、粉饰、欺骗的手段，只能是以更快的速度将公司推向灭亡的境地。三是对多数投资者来说，他们在整个市场中一般都处于信息弱势的一方，除了依靠政府和监管部门以外，投资者也可以通过提高自身素质在一定程度上降低信息不对称可能给自身带来的风险。这就要求投资者谨慎投资，平时注意学习经济、法律知识，尽可能了解宏观经济走势，把握政策，不盲目听信小道消息，不盲从其他投资机构和个体。

案例思考 欣泰电气因欺诈发行退市　成创业板退市第一股

证监会通报，认定欣泰电气欺诈发行。深圳证券交易所随后启动退市程序，欣泰电气将成为创业板退市第一股。有关专家认为，这是中国资本市场退市制度的里程碑式事件，显示出我国资本市场的相关制度在不断走向成熟。

1. 欣泰电气涉嫌欺诈发行将被强制退市

公开信息显示，2011年11月，欣泰电气向证监会提交IPO申请。2012年7月3日通过创业板发审会审核。2014年1月3日，欣泰电气取得证监会核准发行的批复。

证监会调查结果显示，为实现发行上市目的，解决欣泰电气应收账款余额过大问题，2011年12月至2013年6月，欣泰电气通过外部借款，使用自有资金或伪造银行单据的方式，在年末、半年末等会计期末冲减应收款项，大部分在下一会计期初冲回，致使其在向证监会报送的IPO申请文件中相关财务数据存在虚假记载。

为了掩盖伪造真相，2013年12月至2014年12月，欣泰电气在上市后继续通过外部借款或者伪造银行单据的方式，在年末、半年末等会计期末冲减应收款项，大部分在下一会计期初冲回，导致其披露的相关年度和半年度报告财务数据存在虚假记载。

2016年7月8日，证监会正式下发行政处罚和市场禁入决定书，确认欣泰电气存在欺诈发行等情形，深交所将启动退市程序。欣泰电气的审计机构北京兴华会计师事务所、申请首次公开发行股票的保荐机构兴业证券以及法律服务机构北京市东易律师事务所都将相继受到处罚。

据证券业内人士介绍，根据"退市新政"的规定，欣泰电气仍将有一段"退市调整期"进行股票交易。

2014年证监会发布实施的《关于改革完善并严格实施上市公司退市制度的若干意见》规定，对于股票已经被证券交易所决定终止上市交易的强制退市公司，证券交易所应当设置"退市整理期"，在其退市前给予30个交易日的股票交易时间。

创业板退市第一股透露哪些信号？

作为创业板的退市第一股，同时也是"退市新政"发布实施后，首只涉嫌欺诈发行被责令退市的股票，不少专家认为，这是中国资本市场退市制度的里程碑式事件。

"欣泰电气在IPO环节的欺诈行为，损害了投资者的知情权、选择权和公平投资权。"中国人民大学商法研究所所长刘俊海表示，"证监会做出退市的决定，是对欣泰电气实际控制股东的制裁，提高他们的失信成本。"

同时，作为欣泰电气IPO保荐机构，兴业证券因涉嫌未按规定履行法定职责被证监会立案调查。不少专家认为，这也将倒逼为IPO服务的券商、律师事务所、会计师事务所等专业机构"面壁思过"，有助于加强行业自律。

2016年6月27日，兴业证券发布公告称，公司董事会同意公司使用自有资金5.5亿元设立欣泰电气适格投资者先行赔付专项基金，用于先行赔付适格投资者的投资损失，具体以实际赔付金额为准。

"保荐制度的目的就是对发行人的资格要件把关，特别是对发行人的重要信息的真实性具有尽职调查义务，不能和发行人合谋欺诈发行，否则要依法承担相应责任。"北京问天律师事务所主任合伙人张远忠认为，此次兴业证券承担相应的民事责任应当说是证监会依法严格执法的表现，5.5亿元赔偿基金的设立可以减少投资者维权成本。

"处罚违法违规的公司，让不符合条件的公司退市，引导资金从投资题材股到投资价值股，也是在做中小投资者利益保护工作。"前海开源基金首席经济学家杨德龙认为。

2. 中国资本市场不断走向成熟

长期以来，由于我国资本市场退市制度建设不完善，一些长期业绩差、涉嫌欺诈发行、重大信息披露违法的公司成为股市"不死鸟"，饱受各方诟病。在2014年证监会发布"退市新政"后，重大违法公司强制退市制度得以明确，不少专家认为，此次欣泰电气因涉嫌欺诈发行被启动退市程序，标志着中国资本市场不断走向成熟。

"这次退市是一次重要的事件，意味着以后创业板制度更加规范，有利于创业板长远发展，表明中国资本市场越来越成熟、规范。"杨德龙表示，让符合退市条件的公司退市，是国际资本市场通行的成熟做法，可以让市场形成优胜劣汰的机制。

刘俊海认为，"创业板退市第一案，是资本市场进一步走向法治化、市场化、国际化的重要标志。"

但在肯定这一里程碑事件重要意义的同时，我国资本市场的退市制度仍待不断完善。回顾A股的退市历史，自2001年退市制度建立起，两市总计退市公司仅有90余家，年均退市率约0.35%，而成熟资本市场年退市率一般在6%以上。

刘俊海建议，在证券法修改之际健全完善上市公司退市制度，防止劣币驱逐良币，进一步保障中小投资者的权益。

"目前，对中小投资者的保护力度不够，制度建设有待完善，要为投资者创造便利的维权通道，降低维权成本。"张远忠认为，同时还需要用刑法手段加大对违法者的震慑力度。

（资料来源：央社新闻 http://news.cctv.com/2016/07/08/ARTILlkUou3yYO2HVu4nnIKz160708.shtml）

技能训练

一、单选题

1. 具有稳定的盈余记录，能定期分派较优厚的股息，被公认为业绩优良的公司的普通股票，这类股票又被称为（　　）。

  A. 蓝筹股　　　　B. 成长股　　　　C. 黑马股　　　　D. 垃圾股

2. 根据风险能否分散，证券投资风险可分为系统性风险和非系统性风险，信用风险属于（　　）。

  A. 系统风险　　　B. 非系统风险

3. β系数用以度量一种证券或一个证券投资组合相对总体市场的波动性。β系数大于

1，则表明某股票或组合的变动与整个股票市场的变动相比（   ）。
    A. 大于整个股票市场的变动　　　　B. 小于整个股票市场的变动
    C. 同整个股票市场的变动是一致的　　D. 与整个股票市场的变动无关

4. 一般来讲，股票的波动幅度越大，股票的投资风险（   ）。
    A. 越大　　　　B. 越小　　　　C. 不确定

二、多选题

1. 下面的证券投资风险中属于非系统风险的是（   ）。
    A. 经营风险　　B. 财务风险　　C. 信用风险　　D. 道德风险

2. 为了防范和化解风险，证券投资往往需要构建投资组合，组合类型一般包括（   ）。
    A. 资产类型分散组合　　　　B. 行业分散组合
    C. 公司分散组合　　　　　　D. 投资风格分散组合

3. 我国证券市场的信息不对称主要表现在如下的哪几个方面（   ）。
    A. 政府与上市公司之间的信息不对称
    B. 上市公司与投资者之间的信息不对称性
    C. 机构投资者与个人投资者之间的信息不对称
    D. 投资者与政府之间的信息不对称

技能训练答案

一、单选题
1. A　2. B　3. A　4. A

二、多选题
1. ABCD　2. ABCD　3. ABCD

第九章

证券投资分析软件

本章导语

信息化快速发展的时代,投资分析软件已成为证券投资不可缺少的技术工具。能够熟练灵活地使用证券投资分析软件会提高投资的成功率,达到事半功倍的效果。一般来说,投资者通过网络平台可以进行证券行情分析抑或网上证券交易。目前的证券行情分析软件分为证券公司现场行情分析软件和网上证券行情分析软件,本章主要探讨网上证券行情分析软件。网上交易系统大都是集成在网上证券行情分析系统中的,但也有网上证券交易系统和网上证券行情分析系统分开的。网上证券交易方式已经成为目前世界上最为重要的证券交易方式。

学习目标

(1) 了解网上证券行情分析软件的下载安装。
(2) 熟悉网上证券交易的安全防范知识。
(3) 掌握证券行情分析软件盘面术语。
(4) 掌握证券行情分析软件的基本操作。

案例导入

炒股软件骗局大起底

公安部2010年通报了福州方某等人以销售"金博士""搜股王"炒股软件为名,非法开展证券活动骗取800余万元。记者调查发现,这些炒股软件销售商以卖软件为名,实际为骗取股民会员费。警方甚至发现,有所谓的股票分析师只有小学文化,股票知识仅限于看懂红的表示涨、绿的表示跌。

1. 骗招一:障眼法

福州蔡先生2008年花8万元买了一套"金博士"炒股软件。在"金博士"炒股软件销售人员的指点下,蔡先生的炒股账户资金从110万元缩水成25万元。从拿到软件起,蔡先生就一直没有用过软件,销售软件的工作人员称那软件没实际用处。因为收会员是违法的,只有通过软件的形式合作才是允许的,所以软件购买费是付给公司的会员费和个股专案(咨询)费。蔡先生这才知道中了"障眼法"。

2. 骗招二:升级版

2009年9月,福州陈先生上网时发现了一个"大赢家"网站,其称有内幕消息,可以让客户一周获利20%以上,于是留下手机号码。几天后,该网站杨姓经理联系上陈先生并表示只有购买炒股软件,才能成为会员。陈先生将5万元打到私人账户后,收到一款炒股软件,但在软件销售人员指点下,陈先生一个月内还是亏了3万余元。

气愤之下,陈先生要求退还软件费,但对方称软件还有升级版,可以每天送出一只涨停个股,陈先生信以为真,又花了3万元购买了一款升级版炒股软件。但陈先生炒股依旧亏损,2016年2月,他再和软件公司联系时,发现电话已打不通了,此时他才明白已上当受骗。

3. 骗招三:煲电话

3个骗子靠租间房屋、招聘几个话务员,就卖起了软件并收会费骗钱。这伙犯罪嫌疑人因涉嫌诈骗罪被厦门检察机关提起公诉。

警方调查发现,这些骗子花了一个月培训电话营销员,此后,电话营销员每天的工作就是拨打电话。如果客户没有马上答应加入公司会员,也没有回绝,业务员就每天打一次电话或发短信联系对方,主要是提供每天要关注的一两只股票,有的股票蒙对了,对方就愿意交几千元会员费。

一旦钱款到账,公司及业务员就消失。其实,这些骗子推荐的股票都来源于网络,所谓的股票分析师林某只有小学文化,股票知识仅限于看懂红的表示涨、绿的表示跌。

拆招术:

1. 验正身

上证监会网站核实证券从业资格。

业内人士提醒,股民可登录中国证监会网站(http://www.csrc.gov.cn)或中国证券业协会网站,查询这些炒股软件公司是否获得证券投资咨询业务资格证书。此外,警方也提醒股民,不要轻易信人,随便将钱汇到个人账户。

2. 不轻信

炒股软件不能保证收益。

福建方圆统一律师事务所王建徽律师认为,只要其以"保证盈利"为噱头,诱导投资者购买软件,其行为本身就具有煽动、欺骗等非法性。福州某券商分析师范先生则指出,只要提到保证收益一定有问题,炒股软件只是辅助工具,本身也是人设计出来的,肯定不能保证任何时候都能赚钱。

3. 留证据

广告或口头承诺都可作为证据。

法律专家认为,根据相关民事法规,如果受害者保留有充足的证据,如广告或口头承诺的电话录音、电话通话记录、通话清单、软件购买合同、缴费单据等,则有望向炒股软件公司要求赔偿所受损失。

如果受害者没有保留充足有力的证据,要维护自身利益最好的方法就是向相关部门投诉,如到证券部门投诉其违规荐股,到物价部门投诉其高价售卖软件,也可以向公安机关举报其诈骗。

内幕交易 50 万元可立案追诉。

最高人民检察院、公安部联合印发的经济犯罪立案追诉标准，列举了 86 种刑事案件的立案追诉标准。

对于操纵证券、期货市场，规定列举了应予立案追诉的情形，比如，单独或者合谋，持有或者实际控制证券的流通股份数达到该证券的实际流通股份总量 30% 以上，且在该证券连续 20 个交易日内联合或者连续买卖股份数累计达到该证券同期总成交量 30% 以上的。

证券、期货交易内幕信息的知情人员、单位在涉及对证券交易价格有重大影响的信息尚未公开前买卖该证券，或者泄露该信息，涉嫌下列情形之一的，应予立案追诉：证券交易成交额累计在 50 万元以上的；期货交易占用保证金数额累计在 30 万元以上的；获利或者避免损失数额累计在 15 万元以上的；等等。

提供虚假或隐瞒重要事实的财务会计报告，或其他重要信息不按规定披露，涉嫌下列情形之一的，应予立案追诉：造成股东、债权人直接经济损失累计 50 万元以上的；虚增或虚减资产、利润达到当期披露的总额 30% 以上的；未按规披露的重大诉讼、仲裁、担保、关联交易占净资产 50% 以上的。

（资料来源：网易新闻 http：//news.163.com/10/0520/11/674GUVFH00014AED.html）

第一节　证券行情分析软件的安装及安全防范

一、网上证券行情分析软件的下载安装

随着信息传递速度的便捷和家庭宽带网络的普及，越来越多的投资者选择网上交易的方式进行证券行情分析及委托买卖。一般来说，网上交易需要开户、软件下载及安装等过程。与场下交易方式相比，网上证券交易可以大幅降低交易成本。同时，作为以互联网为操作平台和数据传输为媒介的证券交易方式，互联网的安全、可靠、速度快等优点对网上证券交易的发展起着决定性作用。常用的证券行情分析软件如大智慧、通达信、同花顺等，普遍具有信息传输速度快、数据分析功能强等特点，一些商家还提供了短信服务、手机买卖等功能。

1. 选择一家证券公司开户

选择证券公司时首先要了解该公司的交易费率（佣金）、信用、实力、网点分布和交易软件的实用性程度，尽量选择交易费率低、信用度高、实力强、网点不偏僻、交易软件功能强的公司。

2. 登录证券公司的网站

开户后，需要登录该公司的证券交易网站，选择适合自己的交易软件下载。

3. 软件安装

软件下载以后，按照提示安装到电脑即可，安装完成后联网就可以进行网上证券行情分析和证券交易了。有些软件下载后首先要进行数据更新，然后才能进行行情分析。

二、网上证券交易的安全防范

网上证券交易作为广泛使用的方式，其安全性也一直备受广大投资者的关注。同时，网

上证券交易作为一种新的委托方式，多数人对其还缺乏相当深度的了解，风险防范意识相对薄弱，可能会出现因操作不当而使股票买卖失误，甚至出现发生盗号、被他人恶意操作买卖的现象。一般来说，可以从以下几个方面加强网上证券交易的安全管理。

1. 选取正确的下载网址

软件下载时要尽量到证券公司的官方网站，不要到其他网站如某些软件网站下载，非正规网站的软件很可能会加载一些影响证券软件正常运行的广告程序甚至是各类木马病毒，从而影响证券的交易安全。

2. 谨慎操作

在输入买入或卖出信息时，要认真核对，确保准确无误。一旦因输入错误而导致的损失，证券公司不负有责任。对于网上投资者来说，要高度重视证券交易软件密码的保管，密码忌用吉祥数字、出生年月、电话号码等简单易猜数字，并应定期修改。如果证券交易密码泄露，他人就能够顺利登录投资者的账户，影响个人的账户资金安全。由于网络运行的不稳定性等因素，有时候会出现电脑界面上显示委托已成功，但证券公司服务器却未收到委托指令的情况。也有可能在电脑界面上显示委托未成功，但当投资者再次发出指令进行委托时，证券公司服务器却已收到再次委托，造成了股票的重复买卖。所以，每项委托操作完毕后，应及时利用网上证券交易的查询功能，以确认该项委托是否被成功受理。交易系统使用完毕后，应及时退出，特别是在网吧等公共场所，以避免造成资金损失。

3. 同时开通多种委托形式

当系统繁忙或网络通信故障时，就会影响网上证券交易软件的正常登录，贻误买入或卖出的最佳时机。因此，需要采用其他委托如电话委托、手机软件委托等作为补充，暂时替代网上证券交易。

第二节　网上证券行情分析软件的使用

证券行情分析软件现已成为绝大多数投资者必备的工具之一，对软件的正确使用及熟练操作往往会影响投资者的投资回报率。证券行情分析软件盘面上包含有大量的术语，这些术语会给初学者造成一定的困惑，只有对盘面术语进行正确解读，才能对软件进行基本的操作。

一、盘面术语

1. 价格

①现价，为当前的最新价格。
②开盘价，也称为"今开"，为交易日当天的第一笔成交价。
③收盘价，交易日收盘时的价格。
④最高，交易日当天的最高成交价格。
⑤最低，交易日当天的最低成交价格。

2. 涨跌幅

（1）涨幅。

当日涨幅是与前一交易日的收盘价格相比较，当前交易日的收盘价格高于前一日的收盘价格,就说明股票价格上涨了。而涨幅就是标的股票的上涨幅度。例如某股票前一交易日的收盘价为 10.00 元,当前的价格为 10.46 元,则该股票与前一交易日比较上涨了 10.46 − 10.00 = 0.46(元),涨幅为 0.46/10.00 × 100% = 4.60%。

(2)跌幅。

当前跌幅是与前一日收盘价相比较,当前交易日的收盘价格低于前一日的收盘价格,就说明股票价格下跌了。例如某股票前一交易日收盘价为 8.17 元,当前的价格为 7.67 元,那么该股票当天下跌了 8.17 − 7.67 = 0.50(元),跌幅为 0.50/8.17 × 100% = 6.12%。

上海、深圳两交易所自 1996 年 12 月 16 日起,分别对上市交易的股票(含 A、B 股)、基金类证券的交易实行价格涨跌幅限制,即在一个交易日内,除上市首日证券外,上述证券的交易价格相对前一交易日收市价格的涨跌幅度不得超过 10%;超过涨跌限价的委托为无效委托。

3. 成交量

成交量以柱状图显示,按照日期对应排列在 K 线组合图的下面,单位是手数(每手为 100 股)。

(1)外盘。

外盘表示主动买入的成交量,单位是手。

(2)内盘。

内盘表示主动卖出的成交量,单位是手。

(3)总量。

总量表示当天的总成交量,单位是手。总量等于外盘与内盘之和。

(4)量比。

量比是衡量相对成交量的一个指标,表示开盘后每分钟的平均成交量与过去 5 个交易日每分钟平均成交量之比。量比数值大于 1,说明当日每分钟的平均成交量大于过去 5 个交易日的平均数值,成交放大;反之,若量比数值小于 1,则表明当日的成交量低于过去 5 日的平均水平,成交萎缩。计算公式为:

$$量比 = \frac{当前成交量}{过去 5 日平均每分钟成交量 \times 当前开市分钟数}$$

4. 换手

换手也称换手率,是指一定时间内(分钟、小时、日、周等)股票买卖的频率,是反映股票活跃性程度的重要指标。换手率越高,表明该股的活跃性越强。换手率较高的股票多为热门股。但当股价处在高位时,若换手率显著增大,比如突然增大到 1 倍以上时,则投资风险也会迅速增大,介入时需谨慎,若是在高位下跌时换手率成倍增大,则需及时离场。计算公式为:

$$换手率 = \frac{某一时间段内成交量}{股票流通数量} \times 100\%$$

5. 委比

(1)委买。

委买指当前个股委托买入的股票数量总和。

(2)委卖。

委卖指当前个股委托卖出的股票数量总和。

(3) 委差。

委差表示委买手数与委卖手数之差。

(4) 委比。

委比是用以衡量一段时间内买卖盘相对强度的指标，计算公式为：

$$委比 = \frac{委买手数 - 委卖手数}{委买手数 + 委卖手数} \times 100\%$$

委比值的变化范围为 -100% ~ 100%。委比值为负时，卖盘比买盘大；委比为正值时，买盘比卖盘大。委比值从 -100% ~ 100% 的变化是卖盘逐渐减弱、买盘逐渐增强的过程。委比值为 -100% 时，表示只有卖盘，没有买盘，此时标的股一般处于跌停状态，市场的抛盘很大；当委比值为 100% 时，表示只有买盘而没有卖盘，此时标的股一般处于涨停状态。

6. 除息

股票发行企业在发放股息或红利时，需要事先进行核对股东名册、召开股东会议等多种准备工作，于是规定以某日在册股东名单为准，并公告在此日以后一段时期为停止股东过户期。停止过户期内，股息红利仍发入给登记在册的旧股东，新买进股票的持有者因没有过户从而不能享有领取股息红利的权利，这就称为除息。同时股票买卖价格应扣除这段时期内应发放的股息红利数，这就是除息交易。股息和红利交付方式一般有三种：一是以现金的形式向股东支付，这是最常见、最普通的形式。二是向股东配股，采取这种方式主要是为了把资金留在公司里扩大经营，以追求公司发展的远期利益和长远目标。三是实物分派，即把公司的产品作为股息和红利分派给股东。

在分红派息前夕，持有股票的股东一定要密切关注与分红派息有关的 4 个日期，这 4 个日期是：

①股息宣布日，即公司董事会将分红派息的消息公布于众的时间。

②派息日，即股息正式发放给股东的日期。

③股权登记日，即统计和确认参加期股息红利分配的股东的日期。

④除息日，即不再享有本期股息的日期。

7. 除权

除权是由于公司股本增加，每股股票所代表的企业实际价值（每股净资产）有所减少，需要在发生该事实之后从股票市场价格中剔除这部分因素，从而形成的除权行为。除权与除息一样，也是停止过户期内的一种规定：即新的股票持有人在停止过户期内不能享有该种股票的增资配股权利。配股权是指股份公司为增加资本发行新股票，原有股东有优先认购或认配的权利。

除权当天会出现除权报价，除权报价的计算会因分红或有偿配股而不同，其全面的公式如下：

$$除权价 = \frac{除权前一日收盘价 + 配股价 \times 配股比率 - 每股派息)}{(1 + 配股比率 + 送股比率)}$$

例如：某上市公司每 10 股派发现金红利 2.50 元，同时按 10 配 5 的比例向现有股东配股，配股价格为 5.50 元。若该公司股票在除权除息日之前的收盘价为 11.05 元，则除权（息）报价应为 9.03 元。计算过程为：[11.05 - 0.25 + 5.50 × 0.50]/(1 + 0.50) = 9.03。

8. 市盈率

市盈率指在一个考察期（通常为 12 个月的时间）内，股票的价格和每股收益的比率。

投资者通常利用该比例值估量某股票的投资价值，或者用该指标在不同公司的股票之间进行比较。市盈率是反映公司获利能力的一个重要财务指标，一般认为，如果一家公司股票的市盈率过高，那么该股票的价格就具有泡沫，价值被高估。

9. 分笔成交

（1）B、S标记。

在个股处于分时走势时，盘面右下端是分笔成交。有的软件在分笔成交中标示B、S，其中红色B表示主动性买单，S表示主动性卖单。有的软件则以红色表示主动性买单，绿色表示主动性卖单，如图9-2所示。

（2）分笔成交明细中的最右边的数字。

交易所发布的行情中，每一个分笔并不是只有一笔成交，可能是几笔合成，深交所发布的数据有笔数信息，灰色数字就是该分笔数据中实际包含有多少笔成交，如图9-2所示。

10. N、S、XR、XD、DR、ST和*ST的含义

（1）N是在新股上市首日时，在该新股的中文名字前加注N来提醒投资者。

（2）XD是Exit Divident的缩写，意思是除息。

（3）XR是Exit Right的缩写，意思是除权。

（4）DR是Exit Divident And Right的缩写，意思是除息和除权。

（5）S是在沪深两市还没有股改的公司股票前面加的字母以示区别，股改结束后，S会自动撤除。

（6）ST、*ST是英文Special Treatment缩写，意即"特别处理"。ST股票表示公司经营连续二年亏损，特别处理。*ST股票表示公司经营连续三年亏损，退市预警。

二、走势图

股票分时走势图是把股票市场的交易信息实时地用曲线在坐标图上加以显示的技术图形。坐标的横轴是当天成交的时间，纵轴的上半部分是股价或指数，下半部分显示的是成交量。分时走势图分为指数分时走势图和个股分时走势图，是股市现场交易的即时资料。下面以目前市场上功能较全、操作较简便的通达信金融终端（免费版）为例，简要介绍分时走势图。

1. 指数分时走势图

指数分时走势图如图9-1所示：

（1）白色和黄色曲线。

白色曲线表示加权大盘指数，黄色曲线为不考虑上市股票发行数量的多少，将所有股票对上证指数的影响等同对待的不含加权数的大盘指数。因此，白色和黄色曲线之间的位置经常不同。当指数上涨，黄色曲线在白色曲线之上时，说明发行数量小（小盘股）的股票涨幅较大；而当黄色曲线在白色曲线之下时，表示发行数量多（大盘股）的股票涨幅较大。当指数下跌时，如果白色曲线在黄色曲线之上，则说明小盘股跌幅大于大盘股的跌幅；如果黄色曲线在白色曲线之上，则表明大盘股的跌幅大于小盘股的跌幅。

（2）红色、绿色和黄色的柱线。

红色、绿色柱线反映了大盘的买盘和卖盘的数量对比情况。红柱增长，表明买盘大于卖盘，指数有上涨趋势；红柱缩短，表示卖盘大于买盘，指数有下跌趋势。绿柱增长，表明指

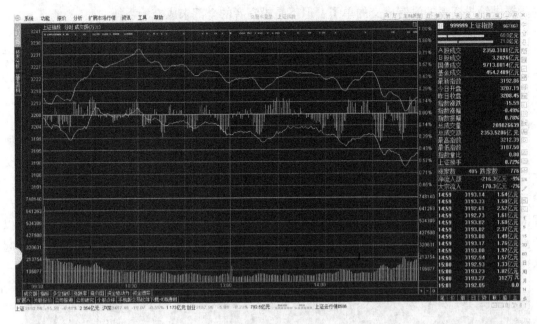

图9-1 指数分时走势图

数下跌量增加；绿柱缩短，表明指数下跌量减少。黄色柱线表示每分钟的成交量，单位为手。

2. 个股分时走势图

个股分时走势图与指数的分时走势图有着明显的区别，以图9-2为例：

①个股走势的右上面是委托买卖区，分为买档和卖档，包括价格分布、委托数量分布，买、卖各有5档。比如买一，实际指的是该股目前以71.74元买入的委托数量为 $5 \times 100 = 500$ 股（1手=100股），其他买入委托同理。对于个股来说，显示在买5到卖5的委托是交

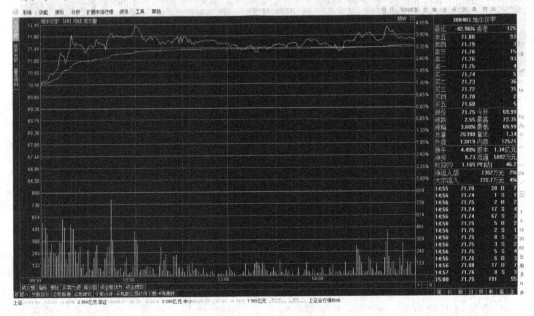

图9-2 个股分时走势图

易所提供给投资者的没有成交的单子,但不是投资者的全部未成交的委托。

②右下面为即时分时分笔成交。

③左面的白色曲线为分时成交价格连线,黄色曲线表示该股票的平均成交价格连线。左下面的黄色柱线表示每分钟的成交量,单位为手(100 股/手)。

④F1 或 01 可查看每笔成交明细,F2 或 02 可查看分价表。

3. K 线图

软件界面处于分时图时,按 F5 或 05 加 Enter 键就可以进入 K 线图界面,如图 9 - 3 所示。此时,行情软件左边分为 3 个部分,上面框里是 K 线走势图,中间部分显示的是成交量,最下部分为指标区,投资者可根据自己的喜好和需要对指标进行调整。

K 线图可以具体划分为 5 分钟 K 线、15 分钟 K 线、30 分钟 K 线、小时 K 线、日 K 线、周 K 线等。一般来说,短线投资者可以将日 K 线、小时 K 线和分钟 K 线结合起来使用,以便把握好短线的波动方向。而中、长线投资者则一般会把日 K 线和周 K 线、年线等结合起来使用,便于做出较好的中、长期决策。

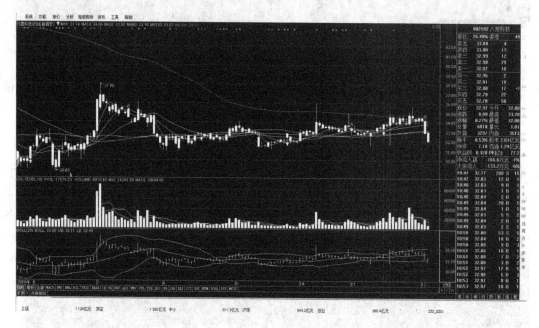

图 9 - 3　K 线图

三、网上证券行情分析软件的操作

目前的网上证券行情分析软件众多,下面仍以通达信金融终端(免费版)为例,简要介绍实际操作过程。

(一) 行情窗口

进入系统后,屏幕上首先出现行情显示窗口,列表显示最新股票交易行情。窗口顶部是主菜单条。点击某个栏目名,例如"涨幅",显示盘中所有股票马上按这一时刻涨幅从大到小的顺序排序,再点击"涨幅"一次,换成从小到大排序。可在排行榜中选中某只股票(点击股票名称即选中它)锁定,方便密切观察该只股票的排名变化。个股涨幅行情界面如图 9 - 4 所示。

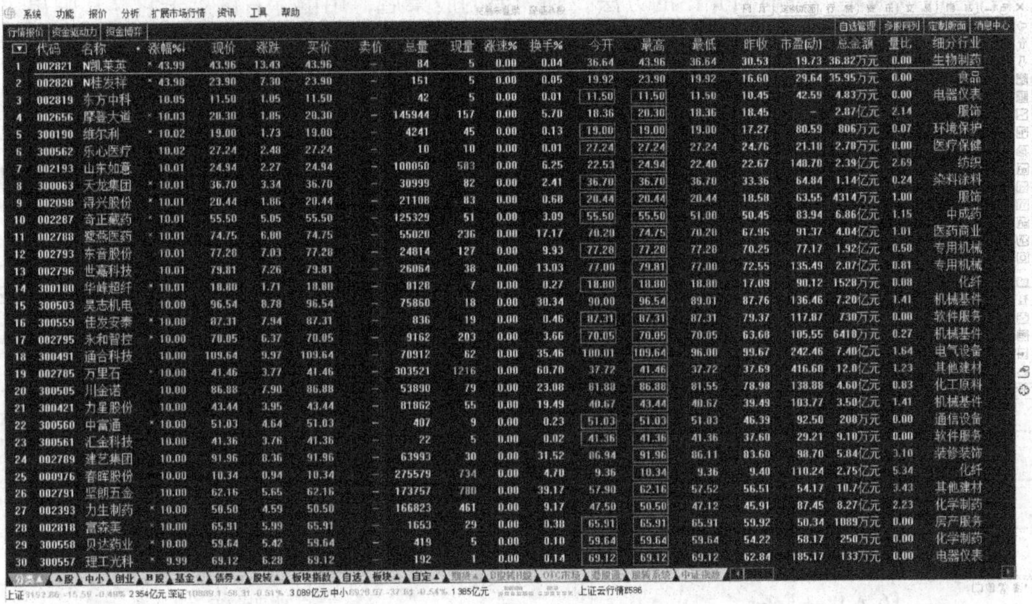

图 9－4　个股涨幅行情界面

想更换某一栏的内容，可用鼠标右键点击其栏目名称，然后从弹出菜单上选择新栏目。例，右键点击『现价』栏，弹出菜单后，找到『市盈率』，左键点击它，则该栏目内容换成市盈率。行情窗口栏目切换界面如图 9－5 所示。

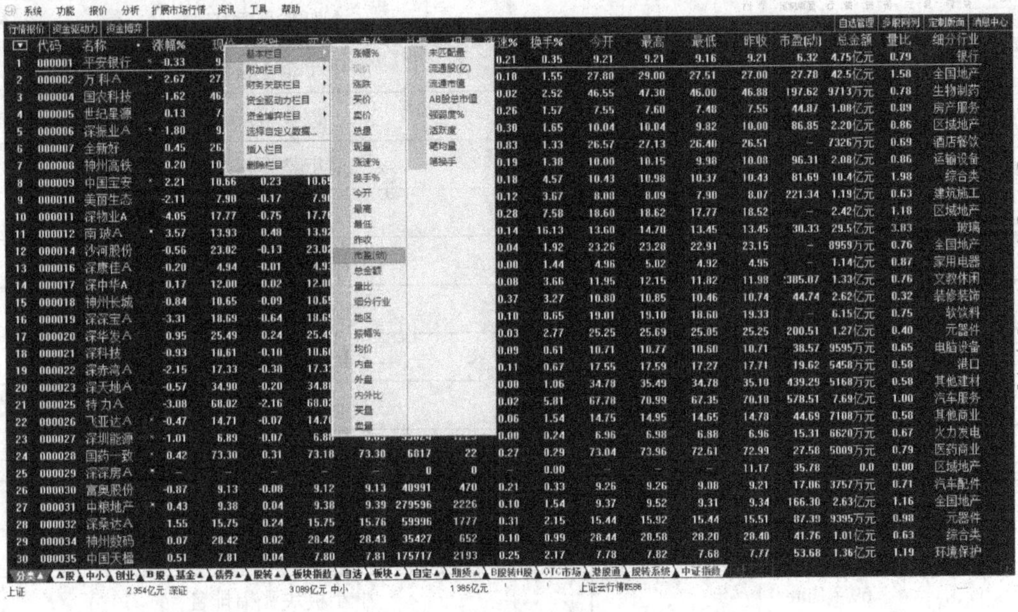

图 9－5　行情窗口栏目切换界面

股票快速查找。记得名称或代码的话，可借助键盘精灵来快速定位。例如，可敲名称拼音首字母来快速定位股票，如 FXGF（一敲键盘便能激活键盘精灵），键盘精灵马上找到"富（F）祥（X）股（G）份（F）"，或者敲代码300497，系统马上找到富祥股份。

自选股或板块。按前面介绍的方法找到需要的股票后,用鼠标右键点击它,从弹出菜单上选择加入自选股或加入板块,或按 Ctrl + Z 快捷键。也可以一次将多股票加入板块,方法为:选择主菜单条中的系统设置,用鼠标点中多只股票,然后执行"新建板块"。

(二) 基本操作

这里简要介绍一些常用的快捷键(见表 9 - 1),以便投资者能够更灵活地切换各种界面,提高投资分析的效率。

表 9 - 1 常用的快捷键

快捷键	含义
F1 或 01 + Enter	个股成交明细
F2 或 02 + Enter	个股分价表
F3 或 03 + Enter	上证综指走势
F4 或 04 + Enter	深证综指走势
F5 或 05 + Enter	分时走势与 K 线分析图切换
F6 或 06 + Enter	自选股
F7 或 07 + Enter	财经资讯
F8 或 08 + Enter	分析周期切换
F9 或 09 + Enter	K 线图下画线工具
F10 或 10 + Enter	个股基本资料
F12	个股交易委托
9 + Enter	中小企业板块
12 + Enter	创业板块
14 + Enter	退市整理板块
16 + Enter	信息地雷
60 + Enter	沪深 A 股涨幅排名
61 + Enter	上证 A 股涨幅排名
62 + Enter	上证 B 股涨幅排名
63 + Enter	深证 A 股涨幅排名
64 + Enter	深证 B 股涨幅排名
65 + Enter	上证国债涨幅排名
66 + Enter	深证国债涨幅排名
69 + Enter	中小板块涨幅排名
80 + Enter	沪深 A 股综合排名
81 + Enter	上证 A 股综合排名
82 + Enter	上证 B 股综合排名

续表

快捷键	含义
83 + Enter	深证 A 股综合排名
84 + Enter	深证 B 股综合排名
85 + Enter	上证国债综合排名
86 + Enter	深证国债综合排名

四、看盘要点

看盘，也称为盯盘，主要是观察盘面的异常现象。从大盘及个股的表现中分析主力的真实意图。这些异动现象可能是分时图的大幅波动、委买委卖的大托单与大压单或空发的大手笔成交等，这些异动一般都是主力资金运作的结果，即主力所为。

（一）关注盘口

1. 观察大盘

看大盘的开盘情况，看成交量放大还是缩小；看涨跌家数情况；看涨跌榜股票的类型，哪些板块表现突出；等等。

（1）综合排名。

在通达信软件中，输入数字"81"，即出现上证 A 股的综合排名窗口（深证 A 股综合排名输入"83"），如图 9-6 所示。图中共有 9 个子窗口，每个子窗口各有多只个股的排名情况，分别为：今日涨幅排名、今日跌幅排名、今日振幅排名、今日量比排名、5 分钟涨速排名、5 分钟跌速排名、今日委比前排名、今日委比后排名、今日总金额排名。通过涨跌幅排

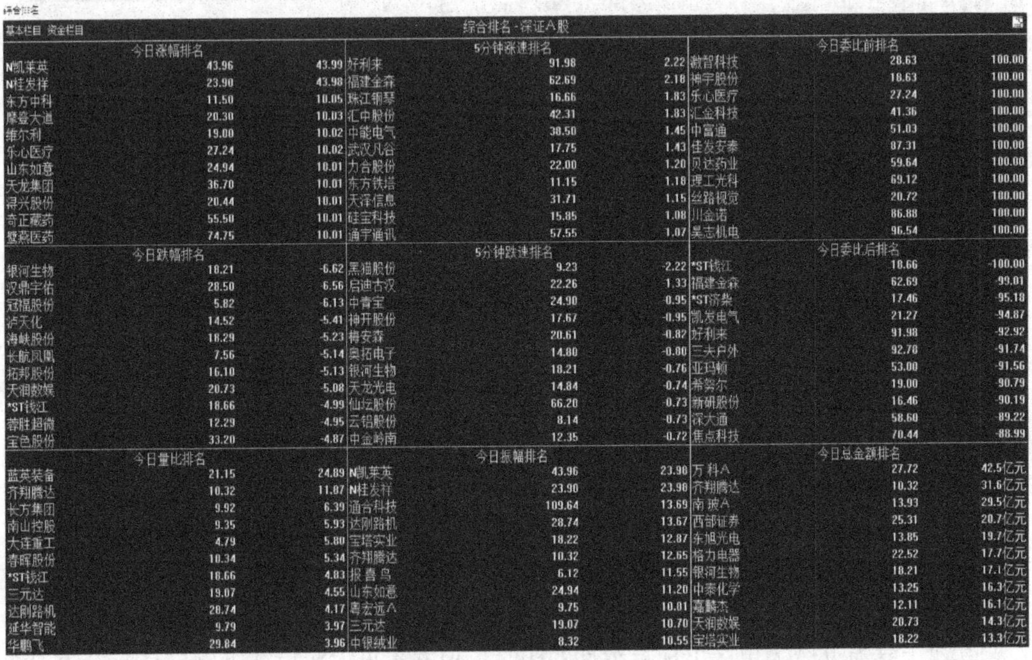

图 9-6 个股综合排名

名，可以发现当天的强势龙头股和弱势领跌股；通过振幅排名，可以找到当日异动强烈的股票；通过5分钟涨速（跌速）排名，可以及时发现当前大幅异动的股票；通过总金额排名，可以发现当天主流资金的流向；通过委比排名，可以发现涨（跌）停的个股。

（2）热门板块。

在通达信软件中，输入快捷键“.400”或选择相应菜单，就会出现当日的热点板块及领涨股，可以据此结合5日、60日资金流向综合分析热门股票，如图9－7所示。

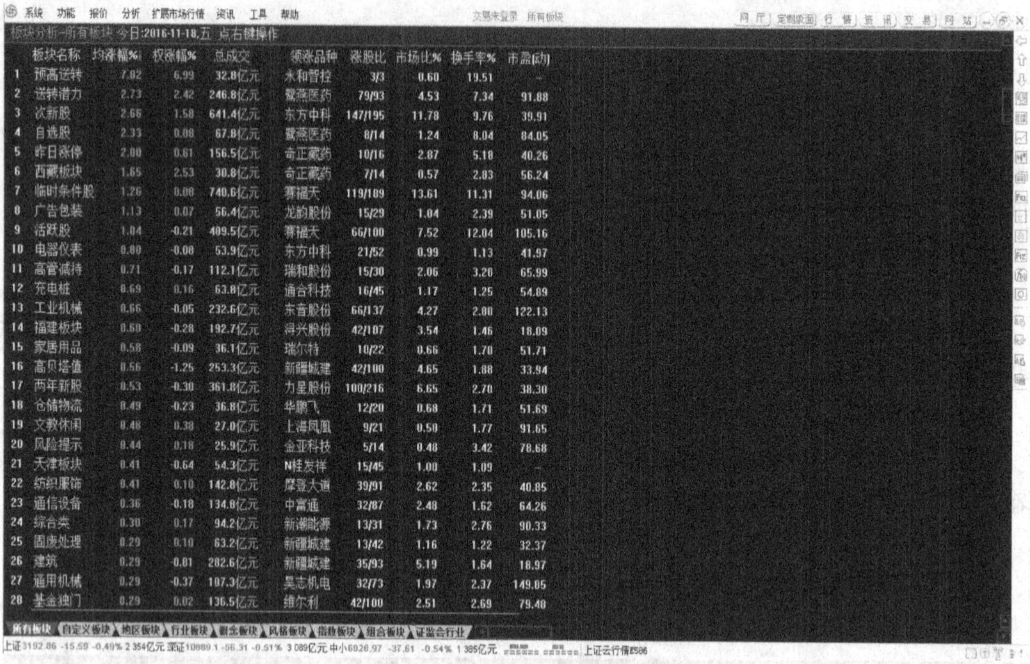
板块分析-所有板块 今日:2016-11-18,五 点右键操作

	板块名称	均涨幅%	权涨幅%	总成交	领涨品种	涨股比	市场比%	换手率%	市盈(动)
1	预高送转	7.02	6.99	32.8亿元	永和智控	3/3	0.60	19.51	-
2	送转潜力	2.73	2.42	246.8亿元	鹭燕医药	79/93	4.53	7.34	91.88
3	次新股	2.66	1.58	641.4亿元	东方中科	147/195	11.78	9.76	39.91
4	自选股	2.33	0.08	67.8亿元	鹭燕医药	8/14	1.24	8.04	84.05
5	昨日涨停	2.00	0.61	156.5亿元	奇正藏药	10/16	2.87	5.18	40.26
6	西藏板块	1.65	2.53	30.8亿元	奇正藏药	7/14	0.57	2.83	56.24
7	临时条件股	1.26	0.08	740.6亿元	赛福天	119/189	13.61	11.31	94.06
8	广告包装	1.13	0.07	56.4亿元	龙韵股份	15/29	1.04	2.39	51.05
9	活跃股	1.04	-0.21	409.5亿元	赛福天	66/100	7.52	12.04	105.16
10	电器仪表	0.80	-0.08	53.9亿元	东方中科	21/52	0.99	1.13	41.97
11	高管减持	0.71	-0.17	112.1亿元	瑞和股份	15/30	2.06	3.28	65.99
12	充电桩	0.69	0.16	63.8亿元	通合科技	16/45	1.17	1.25	54.89
13	工业机械	0.66	-0.05	232.6亿元	东音股份	66/137	4.27	2.80	122.13
14	福建板块	0.60	-0.28	192.7亿元	得兴股份	42/107	3.54	1.46	18.09
15	家居用品	0.58	-0.09	36.1亿元	瑞尔特	10/22	0.66	1.70	51.71
16	高贝塔值	0.56	-1.25	253.3亿元	新疆城建	42/100	4.65	1.88	33.94
17	两年新股	0.53	-0.30	361.8亿元	力星股份	100/216	6.65	2.70	38.30
18	仓储物流	0.49	-0.23	36.8亿元	华鹏飞	12/20	0.68	1.71	51.69
19	文教休闲	0.48	0.38	27.0亿元	上海凤凰	9/21	0.50	1.77	91.65
20	风险提示	0.44	0.18	25.9亿元	金亚科技	5/14	0.48	3.42	78.68
21	天津板块	0.41	-0.64	54.3亿元	N桂发祥	15/45	1.00	1.09	-
22	纺织服饰	0.41	0.10	142.8亿元	摩登大道	39/91	2.62	2.35	40.85
23	通信设备	0.36	-0.18	134.8亿元	中富通	32/87	2.48	1.62	64.26
24	综合类	0.30	0.17	94.2亿元	新潮能源	13/31	1.73	2.76	90.33
25	固废处理	0.29	0.10	63.2亿元	新疆城建	13/42	1.16	1.22	32.37
26	建筑	0.29	-0.81	282.6亿元	新疆城建	35/93	5.19	1.64	18.97
27	通用机械	0.29	-0.37	107.3亿元	昊志机电	32/73	1.97	2.37	149.85
28	基金独门	0.29	0.02	136.5亿元	维尔利	42/100	2.51	2.69	79.48

图9－7　热点板块及领涨股

2. 观察个股

看个股的集合竞价和开盘后的走势，是否有主力资金关注；看盘口挂单情况；看内外盘、委比、量比、换手率、大单的买卖情况。

3. 看大盘和个股的互动

关注大盘上涨时哪类股快速跟进或领涨，特别关注那些在大盘下跌时能逆大盘而上行的个股。

（二）分析隐形买卖盘

隐形买卖盘是指没有挂在买卖报价栏里，而是直接在成交栏里的单子。隐形买卖盘一般为主动性成交的单，是市场上比较真实的买卖力量，从中可以发现主力动作的痕迹。比如买卖单较大，或者虽然每个单子较小，但有持续性，则是主力运作的结果。盘面上挂单无明显的变化，但有持续的隐形买单大量出现，一般为主力所为。主力准备阶段性拉升或拉高出货前，一般会采用此种手法。

当卖盘上挂有几个大单，出现持续性的买盘，但并不见大卖单往下砸，且股份较为稳定时，一般是股价即将上涨的信号。相反，当买盘上有几张大单，并出现持续性的隐形卖盘，大买单时挂时撤，且股价有松动的迹象时，这可能是股价即将下跌的信号。

（三）上压板、下托板和夹板

超大的卖盘挂单称为上压板，超大的买盘称为下托板，两者的出现都说明有主力为之。当行情刚刚启动时，若盘中有下托板，则其意图往往是主力吸筹或保证有效拉升。若股价处在底部区域时出现下压板，股价基本保持平稳，则主力建仓的可能性较大。而当股价处于高价区域，盘中出现下托板，而股价滞涨时，应警惕股价下跌。

在买卖盘的挂单上，若同时出现大买单和大卖单，股价只能在这些大买单和大卖单之间运行，这种情况称为夹板。主力处于洗盘、吸筹、拉升和出货阶段时，都可能出现夹板的现象，这需要观察实时的盘面，具体分析。

（四）识别主力常规动作

1. 拉升

主力操纵股价的唯一目的就是获利，而获利的方式则必须依靠拉升股价来实现。在不同的阶段，主力拉升股价的方式有很大的区别。在建仓期，主力会尽量不露痕迹地吸收筹码，期间会有小幅拉升，建仓尾期，往往会通过大单扫货的方式收集筹码，同时激活市场人气，吸引跟风盘，以利于后市的主升段顺利拉升。

2. 洗盘

洗盘的目的是清洗不稳定筹码，并随着股价的拉升提高持股平均成本，为主力的拉升减少障碍和负担。上涨到一定阶段时，主力一般会运用大单打压，促使股价下跌，导致恐慌盘涌出，把不坚定的投资者赶走，而后股价再重新上涨。这样既甩出了不稳定筹码，又使得跟风买进的人提高了持股成本。经过多次的洗盘同时促成了筹码的稳定，有利于后续的股价拉升及出货。

3. 出货

当股价涨到一成幅度时，主力便开始寻机出货。主力出货阶段，运用较多的手法是高开盘，加大振幅，让投资者相信主力是在吸筹或振仓，造成股价加速上涨的假象。同时主力一般会配以对敲的手法，大单买入，人为制造买入踊跃的场面，但股价却上涨很少或开始缓慢下跌。

4. 对敲

对敲又叫对倒，指主力利用多个账户同时买进和卖出，人为制造虚假盘面信息，吸引投资者买入或卖出，是主力在建仓、洗盘、拉升、出货等阶段常用的手法之一。建仓对敲时，主力通过对敲打压股价，以便在低位拿到便宜筹码，甚至会借机打压破位，人为制造恐慌，主力趁机收集筹码，然后再快速回到平台之上。拉升时，主力一般会采用对敲手法吸引跟风盘，以减少主力的拉升阻力，不必耗费很大的资金就可使股价顺利上涨。出货阶段主力会用对敲制造大买单和大卖单迅速成交的假象，吸引跟风推动股价巨量上攻，同时主力开始抛售筹码。主力出货的单子往往都是隐形卖单，在大量成交时投资者难以觉察到资金的流出。

5. 试盘

主力在建仓之初或拉升之前，通过试探性地买入或卖出，以测试个股的压力和筹码分布的一种手法。

6. 护盘

护盘是主力在大盘不好或个股遇突发利空消息时,通过买入或其他手法维护个股价格的行为。

7. 砸盘

砸盘主要是指主力在洗盘阶段,通过恐吓性的大卖单故意造成股价急跌,以达到清洗浮筹的目的。在出货阶段时,主力也可能采取砸盘的手段,通过打压股价寻找合适的出货价位。

参 考 文 献

[1] 中国证券行业协会. 证券市场基础知识 [M]. 北京：中国财政经济出版社，2009.
[2] 中国证券行业协会. 证券投资分析 [M]. 北京：中国财政经济出版社，2009.
[3] 中国证券行业协会. 证券交易 [M]. 北京：中国财政经济出版社，2009.
[4] 中国证券行业协会. 证券发行与承销 [M]. 北京：中国财政经济出版社，2009.
[5] 中国证券行业协会. 证券投资基金 [M]. 北京：中国财政经济出版社，2009.
[6] 王军旗，王海山. 证券投资理论与实务[M]. 4版. 北京：中国人民大学出版社，2015.
[7] 田文斌，等. 证券投资分析 [M]. 北京：中国人民大学出版社，2013.
[8] 赵文君，等. 证券投资基础与实务[M]. 2版. 北京：清华大学出版社，2014.
[9] 孙静，李玉曼. 证券投资学 [M]. 北京：经济科学出版社，2012.
[10] 曹龙骐. 金融学 [M]. 2版. 北京：高等教育出版社，2006.
[11] 柳欣，林木西. 政治经济学 [M]. 西安：陕西人民出版社，2009.
[12] 沈爱华，袁春晖. 政治经济学原理与实务[M]. 2版. 北京：北京大学出版社，2013.
[13] 翟会颖，甄东兴. 财政与金融 [M]. 北京：清华大学出版社，2013.
[14] 杨朝军. 证券投资分析 [M]. 3版. 上海：上海人民出版社，2012.
[15] 孙秀钧. 证券投资学 [M]. 3版. 大连：东北财经大学出版社，2015.
[16] 吴伟，韩英锋. 投资学基础 [M]. 北京：中国人民大学出版社，2014.
[17] 谢勇建，肖全章. 证券投资理论与实务 [M]. 长春：东北师范大学出版社，2014.
[18] 谢靖. 证券投资学 [M]. 北京：中国工商出版社，2013.
[19] 曹凤岐，等. 证券投资学 [M]. 北京：北京大学出版社，2000.
[20] 胡海鸥，等. 证券投资分析 [M]. 3版. 上海：复旦大学出版社，2011.
[21] 霍文文. 证券投资学 [M]. 北京：高等教育出版社，2008.
[22] 法博齐. 债券市场分析与策略 [M]. 7版. 路蒙佳译. 北京：中国人民大学出版社，2011.
[23] 王明涛. 证券投资分析 [M]. 2版. 上海：上海财经大学出版社，2012.